DIRCEU

OTÁVIO CABRAL

DIRCEU

1ª edição

EDITORA RECORD
RIO DE JANEIRO • SÃO PAULO
2013

CIP-BRASIL. CATALOGAÇÃO NA PUBLICAÇÃO
SINDICATO NACIONAL DOS EDITORES DE LIVROS, RJ

C119d
Cabral, Otávio
Dirceu: a biografia: do movimento estudantil a Cuba, da guerrilha à clandestinidade, do PT ao poder, do palácio ao mensalão. / Otávio Cabral. – 1ª ed. – Rio de Janeiro: Record, 2013.

Inclui bibliografia e índice
ISBN 978-85-01-40401-5

1. Dirceu, José, 1946-. 2. Políticos – Brasil - Biografia. I. Título.

13-00316

CDD: 923.281
CDU: 929:32(81)

Texto revisado segundo o novo Acordo Ortográfico da Língua Portuguesa.

Copyright © Otávio Cabral, 2013

Todos os direitos reservados. Proibida a reprodução, armazenamento ou transmissão de partes deste livro através de quaisquer meios, sem prévia autorização por escrito. Proibida a venda desta edição em Portugal e resto da Europa.

Direitos exclusivos de publicação em língua portuguesa para o Brasil adquiridos pela
EDITORA RECORD LTDA.
Rua Argentina, 171 – 20921-380 Rio de Janeiro, RJ – Tel.: 2585-2000

Impresso no Brasil

ISBN 978-85-01-40401-5

Seja um leitor preferencial Record.
Cadastre-se e receba informações sobre nossos lançamentos e nossas promoções.

Atendimento direto ao leitor:
mdireto@record.com.br ou (21) 2585-2002.

EDITORA AFILIADA

Para Vera, Lucas e Felipe.

Agradecimentos

> *"Singing words, words*
> *Between the lines of age."*
>
> Words, de Neil Young,
> trilha sonora do livro
> e da minha vida.

Este livro só foi possível graças à pesquisa incansável de Ana Luisa Mathias e Érico Oyama. A checagem minuciosa de Andressa Tobita também foi essencial para o sucesso do projeto.

Os comentários das primeiras leitoras, quando a obra ainda era um embrião, ajudaram a melhorar a qualidade do texto e a me tirar de algumas enrascadas. Agradeço muito por isso a Vera Magalhães e Thais Oyama.

A meu editor, Carlos Andreazza, obrigado pela aposta e pela contribuição com a qualidade do livro.

O incentivo da família foi fundamental. Obrigado a meus irmãos Joaquim, Silvio e Marcio, minhas cunhadas Dale, Mara e Andreia, meu cunhado Eduardo e a todos os meus sobrinhos, com menção especial ao afilhado Renato e à colega Maria Clara. Aos meus sogros Vera Maria e Windor, que sempre me apoiaram, e a minha cunhada Roberta, com a preciosa assessoria jurídica, obrigado por tudo.

Mãe, você mereceria um livro inteiro só para que eu pudesse agradecer tudo o que fez por mim. Te amo, Tetê. Pai, onde quer que você esteja, sei que está olhando por mim e me mostrando os caminhos certos a seguir. Te amo, meu velho Carlão. Queria que você estivesse aqui do meu lado para ler essa obra. Sua falta não dá para preencher.

Eurípedes Alcântara, obrigado pela aposta, pela confiança de sempre e pelo tempo concedido para eu me dedicar a essa obra.

Thais, seus conselhos, sua paciência e sua confiança me ajudaram muito a chegar até aqui.

A André Petry e Policarpo Júnior agradeço pelos ensinamentos de jornalismo e pela amizade. Só cheguei aonde cheguei na profissão pelo que aprendi com vocês.

Jamais esquecerei a ajuda de Lauro Jardim e Fábio Altman, jornalistas que são para mim exemplo, e dos colegas Duda Teixeira, Leonardo Coutinho, Alexandre Oltramari, Malu Gaspar, Daniel Pereira e Rodrigo Rangel. Suas informações, dicas e conselhos foram fundamentais.

Agradeço imensamente ao fotógrafo Orlando Brito pela generosidade de ceder suas fotos históricas para o livro, e a Gilda Castral pela ajuda para ilustrar esta biografia.

José Luis de Oliveira Lima, Antonio Carlos de Almeida Castro e Luis Fernando Rila: serei sempre grato pelas portas que vocês me abriram. E pelas tentativas de abrir aquelas que permaneceram fechadas.

Agradeço a Angela Guidon por ter ajudado a colocar minha cabeça no lugar.

Sem amigos eu não iria a lugar nenhum. Marcos Nogueira, Renato Krausz, Renato Stancato, Ivan Finotti, Denis Russo, Alberto de la Peña, Rodrigo Vergara, Paulo Boccato, Pedro Dias Leite, Alan Gripp, Mirella D'Elia, Fábio Zanini, Fabricia Peixoto, Letícia Sander, Silvio Navarro, Leila Suwwan, Alon Feuerwerker, Julia Duailibi, Tiago Pariz, Chico Mendez, Igor Gielow, Leandro Colon e Natuza Nery, vocês fazem parte da estrada que me trouxe até aqui.

Penha, obrigado por tudo, e por ter cuidado dos meus moleques nos momentos em que eu estava cuidando do livro.

E, acima de tudo, obrigado às três pessoas que mais amo neste mundo: Vera, Lucas e Felipe. Obrigado pela paciência nas minhas ausências, pelo apoio, pelos momentos de prazer e de amor. Cada sorriso de vocês foi um incentivo a seguir em frente. Cada interrogação foi um alerta para corrigir os rumos e tentar melhorar minha obra.

Meus moleques, obrigado por tudo.

Vera, te amo. Sem você este livro não existiria. Nem a minha vida.

Sumário

Prólogo A história antes dos 80 — 11

1 Um golpe pela janela — 15
2 "Você partiu e me deixou" — 23
3 Ronnie Von das massas — 33
4 A guerra dos estudantes — 47
5 700 presos na lama — 53
6 Trocado por um embaixador — 63
7 A primeira metamorfose — 75
8 Sobrevivente do massacre dos guerrilheiros — 85
9 As aventuras de Pedro Caroço — 99
10 O repatriado e o operário — 115
11 Vitorioso nas derrotas — 129
12 Pragmatismo acima das amizades — 143
13 O partido operário vai ao paraíso — 157
14 Um camaleão no Palácio do Planalto — 173
15 De capitão do time a bedel de luxo — 189
16 Um presente entre duas crises — 207

17 A primeira queda   233
18 Instintos mais primitivos   251
19 O maior lobista do Brasil   273
20 O maior vilão do Brasil   293
21 O maior julgamento da história   315

Epílogo O homem que não chegou a lugar nenhum   337
Bibliografia   345
Índice onomástico   353

Prólogo | A história antes dos 80

"O que fiz só vou falar mesmo depois de 80 anos. O que fiz na guerrilha, na luta armada, no mundo, isso só depois de 80 anos. Mas, como vou viver 90 anos, vou falar depois dos 80."[1]

José Dirceu.

Quando comecei a pesquisar a fundo a vida de José Dirceu de Oliveira e Silva para a produção desta biografia, a frase acima me chamou atenção e passou a me servir de inspiração. Se ele tinha segredos que só poderia revelar depois dos 80 anos, eu precisava desvendá-los antes disso. Se não todos, pelo menos boa parte deles. Precisava saber o que fez na infância, no movimento estudantil, na guerrilha, na luta armada, em Cuba, no tempo em que viveu clandestino no Brasil, na construção do PT, na transformação do partido em uma máquina eleitoral, no comando da Casa Civil do governo Lula e durante o processo do mensalão. Precisava saber detalhes de sua vida pessoal, suas convicções, suas dores e amores, amizades e inimizades.

Já conhecia bem a história pública de José Dirceu da minha atividade de repórter de política desde 2000, quando cheguei a Brasília pela *Folha de S. Paulo*. Acompanhei o PT na oposição ao segundo

---

[1] Em entrevista a Caio Túlio Costa para o Projeto Memória do Movimento Estudantil, em 17 de dezembro de 2005.

governo de Fernando Henrique Cardoso e a chegada do partido ao poder em 2002, com a vitória de Lula na eleição presidencial. Cobri de perto os primeiros atos do governo petista e suas crises iniciais, quando desagradou os grupos mais à esquerda do partido ao manter a ortodoxia na economia e ao colocar Henrique Meirelles, um banqueiro internacional filiado ao PSDB, na presidência do Banco Central. Em 2005, já trabalhando em *Veja*, participei da reportagem de Policarpo Junior que mostrava um flagrante de propina nos Correios, que deu origem ao escândalo do mensalão, a maior crise política do Brasil desde o processo de *impeachment* de Fernando Collor.

Dirceu foi personagem central de todos esses episódios. Liderou o PT na oposição, foi o mentor da transformação de um agrupamento de tendências de esquerda em um partido pragmático para chegar ao poder, coordenou a campanha vitoriosa de Lula, comandou o expurgo da esquerda petista e as alianças com partidos conservadores e fisiológicos. Essas alianças levaram ao mensalão, que provocou sua queda do comando da Casa Civil e o processo que levou à sua condenação. Cobri de perto todo o caso do mensalão, das primeiras investigações da CPI dos Correios ao maior julgamento da história do Supremo Tribunal Federal.

Toda essa informação, porém, era pouco para uma biografia. Tive de mergulhar na história do personagem desde o dia de seu nascimento em Passa Quatro, cidade de 11 mil habitantes no interior de Minas Gerais. Contei com a ajuda de dois pesquisadores para vasculhar nove arquivos públicos e deles retirar mais de 15 mil páginas de documentos, a maior parte inédita, com fatos novos sobre sua vida, principalmente durante o regime militar brasileiro. Os órgãos públicos, com base na Lei de Acesso à Informação, franquearam o contato com esse material. A única exceção foi a Casa Civil da Presidência da República, que se recusou a liberar as agendas e os documentos do período em que foi comandada por Dirceu, mesmo após recursos a duas instâncias.

Vasculhei os acervos de nove jornais e oito revistas nacionais, além de quatro publicações estrangeiras. Sites e blogs também foram essenciais para entender o período após a chegada do PT ao poder. Li 43 livros e assisti a dois filmes que, direta ou indiretamente, ajudaram a esclarecer a história de José Dirceu e dos períodos políticos em que viveu.

Tão fundamental quanto as pesquisas foram as entrevistas com 63 pessoas que conviveram diretamente com Dirceu desde sua infância em Minas Gerais até o julgamento do mensalão. Com esses depoimentos, foi possível desvendar passagens desconhecidas de sua vida, como o exílio em Cuba e a clandestinidade no Brasil durante os anos 1970, além de bastidores inéditos de sua atuação no PT, no governo e no mensalão. Boa parte dos entrevistados pediu para não ser identificada, prática consagrada no jornalismo, as chamadas declarações em *off*.

José Dirceu foi procurado e informado do conteúdo do projeto. Seus advogados e alguns de seus principais assessores colaboraram com o livro. Mas ele preferiu ficar em silêncio.

Todas as frases utilizadas, que foram ditas anteriormente a jornais, revistas e entrevistas em rádio e TV, estão identificadas ao longo do livro. As declarações sem identificação de origem foram dadas a mim ou aos colaboradores da publicação.

José Dirceu, que completou 67 anos em 16 de março de 2013, pouco antes da conclusão desta biografia, segue dizendo que só vai revelar seus segredos depois dos 80 anos. Procurei nestas páginas apresentar, treze anos antes, os fatos que realmente importam.

1 | Um golpe pela janela

"Um dia seu filho será presidente da República."
José Dirceu, aos 8 anos, para a mãe, dona Olga.

A noite era de festa na casa dos Oliveira e Silva, na pequena cidade mineira de Passa Quatro, na noite de 12 de outubro de 1968. A família se reuniu na sala para a primeira transmissão da televisão que o patriarca, seu Castorino, havia recebido de um consórcio poucas horas antes. Um televisor modesto, pequeno e em preto e branco, mas um dos primeiros a chegar à cidade de 11 mil habitantes, encravada na Serra da Mantiqueira, no Vale do Paraíba, divisa entre Minas Gerais, São Paulo e Rio de Janeiro. O aparelho enchia de orgulho Castorino e, principalmente, sua mulher, Olga. Os vizinhos invejavam a aquisição e se aboletavam à janela do sobrado para compartilhar a novidade. O noticiário da noite, porém, teve início com uma imagem que marcou para sempre a vida de dona Olga Guedes da Silva: seu filho José Dirceu era empurrado por policiais para um camburão que sumia na estrada de terra.

José Dirceu de Oliveira e Silva, o xodó de dona Olga, havia sido preso em um congresso clandestino da União Nacional dos Estudantes, em Ibiúna, cidade próxima a São Paulo, para onde migrara sete anos antes. O locutor descrevia o filho de Olga e Castorino como um dos líderes dos oitocentos estudantes que se reuniram em um sítio para conspirar contra o regime militar que governava o país havia quatro anos e meio. E previa que ele passaria um bom tempo na prisão, para servir de exemplo a outros jovens. Dona Olga deixou a família e as visitas na sala e foi chorar no quarto. Desde pequeno, Dirceu, o terceiro de seus seis filhos, lhe dera muito trabalho. A distância e a falta de comunicação do jovem, vivendo sozinho na cidade grande, lhe tiravam o sono. Imaginava que muita coisa ruim pudesse lhe acontecer. Mas cadeia foi além de seus piores pesadelos. Essa não era a primeira confusão em que se metia o rapaz nascido a 16 de março de 1946, naquela mesma casa. Era apenas a primeira transmitida em rede nacional de televisão.

Castorino era dono da gráfica Ordem e Progresso, a única da cidade, e militante da União Democrática Nacional, a UDN, o partido da direita católica. Educava com rigor seus sete filhos. Conheceu Olga na vizinha Cruzeiro, já no estado de São Paulo, onde seus parentes ganhavam a vida como ferroviários e ele costumava passar os finais de semana. Os filhos de Castorino precisavam ir à missa aos domingos, rezar antes das refeições, pedir a bênção para sair de casa e trabalhar desde cedo. Aos 8 anos, Dirceu já corria as ruas da cidade entregando pão; em seguida, caminhava pela linha do trem até o Grupo Escolar Presidente Roosevelt, onde cursou o primário. Foi nessa época que, em um surto de grandeza, disse à mãe antes de dormir: "Um dia seu filho será presidente da República."[2]

Quando Dirceu tinha 10 anos, Castorino lhe conseguiu uma vaga no Ginásio São Miguel, mantido por padres franceses da ordem de Bétharram. Era o melhor colégio da região. E ainda por cima gratuito. Para tanto, Castorino teve de apelar a seus contatos políticos. Fora candidato a vice-prefeito, era um dos provedores da Santa Casa e

---

[2] Em entrevista publicada pela revista *Playboy*, em agosto de 2007.

em sua gráfica eram impressos os panfletos de todos os candidatos das redondezas. Dirceu lembra com carinho da temporada no São Miguel: "Lá havia uns vinte padres de umas dez nacionalidades, uma coisa fantástica! Convivi com homens de dez nacionalidades diferentes e tive uma educação de altíssimo nível."[3]

Na escola, acuado pela disciplina severa dos religiosos, o garoto se continha, embora suas pregações agnósticas a partir dos 12 anos tenham lhe rendido algumas advertências e castigos. Cada vez que dizia que Deus não existia era um terço a mais a ser rezado. Na reincidência, sua mão queimava com golpes de palmatória. Longe dos padres, era outro. Amarrava barbante em rabo de cachorro, colocava bombinhas presas no rabo dos gatos, pulava muros de casa para roubar frutas, descia o rio em balsas feitas de folha de bananeira — que constantemente naufragavam com outras crianças, levando as mães ao desespero.

Liderava um grupo de garotos que se identificavam por um assobio e que se tornou o terror da cidade. Nem os castigos de Olga e Castorino o freavam. Passa Quatro foi ficando pequena para ele e suas confusões e ambições. Só esperava o fim dos estudos para ganhar o mundo. "Queria de todo jeito sair da minha cidade. Quando eu sentava na praça, sozinho, pensava: 'Quanto tempo falta para terminar, pegar uma carona e ir embora para São Paulo?'"[4] Não demoraria muito. No início de 1961, ainda com 14 anos, pegou uma carona com um conhecido da família e foi embora. As professoras e as mães dos amigos comemoraram: "Estamos livres do Zé Dirceu, aquele menino filho do seu Castorino."[5] O pai o apoiou. A mãe, chorando, aceitou a decisão.

---

[3] Em entrevista a Caio Túlio Costa para o Projeto Memória do Movimento Estudantil, em 17 de dezembro de 2005.
[4] Idem.
[5] Dirceu, José e Palmeira, Vladimir; *Abaixo a ditadura*. Garamont, 1998.

Naquela época, era costume das famílias escolher um filho para viver na cidade grande, onde havia boas escolas e oportunidades de trabalho — em Passa Quatro, sequer existia escola de ensino médio. Mas Dirceu se impôs, decidiu ir e pavimentou seu caminho. Como a partida era inevitável, Castorino conversou com um primo que já morava na capital paulista e conseguiu um emprego para o filho, como *office boy*, na imobiliária do deputado estadual Nicola Avallone Júnior, ex-prefeito de Bauru. Conservador, Nicola cumpria seu segundo mandato, pelo Partido Democrata Cristão. Anticomunista ferrenho, era dono do *Diário de Bauru* e respondia a um processo por ter dado, ainda prefeito, uma Romi-Isetta amarela a Pelé em 1958, quando o Brasil ganhou seu primeiro mundial de futebol. Apesar do conservadorismo, tinha uma relação afetuosa com o novo funcionário.

A São Paulo que Dirceu encontrou, em 1961, já tinha 4 milhões de habitantes, trezentas vezes maior do que sua Passa Quatro natal. À noite, quando deixava a imobiliária, cursava o colegial no Colégio Paulistano, na rua Avanhandava, próximo à praça da Sé. Ainda antes de completar 15 anos, em plena São Paulo do início da década de 1960, uma nova vida se descortinou para o garoto do interior. E a principal responsável por isso foi Maria Aparecida Sá de Castelo Branco, a secretária da imobiliária do deputado, que preferia ser chamada de Cíntia. "Era uma mulher linda, simplesmente maravilhosa, que me ensinou tudo: fui chefe do almoxarifado, trabalhei como arquivista, trabalhei na tesouraria, como relações públicas, no atendimento, na coordenação do escritório. Durante três anos e meio, fiz de tudo ali" — relembra José Dirceu.[6] Cíntia lhe ensinou quase tudo.

---
[6]Em entrevista a Caio Túlio Costa para o Projeto Memória do Movimento Estudantil, em 17 de dezembro de 2005.

Com dinheiro contado, ele foi morar em uma república no Edifício São Vito, ao lado do Mercado Municipal, o mais famoso treme-treme de São Paulo. Dividia os pouco mais de vinte metros quadrados com sete marmanjos: eram dois beliches e um sofá, no qual dormia com um colega de Passa Quatro, Wilson Siqueira. Certa noite, ao voltar para casa, encontrou no elevador uma mulher de 35 anos. Começaram a conversar e, dias depois, ainda em seu primeiro mês na cidade grande, o garoto de 14 anos perdia a virgindade com uma mulher 21 anos mais velha. "Ela também estava muito a fim e me proporcionou um ótimo começo" — este, o único comentário que já fez a respeito.[7]

O mais jovem atormentou tanto os mais velhos que acabou expulso da quitinete após oito meses. Era indisciplinado, recusava-se a dividir as tarefas da casa, como lavar louça e limpar o banheiro, e atrasava o pagamento das contas. Usava roupas alheias sem avisar e pegava comida dos outros na geladeira. No terceiro aviso, portanto, teve de deixar o apartamento para ir morar em um quarto de pensão na rua Taquara, na Liberdade, por onde hoje passa a avenida 23 de Maio. O dinheiro era tão curto que a principal diversão do jovem caipira — zombado pelos colegas por ser mineiro e pelo sotaque — consistia em andar pelas ruas de São Paulo vendo vitrines.

Também gostava de acompanhar pelo rádio os jogos do Corinthians, time que adotou ao chegar à cidade, renegando a paixão de infância pelo Flamengo. "Eu não tinha dinheiro para nada. Eu não tinha roupa praticamente. Vestia a mesma roupa por quinze dias. Vivi uma época em São Paulo quase como um trombadinha."[8] Nos momentos de maior dificuldade, apelava para Cíntia, que o abrigava, dava comida e comprava roupas.

---

[7] Em entrevista à edição de janeiro de 1992 da revista *Playboy*.
[8] Em entrevista a Caio Túlio Costa para o Projeto Memória do Movimento Estudantil, em 17 de dezembro de 2005.

Dirceu concluiu o ensino médio em 1963 e, no início do ano seguinte, matriculou-se no cursinho pré-vestibular Di Túlio, na rua Conde de Sarzedas, na Liberdade. Mudou-se para uma república próxima, onde dividiu um quarto com Celso de Mello, então estudante de Direito na Universidade de São Paulo e futuro ministro do Supremo Tribunal Federal. Sua situação financeira começou a melhorar nessa época. Conheceu o novelista Vicente Sesso, com quem foi trabalhar na TV Tupi, ajudando a redigir roteiros e fazendo figuração em alguns programas. Sesso era, ao lado de Cassiano Gabus Mendes, o principal autor da televisão brasileira. Quando Dirceu o conheceu, na festa de aniversário de um colega de imobiliária, ele acabara de escrever *Minha doce namorada*, que deu à atriz Regina Duarte o apelido de "a namoradinha do Brasil". Sesso viu talento no jovem eloquente e criativo. Assim que apareceu uma vaga em sua equipe na televisão, resolveu apostar no recém-conhecido.

Envolveu-se tanto com o trabalho que foi praticamente adotado por Sesso, que o levou para morar em sua casa, no mesmo quarto de seu filho adotivo, o ator Marcos Paulo, morto em 2012. Alojado na casa do novelista, trabalhando no escritório de Avallone e na TV Tupi, afinal sobrava dinheiro para se aventurar pela noite paulistana. Em uma boate, conheceu uma dançarina chinesa, teve um ardente caso de amor e deixou de lado as tarefas passadas por Sesso. Na terceira vez que o deixou na mão, foi demitido e despejado. Sem dinheiro e sem casa, perdeu também a namorada.

No cursinho, José Dirceu se aproximou de um grupo de professores e alunos que estudava Marx e debatia as reformas do governo de João Goulart, o Jango, presidente que assumira dois anos antes, com a renúncia de Jânio Quadros, e desde o primeiro dia no cargo sofria forte oposição dos militares e dos partidos de direita — principalmente a UDN de seu Castorino. Mais para se opor ao pai do que por ideologia, Dirceu apoiava o governo Jango, o que provocava longas discussões nas raras ligações telefônicas para Passa Quatro.

Um conterrâneo de Minas que também gostava de Jango ofereceu a José Dirceu um emprego na Distribuidora Nacional de Materiais Básicos, uma empresa de estruturas metálicas. A função e o salário eram semelhantes aos do escritório de Avallone. No novo trabalho, porém, seria registrado, algo que o antigo patrão jamais aceitara fazer. E também deixaria para trás as discussões políticas acaloradas com Avallone, opositor de primeira hora de Jango.

Em seguida, veio o golpe militar de 1º de abril, que depôs Jango e instalou em seu lugar o marechal Humberto de Alencar Castello Branco. De cara, José Dirceu se posicionou contra os militares. No dia posterior ao golpe, foi fazer um serviço externo no Banco Real da Praça da República, em um prédio ao lado da Floricultura Rinaldi. Estava no terceiro andar e viu pela janela a passeata dos alunos da Universidade Mackenzie. Comemoravam a derrubada de Jango.

A imagem definiu a posição que Dirceu teria dali em diante. "Eu já sabia de que lado estava, não tinha dúvida de que se tratava de um problema de classe. Eu era um *office boy*, que tinha trabalhado e estudado, e não tinha dúvida nenhuma de que a elite de São Paulo estava apoiando o golpe militar."[9]

---

[9] Idem.

2 | "Você partiu e me deixou"

> *"Cabeludo e desempregado aos 17 anos, apenas dois jogos de roupa, quase roubara. Mas arranjava quem cuidasse de si e das contas, chamego de mulheres."*
>
> Iara Iavelberg, primeiro amor de José Dirceu.

— Nome?
— José Dirceu de Oliveira e Silva.
— Data de nascimento?
— 16 de março de 1946.
— Local de nascimento?
— Passa Quatro, Minas Gerais
— Estado civil?
– Solteiro.
— Filiação?
— Castorino de Oliveira e Silva e Olga Guedes da Silva
— Religião?
— Não interessa.
— Como?
— Não interessa! Isso não existe no Brasil. O estado é separado da Igreja. Você não pode me perguntar isso. A PUC não precisa saber da minha religião para fazer minha matrícula.

— Então o senhor não será matriculado.

— Vou à Justiça, vou entrar com um mandado de segurança e vou fazer a matrícula.[10]

Esse foi o primeiro diálogo de Dirceu na Faculdade de Direito da Pontifícia Universidade Católica, na rua Monte Alegre, em Perdizes, zona oeste de São Paulo. Naquela manhã de janeiro de 1965, chegava à faculdade mostrando-se um homem de convicções fortes, que não seria apenas mais um aluno a passar despercebido.

A funcionária da secretaria deixou o posto e foi consultar seus superiores sobre o que fazer com aquele jovem lindo, um metro e oitenta de altura, de cabelos longos e olhar desafiador, que se recusava a informar sua religião. Meia hora depois, voltou. O diretor da faculdade aceitara que a matrícula fosse feita com o campo religião em branco.

De todo modo, era apenas um blefe. O rapaz de estilo rebelde queria marcar posição, mas não iria tirar de seus pais o maior motivo de orgulho da família. Era o primeiro dos Oliveira e Silva a entrar em uma faculdade. Assim que viu a lista dos aprovados, telefonou para Passa Quatro e deu a notícia. Dona Olga, que andava ressabiada com o filho, gritava e chorava de alegria, repetindo sem parar que aquela era a melhor notícia de sua vida. Dirceu tinha outra coisa a contar, também inédita na família, mas preferiu deixar para outra ocasião, preocupado em não frustrar a alegria dos pais. Desde o ano anterior, era um militante clandestino do Partido Comunista Brasileiro. Em uma família católica e de direita, e em meio a um regime militar, era melhor manter o assunto em segredo.

Matrícula feita, embarcou para Passa Quatro, onde passaria o carnaval. Havia, contudo, pouco tempo para a folia. A boa notícia, a entrada na faculdade, trazia junto um problema: como pagar as

---

[10]Diálogo costurado a partir do livro *Abaixo a ditadura*, de José Dirceu e Vladimir Palmeira [Garamont, 1998], e de entrevistas com colegas da época.

mensalidades? O salário de *office-boy* era insuficiente. A gráfica de Castorino rendia apenas o necessário para manter a família, sem grandes luxos. A solução encontrada foi apelar aos padres do Ginásio São Miguel, para que o ajudassem a conseguir uma bolsa de estudos na PUC. Enquanto a decisão não saía, Castorino entregou ao filho economias suficientes para pagar as três primeiras mensalidades.

Resolvido o problema mais premente, outra questão se colocara entre pai e filho. Castorino não gostava do discurso esquerdista de Dirceu. Muito menos de seus cabelos longos, das roupas repetidas e da falta de banho. As discussões eram duras. Castorino também discordava do golpe militar, chegou mesmo a romper com a UDN, mas a defesa que o filho fazia de Havana e de Moscou o exasperava. Dirceu, em um surto de independência, devolveria o dinheiro das mensalidades — que Olga, entretanto, não deixou o marido aceitar. Na manhã da quarta-feira de cinzas, o jovem universitário embarcou em um ônibus de volta a São Paulo.

Logo no primeiro dia de aula, Dirceu compreendeu que teria dificuldades de adaptação. Os professores eram conservadores e reacionários — havia um monarquista e outro que era dirigente da Tradição, Família e Propriedade, a TFP, organização católica de extrema direita. Com exceção de Franco Montoro, todos apoiavam o governo militar. Os alunos tinham que se levantar quando o professor entrava na sala e precisavam pedir autorização para lhe dirigir a palavra. As mulheres sentavam-se longe dos homens. Antes da primeira semana, já se rebelara contra aquela situação. Substituiu o terno exigido pela instituição por calça jeans, camiseta e sapato sem meia. Recusou-se a cortar o cabelo e deixou de se levantar à entrada do professor. Seu estilo contestador atraiu outros alunos, que formaram a "turma dos canalhas". Entre eles, o estudante de jornalismo Rui Falcão. Esse grupo começou a pressionar a direção da faculdade pela reabertura do centro acadêmico, da associação atlética e do cineclube, fechados após o golpe. "Não foi a política que me levou à luta estudantil na PUC: foi a revolta contra o autoritarismo e a mediocridade."[11]

A "turma dos canalhas" reabriu a associação atlética, que rapidamente se tornaria uma espécie de sindicato dos estudantes. As dívidas daqueles que não conseguiam pagar as mensalidades passaram a ser negociadas coletivamente. O aumento da anuidade foi questionado na Justiça. Apostilas eram impressas para os que não tinham dinheiro para comprar livros. Campeonatos de futebol e de basquete serviam para integrar os estudantes. Na falta de um cineclube, filmes passaram a ser exibidos na sede da associação.

Daí para a luta política foi um passo natural. Os dirigentes da associação atlética começaram a redigir panfletos que questionavam a falta de democracia e a defasagem do currículo. Com essas ações na PUC, Dirceu se tornava progressivamente conhecido na política estudantil. Passaria, então, a frequentar a rua Maria Antônia, na região central de São Paulo, onde ficavam as faculdades de Filosofia, Letras, Arquitetura e Sociologia da USP, além do campus do Mackenzie. Conheceu Luis Travassos, o principal líder do movimento estudantil. E foi convidado a organizar, na PUC, uma passeata contra a Lei Suplicy de Lacerda — a primeira manifestação dos estudantes paulistas contra a ditadura. Essa lei colocava na ilegalidade a União Nacional dos Estudantes e todas as suas representações regionais, e determinava que o Ministério da Educação teria a palavra final sobre a indicação de reitores para as universidades públicas e privadas.

Dirceu consolidou sua liderança na PUC e se aproximou da cúpula clandestina do PCB, principalmente de Joaquim Câmara Ferreira, o Toledo. Apoiado pelos comunistas e pela União Estadual dos Estudantes, comandada por Travassos, chegaria à presidência do Centro

---

[11] Em entrevista a Caio Túlio Costa para o Projeto Memória do Movimento Estudantil, em 17 de dezembro de 2005.

Acadêmico 22 de Agosto no início de 1966, ainda em seu segundo ano de universidade. Foi o comandante mais novo da instituição.

Sua primeira vitória política coincidiu com o acirramento da repressão ao movimento estudantil, graças à Lei Suplicy de Lacerda, que os protestos não conseguiram derrubar. "Fizemos a eleição na rua, já que fora proibido fazer dentro da faculdade. Teve cavalaria, bombas de gás lacrimogêneo, cassetete. Mesmo assim, 80% dos estudantes votaram sob pancadaria. Ganhei a eleição disparado. O Centro Acadêmico 22 de Agosto se reinstalou na PUC e começamos a luta contra o aumento da anuidade e pela reforma universitária."[12]

Dirceu não gostava dos estudos. Brigava com professores, faltava às aulas daqueles que não tolerava — como o que era dirigente da ultracatólica TFP e fazia da defesa da ditadura uma bandeira. Tirava as notas suficientes para passar de ano, sem nenhum brilho. Já na presidência do CA, a dedicação era total. Encontrara na atividade política um prazer e vislumbrava nela uma chance de ascensão profissional e pessoal. Para tornar o movimento estudantil atraente à maioria dos estudantes, que ignorava a política, comprou mesas de pingue-pongue e de sinuca, montou um curso paralelo de recuperação e promoveu bailes no Beco, que era a boate mais chique de São Paulo.

Nessas ocasiões, o cabeludo desleixado se transformava. Vestia seu único terno, arrumava o cabelo, lustrava o sapato de bico fino e caía na dança, seduzindo as alunas e causando brigas por ciúmes. Dizia que fazia isso só para irritar os adversários de direita, que pregavam que sua turma destruiria o centro acadêmico, pois desprovida de experiência para lidar com dinheiro. Mas o que o movia também era a vaidade. "Era para eles verem que comunista, gente

---

[12] Idem.

de esquerda, tem bom gosto também. Vocês me veem sujo e de capa, mas eu sempre me vesti bem."[13]

Dirceu considerava que o movimento estudantil deveria priorizar os problemas dos alunos, deixando a oposição à ditadura em segundo plano. Esse pragmatismo o aproximou da massa estudantil e o afastou da cúpula do PCB, cujo entendimento era oposto e que o considerava alienado e sem preparo intelectual. Era a mesma discordância que teria com seu primeiro grande amor: Iara Iavelberg, considerada a musa da esquerda naquela época.

Dois anos mais velha, alta, bonita, de olhos claros e corpo esguio, Iara era de uma rica família judaica, das primeiras a trocar o Bom Retiro por Higienópolis, bairro nobre na região central de São Paulo. Casara-se aos 16 anos, mas o relacionamento acabara três anos depois, quando passou a defender o amor livre. Conheceu José Dirceu em um bar na Maria Antônia e envolveram-se de cara.

Os dois moravam sozinhos — ele, em uma quitinete na alameda Barros, em Santa Cecília; ela, em um apartamento algumas quadras acima, já em Higienópolis. Passaram a dormir juntos todas as noites. Frequentavam o cine Regência, onde tomavam vinho no café do mezanino antes de assistirem aos filmes favoritos da esquerda sessentista, como *Alphaville*, *Um dia, um gato*, *O colecionador* e *Quem tem medo de Virgínia Woolf?*. Gostavam de um restaurante de panquecas na avenida Angélica, em frente à praça Buenos Aires, onde caminhavam fumando charuto após as refeições. Prazeres burgueses, como se dizia, que Dirceu aprenderia a apreciar rodando a cidade no carro de Iara.

"Faltam a José Dirceu alguns dotes intelectuais, é verdade. Mas não terá medo de dizer 'eu te amo'. A coisa tomou conta de mim, ocupou meus espaços" — escreveu Iara às amigas que questionavam o namoro. "Cabeludo e desempregado aos 17 anos, apenas dois jogos

---
[13] Idem.

de roupa, quase roubara. Mas arranjava quem cuidasse de si e das contas, chamego de mulheres."[14]

Torceram juntos por *Disparada*, de Geraldo Vandré, contra *A banda*, de Chico Buarque, no festival da Record de 1966. Leram *A revolução brasileira*, de Caio Prado Junior, e *Revolução na revolução*, de Régis Debray, obra que pregava o *foquismo* revolucionário — então defendido por Iara e condenado por Dirceu. A política era motivo de constantes discussões. Na eleição daquele ano, 1966, ela defendia o voto nulo. Ele, o voto útil em candidatos do MDB alinhados com os comunistas. Combinaram deixar a discussão de lado quando estivessem juntos: "Você é a mulher que amo, não uma relação política."[15]

De início, Iara definia o namorado como dedicado e carinhoso e lhe agradecia por tê-la feito superar um grande trauma do primeiro casamento — assunto que era tabu até mesmo entre suas melhores amigas. A suposição na turma era de que tivesse sofrido algo que lhe causara aversão ao sexo, pois passou a demonstrar insegurança quando sozinha com um homem. "Terno e vaidoso, queria ajudá-la a tornar-se mulher. A rigor, foi seu primeiro homem" — escreveu Judith Patarra, amiga e biógrafa de Iara.[16]

A paixão a levou a abandonar o amor livre, mas superficial, pela fidelidade e entrega ao namorado de cabelos longos. Mas ele não a acompanhou nessa decisão. "Era difícil namorar José Dirceu, sempre aberto a flertes, fossem até amigas dela" — escreveu Judith. "Ele era totalmente indisciplinado, ignorava o que faria nas próximas horas, à noite, no dia seguinte. Iara, machucada, às vezes a sabê-lo com outra, procurava companhia masculina."[17]

Dirceu podia namorar quem quisesse, mas Iara tinha de se manter fiel. Quando sabia que ela saíra com outro, mesmo que para um

---
[14]Patarra, Judith Lieblich. *Iara*. Rosa dos Tempos, 1992.
[15]Idem.
[16]Idem.
[17]Idem.

inocente chope, as brigas eram feias. Ele costumava sair do carro no meio do caminho, batendo a porta, sempre que discordava da namorada. Uma noite, após uma passeata, os dois estavam em um bar lotado na Maria Antônia quando ele começou a reclamar de sua roupa. Achava que colocara uma saia curta e uma blusa colada para seduzir outros homens e o provocar. Começaram a se xingar aos berros até que, para constrangimento geral, ele enfiou a mão no prato da namorada e atirou uma porção de batatas fritas em seu rosto, antes de ir embora. Sem pagar a conta. "Meio masoque, né?" — autoironizava Iara.[18]

Graças a seu sucesso no comando do centro acadêmico da PUC, foi lançado candidato a presidente da União Estadual dos Estudantes, em disputa que ocorreria no ano seguinte. Com a campanha, viam-se cada vez menos. Além da política e das outras mulheres, passou a ocupar seu tempo com dois vizinhos italianos, que cozinhavam bem e tinham uma adega de respeito.

Certo dia, Dirceu chegou em casa e foi surpreendido por dois policiais do Dops, a polícia política de São Paulo, que o levaram para a cadeia. Seria sua primeira prisão. Sem entender o motivo, ficou dois dias sob interrogatório. "Depois de muita aflição, descobri o que tinha acontecido: os italianos eram ligados à ALN [Ação Libertadora Nacional, grupo guerrilheiro liderado por Carlos Marighella], uma turma barra-pesadíssima. Haviam prendido os dois e acabei caindo junto por azar. Felizmente, consegui convencer a polícia de que eu era um *bon vivant*, só queria mesmo sair com as meninas, curtir a vida. Fui solto alguns dias depois, com a ficha limpa e a fama de namorador."[19]

---
[18]Idem.
[19]Dirceu, José e Palmeira, Vladimir; *Abaixo a Ditadura*. Garamont, 1998.

Menos de um mês depois, seria preso novamente, em um congresso clandestino da UEE, em São Bernardo do Campo, mas liberado no mesmo dia.

Iara suportava a ausência e até a infidelidade. Exasperava-se, porém, com as constantes mentiras, "como se a tese da liberação sexual validasse comportamentos indesculpáveis".[20] Romperam, finalmente, quando ela percebeu que deixara de ser a "namorada principal", trocada por uma dançarina espanhola, Ivone. Uma noite, depois de brigar com os pais, chegou de surpresa ao apartamento do namorado. Ele entreabriu a porta e, sussurrando, não a deixou entrar: "Tem gente dormindo."[21] Era um código na militância para dizer que havia um clandestino político na casa. Ela não acreditou, virou as costas e disse que estava tudo acabado.

Semanas mais tarde, pediu desculpas, tentou reatar, mas não teve sucesso. Foi a uma festa, em uma república da Maria Antônia, e se embriagou. Encontrou, entre as pilhas de discos de Bob Dylan e Joan Baez, um LP de Roberto Carlos com *Nossa canção*, a música que embalara noites a dois no apartamento da alameda Barros:

> Você partiu e me deixou
> Nunca mais você voltou
> Pra me tirar da solidão
> E até você voltar
> Meu bem eu vou cantar
> Essa nossa canção

Nunca mais se encontraram. Os caminhos dos dois não voltariam a se cruzar. Iara radicalizaria sua opção revolucionária. Pouco depois do rompimento, passaria a viver com Carlos Lamarca, um

---

[20]Patarra, Judith Lieblich. *Iara*. Rosa dos Tempos, 1992.
[21]Idem.

dos ícones da esquerda guerrilheira. Seria morta pelo Exército em 1971, na Bahia. Antes de morrer, entretanto, esteve presa com a militante mineira Dilma Vana Rousseff, a Wanda, futura presidente da República, 39 anos depois. José Dirceu, por sua vez, seguiria se equilibrando entre a boemia e a política universitária. E se tornaria em breve um dos ícones do movimento estudantil que desafiou a ditadura em 1968.

3 | Ronnie Von das massas

> *"Imprensa burguesa! Fique sentadinha nas cadeiras,*
> *sem tirá-las do lugar!"*
>
> Frase escrita na lousa da sala de imprensa da
> ocupação da Faculdade de Filosofia da USP.

Às 18 horas de 24 de junho de 1968, José Dirceu de Oliveira e Silva, presidente da União Estadual dos Estudantes, pegou um megafone e começou a gritar palavras de ordem para os mais de 5 mil estudantes que se reuniam nas arcadas do Grupo Escolar Caetano de Campos, na praça da República. Fazia muito frio e garoava naquela segunda-feira nublada. Dirceu, principal líder estudantil do estado, usava sua indefectível capa bege e bradava bordões típicos da época. "Abaixo a ditadura!" "Fora, militares!" "Viva o Vietnã!" "Viva a democracia!" *"Yankees, go home!"*

A maioria dos estudantes repetia e aplaudia, quando, a contragosto, Dirceu teve de passar o megafone para Catarina Meloni, sua maior rival no movimento estudantil, a quem derrotara em uma controversa eleição para a presidência da UEE. Aliados dele começaram a gritar e a vaiar, impedindo o discurso de Catarina. Militantes da Ação Popular, grupo do qual ela fazia parte, reagiram. A passeata contra a ditadura, convocada nas duas semanas anteriores em todas as faculdades e nas principais escolas secundárias de São Paulo, começava em clima de confronto.

Na esquina das avenidas São Luís e Ipiranga, a menos de duzentos metros do início da manifestação, um possante Aero Willys, com a chapa-branca de autoridade, estava preso no engarrafamento. Aos gritos de "quebra" e "põe fogo", o carro foi cercado por um grupo, e seu motorista, expulso a pontapés e socos. Os manifestantes quebraram os vidros, viraram o automóvel e o incendiaram. A polícia, orientada pelo governador Abreu Sodré, da Arena, a não reprimir a passeata "para não produzir mártires", observava de longe a comemoração dos estudantes enquanto o veículo flamejava.

A manifestação saiu do controle. No largo do Arouche, usando coquetéis molotov, pedras e paus, os jovens quebraram as portas de vidros e as janelas da sede da Secretaria da Educação e da Academia Paulista de Letras. Em seguida, saquearam uma farmácia do Exército. Na esquina de Ipiranga com São João, arrancaram um poste, com o qual arrombaram o First National City Bank de Nova York. Por onde passavam, os comandados de Dirceu usavam o megafone para pedir apoio da população. A maioria, porém, não queria saber de confusão.

O público que assistia aos filmes *A ponte do rio Kwai* e *A megera domada*, nas duas salas do Cine Marcopolo, abandonou as sessões com medo dos estudantes. O mesmo aconteceria no cinema Majestic, o mais chique de São Paulo, onde as atrações eram *A bela da tarde* e *...E o vento levou*. Restaurantes e lanchonetes, como o Bar Brahma, o Record e o Salada Paulista, fecharam as portas. Havia o temor de reação da Força Pública e do Exército, como ocorrera no Rio de Janeiro três meses antes, provocando a morte do estudante Edson Luís.

Fotógrafos e repórteres dos jornais paulistanos eram hostilizados, principalmente os da *Folha de S. Paulo* e de *O Estado de S. Paulo*, considerados defensores da ditadura. Na avenida São João, um carro do *Estadão* foi apedrejado. Um grupo começou a gritar *"Estadão! Estadão!"* e então se dirigiu à sede do jornal, na rua Major Quedinho. A invasão foi reprimida a tiros e pancadas pela polícia e por seguranças. Os manifestantes responderam com tiros e coquetéis molotov, e colocaram fogo em um andaime, na porta do prédio para a manutenção do tradicional painel luminoso por onde eram transmitidas as últimas notícias daquele dia, como "Ampla vitória de De Gaulle", "Arena inicia a convenção", "URSS defende pacto", "Pânico mata oitenta no estádio do River" e os detalhes do caso que comovia o país: a morte do boiadeiro João Ferreira da Cunha, que passara pelo primeiro transplante de coração do Brasil, cirurgia comandada pelo cardiologista Euryclides de Jesus Zerbini.

Depois do ataque ao *Estadão*, a massa começou a se dispersar, mas um grupo de cerca de duzentos estudantes, 90% dos quais homens, seguiu as orientações de Dirceu e de Luís Travassos, seu antecessor na UEE, subiu a rua da Consolação e virou à direita na Maria Antônia. Como estava previamente combinado entre as lideranças, invadiu a Faculdade de Filosofia da Universidade de São Paulo, que se tornaria o quartel-general do movimento estudantil.

A ocupação da Maria Antônia foi o ápice de um momento agitado. José Dirceu assumira a presidência da UEE em outubro do ano anterior, mesma época em que foi emitido seu primeiro mandado de prisão. Se a ditadura apertava a repressão desde a posse de Costa e Silva, um general linha-dura que substituíra o marechal Castello Branco em 15 de março de 1967, os estudantes reagiam à altura, com passeatas que invariavelmente terminavam em confronto.

O movimento estudantil, a partir de 1967, tornara-se a única voz da sociedade civil contra o regime militar e a falta de democracia. Os partidos políticos estavam extintos, com exceção da governista Arena e do Movimento Democrático Brasileiro, o MDB, legenda de oposição moderada tolerada pelos militares. Os sindicatos funcionavam sob estrito controle do governo. As principais lideranças da oposição estavam presas ou exiladas. A Igreja, com poucas exceções, alinhava-se ao governo. E o crescimento econômico propiciava o milagre brasileiro e tornava praticamente impossível aos grupos radicais engrossar seus contingentes armados contra o governo. Assim, só sobravam os estudantes.

Além dos problemas brasileiros, as manifestações de 1968 pelo mundo serviam de inspiração aos jovens brasileiros. Em Paris, uma greve de estudantes deu início à maior mobilização cultural e política desde a Segunda Guerra Mundial. Os manifestantes pararam as universidades, em um movimento que se espalharia pelas fábricas e pelo comércio — dois terços dos trabalhadores franceses cruzaram os braços. Para não ser deposto, o presidente Charles de Gaulle teve de dissolver o Parlamento e convocar novas eleições. Nos Estados Unidos, o alvo era a Guerra do Vietnã. Na Tchecoslováquia, estudantes eram as estrelas da Primavera de Praga, que tentava expulsar os soviéticos do país. Mesmo com a imprensa controlada e com filmes e livros censurados, a onda que mobilizava a juventude mundo afora acabou chegando por aqui.

Dirceu cresceu politicamente no movimento estudantil ao aliar o combate à ditadura à defesa dos interesses dos estudantes. Em 6 de junho de 1967, foi citado pela primeira vez na grande imprensa paulista, em uma reportagem de duas colunas na *Folha de S. Paulo*, com o título "Reitor da PUC punirá aluno que não pagar". O boicote aos pagamentos fora decidido dois meses antes porque os estudantes consideravam as mensalidades extorsivas, bem maiores do que as praticadas nas outras faculdades paulistanas. O vice-reitor Bandeira de Mello, por sua vez, fora de classe em classe ameaçar os inadimplentes com reprovação, suspensão e expulsão do curso.

No dia anterior, Dirceu havia discursado pela primeira vez em uma manifestação pública, na Cidade Universitária. A questão da mensalidade da PUC foi o ponto principal da fala, mas não o único. Ensaiando o tom que o notabilizaria no ano seguinte, protestou contra o plano MEC-Usaid (acordo entre o Ministério da Educação e o governo norte-americano para promover uma reforma no ensino brasileiro, tema caro à esquerda sessentista), a falta de democracia e o governo do estado, por "estar agindo contra os estudantes para ganhar a opinião pública para sua já falida política".[22]

Em outubro, seria eleito presidente da União Estadual dos Estudantes, em uma acirrada disputa contra Catarina Meloni, representante da Ação Popular, organização da esquerda católica que tinha em José Serra um de seus líderes. Dirceu concorreu pela Dissidência Comunista, já que, no início daquele ano, rompera oficialmente com o Partido Comunista Brasileiro em um congresso em Itanhaém, no litoral sul de São Paulo, no qual o comando do partido se opusera à luta armada contra a ditadura militar — o que daria origem a vários grupos dissidentes.

Catarina não aceitou a derrota e acusou seu rival de ter fraudado a votação e a apuração. Segundo ela, nas faculdades onde Dirceu era mais bem votado o número de eleitores superava o de alunos matriculados. Ademais, as urnas das faculdades controladas pela Ação Popular desapareceram. Por um ano, manteve-se no comando de uma UEE paralela. Tanto a oficial quanto a alternativa eram consideradas clandestinas pela polícia e funcionavam no mesmo local: o Crusp, conjunto residencial da Universidade de São Paulo.

Catarina foi a primeira adversária política de Dirceu, mas acabaria ofuscada pela glamourização do rival. Alto, de cabelos compridos, com a barba sempre por fazer, e bom de palanque, enfileirava namoradas e seguidores. Chamado ironicamente de "Alain Delon dos pobres", ou de "Ronnie Von das massas", passou a viver o papel de herói do movimento estudantil e, pois, o de vilão dos militares. Suas

---

[22] Como publicado na edição da *Folha de S. Paulo* de 6 de junho de 1967.

ações ousadas — como a invasão da reitoria da USP, a queima de um boneco fardado, que representava o presidente Costa e Silva, e a destruição do palanque do governador Abreu Sodré nas comemorações do Dia do Trabalho — reforçavam o mito.

"Quando a UEE se dividiu entre os grupos do Dirceu e da Catarina Meloni, fiquei ao lado dela. Mas as discussões eram muito teóricas, só falavam de marxismo. Enquanto a Catarina falava, falava e falava sobre Marx, o Dirceu agia, enfrentava a polícia, invadia a Maria Antônia e atacava a direita. Ele era muito sedutor. Eu mudei de lado, como quase todo o grupo da Catarina, que ficou isolada" — relembra o filósofo Roberto Romano, na época estudante do Instituto de Filosofia e Teologia.

A fama o obrigou a tomar precauções para se manter em liberdade, já que era processado por "organizar entidade ilegal", o que, na época, bastava para uma temporada na cadeia. Abandonou então o apartamento da alameda Barros e se acostumou a dormir cada noite em um local diferente. Andava armado e protegido por seguranças — um deles, Roberto Romano. Aparecia na PUC rapidamente, para fazer uma prova ou comandar uma assembleia. Mesmo assim, completou os três primeiros anos de faculdade.

Quarenta anos depois, Romano seria um dos mais renomados filósofos do Brasil e um dos principais críticos do grupo político de Dirceu.

A invasão da Maria Antônia, naquele 24 de junho, fora planejada para durar poucos dias, no máximo uma semana. Mas a falta de repressão e a boa repercussão entre estudantes, intelectuais, artistas e políticos fizeram com que Dirceu e sua turma a transformassem em ocupação permanente.

Dois dias depois, uma passeata organizada por estudantes — que reuniu 100 mil pessoas, no Rio de Janeiro — daria ainda mais visibilidade ao movimento. Vladimir Palmeira, que comandava os estudantes fluminenses, e Dirceu se tornavam os rostos mais expressivos da oposição brasileira.

A Maria Antônia é uma rua de localização estratégica. Seus dois quarteirões vão da Consolação à Dona Veridiana, ligando o Centro a Higienópolis. Num prédio cinza de cinco andares, com colunas gregas na entrada, funcionava a Faculdade de Filosofia da USP, controlada por professores e alunos de esquerda, contrários ao governo militar. Bem em frente à Universidade Mackenzie, simpática à ditadura e que abrigava a sede do Comando de Caça aos Comunistas, o CCC. Um quarteirão abaixo, na rua Doutor Vila Nova, ficava a Faculdade de Economia da USP.

Tudo girava em torno das faculdades — bares, restaurantes, livrarias, lojas de roupas e um supermercado. Quem sempre mandou na rua foram os estudantes. Por isso foi fácil montar barricadas com tábuas, paralelepípedos e tubos de esgoto da prefeitura, fechar os dois quarteirões e transformar o espaço no símbolo da luta contra a ditadura.

Sob o comando de Dirceu, os estudantes estabeleceram uma rotina militar no prédio da Faculdade de Filosofia. Duas mil pessoas passavam por lá a cada dia — para entrar, era necessário se identificar e atravessar uma barreira de segurança. A brigada de guarda era formada por trezentos alunos, bons em artes marciais e defesa pessoal, que se revezavam na vigia do edifício e na proteção de seus líderes, armados com paus, pedras, canos, coquetéis molotov e revólveres. Mais do que uma invasão da polícia, o temor era um ataque do CCC do Mackenzie.

A sacada da escola se transformou no depósito de munição. Os jovens passavam a noite por lá, armados e com binóculos nas mãos. Na segunda madrugada de ocupação, parte dessa munição foi usada contra os estudantes do CCC. Houve troca de tiros, vidros quebrados e muita gritaria. A batalha só terminou quando, da sacada, foi arremessado, contra os mackenzistas, um coquetel molotov de aço, muito mais forte que o de garrafa de vidro, pois espalhava mais estilhaços. Depois daquele confronto, o CCC não voltou mais a atacar. Era sempre esperado, porém.

Além da segurança, havia comissões de manutenção, imprensa, propaganda e programação. Os jornalistas podiam entrar, mas eram obrigados a ficar em uma sala no térreo, de onde só saíam com autorização. Todos os jornais e revistas eram tratados como veículos da burguesia e dos militares, com exceção do *Jornal da Tarde*, vespertino do Grupo Estado, cujas reportagens defendendo os estudantes eram coladas nas paredes pichadas com slogans oposicionistas.

Na entrada da sala de imprensa, um aviso evidenciava o clima:

> Aos repórteres: não saiam desta sala. Tragam, na sua próxima visita, um exemplar de seu jornal. Isto é uma cortesia e um dever cívico. De zero às oito horas não há expediente, salvo em caso de extrema gravidade. Ajudem a manutenção da ordem nesta sala. As informações sobre comícios-relâmpagos só serão dadas quinze minutos após a saída por participantes. Não mexam nos papéis que estão sobre a mesa. As fotografias estão proibidas.

O presidente da UEE era o principal responsável pela aversão à imprensa. Na lousa da sala onde dava entrevistas, outra mensagem de calculada hostilidade: "Imprensa burguesa! Fique sentadinha nas cadeiras, sem tirá-las do lugar!" Invariavelmente, as entrevistas eram precedidas da execução da *Internacional*, hino do movimento comunista, nos alto-falantes da faculdade.

Os três bares da rua — Recanto dos Estudantes, Faculdade e Acadêmico — viviam lotados. Em uma noite, na primeira semana de ocupação, faltou presunto, salame, queijo e pão para sanduíches. A cerveja também acabou — as caixas que chegavam eram abertas sem nem passar pela geladeira, o que não chegava a ser problema naqueles dias gelados de julho. De madrugada, os bares faziam rodízio e um deles sempre ficava aberto até mais tarde. Os estudantes passavam o tempo ali tomando batida, conhaque e cerveja — Coca-Cola era censurada, um símbolo do capitalismo ianque. Cantavam sambas antigos e músicas de Chico Buarque e Caetano Veloso.

Toda noite, uma rodada de sopa gratuita era servida para os alunos sem dinheiro na cantina do quarto andar, onde havia um bem-humorado cardápio fixado com as seguintes iguarias: "Consomê a Mao", "Patê a Ho Chi Minh" e "Bananas da Tropicália". Apenas brincadeira. A única receita que saía das panelas era sopa de ervilhas. Com os bares fechados e o jantar servido, uma tora de madeira era colocada por trás da porta principal da faculdade, por volta das duas da madrugada. Só quem iria pernoitar podia ficar. Em geral, ficavam de trinta a quarenta estudantes, que só poderiam começar a sair às sete horas.

Na segunda semana, uma bela morena, alta, de cabelos cacheados e roupas justas, começou a circular pela ocupação. Dizendo-se estudante de arquitetura, conversava com todos, lia e acompanhava as entrevistas. Logo atraiu a atenção de Dirceu, que a convidou para um chope no bar Faculdade, mesmo tendo namorada fora da Maria Antônia. Na mesma noite, os dois já dormiram juntos, na sala do Departamento de Grego, que ganhara o nome de "matadouro do chefe".

Os responsáveis pela segurança, no entanto, desconfiaram da garota. "Ô, Zé, toma cuidado. Quem é essa menina? Como ela apareceu?" — insistia Jeová de Assis, o principal guarda-costas do líder da ocupação.[23] Na terceira vez que a levou para a sala de grego, deixou sobre a mesa uma capanga, onde guardava um revólver calibre 22,

---

[23] Em entrevista a Caio Túlio Costa para o Projeto Memória do Movimento Estudantil, em 17 de dezembro de 2005.

e foi ao banheiro. Quando voltou, a garota manuseava a arma com habilidade, montando e desmontando com uma mão só — coisa de especialista.

Dirceu nada falou. Guardou a pistola, passou as duas horas seguintes com ela na cama e, em seguida, levou-a de volta ao pátio da faculdade. Então, contou o que acontecera a Jeová, que tirou a chave da bolsa dela sem que percebesse e foi ao seu apartamento, no centro da cidade. Lá estavam os relatórios e informes da ocupação e fotos dos principais líderes. Todos identificados corretamente. A garota, Heloísa Helena Magalhães, era uma agente infiltrada do Dops, a temida polícia política paulista. Ela ganhou o apelido de "Maçã Dourada", objeto do desejo e da destruição na mitologia grega. Com a prova da traição nas mãos, Heloísa foi trancada na sala da segurança. No dia seguinte, 9 de julho, em uma entrevista coletiva, revelou-se a infiltração e anunciou-se devolução da espiã aos pais.

O romance causou prejuízos pessoais e políticos a Dirceu. A namorada oficial, ao saber da história pelos jornais, o abandonou. E a Ação Popular de Catarina Meloni, que se opunha à invasão, usou o episódio para provocá-lo. Até uma música foi composta para ironizá-lo, paródia da marchinha *Jardineira*, de Orlando Silva:

> Mas ô Dirceu por que estás tão triste?
> Mas o que foi que te aconteceu?
> Foi a Heloísa que dedou a turma
> Fez bilhetinhos e a turma prendeu[24]

"Me tiraram o maior sarro com essa história de 'Maçã Dourada'. Eu tinha que aguentar as músicas. Eu ia para a plenária e começavam a cantar. Tínhamos uns painéis grandes, para fazer agitação, e virava e mexia tinha um versinho lá. E os amigos também começaram a

---

[24]Conforme relato publicado na edição de janeiro de 1992 da revista *Playboy*.

gozar com a minha cara. Eles escreviam poemas, contos eróticos. Paguei o maior mico"[25] — relataria, anos mais tarde, José Dirceu.

A presença de espiões era um risco calculado em uma ocupação que ganhara uma dimensão inesperada e que duraria quase quatro meses. Dirigentes do movimento estudantil de outros estados foram à Faculdade de Filosofia da USP lançar a candidatura de Dirceu à presidência da União Nacional dos Estudantes, em eleição que aconteceria ainda em 1968. Entre eles, Vladimir Palmeira, do Rio, e José Genoino Neto, do Ceará. Nesta ocasião, depois de sair da Maria Antônia, Genoino foi preso. Tentara embarcar para o Rio de Janeiro com "material subversivo" recebido de Dirceu, conforme relatório do Dops. Genoino seria condenado a dezesseis meses de detenção.

Professores, como Otaviano Helene e Fernando Henrique Cardoso, e os artistas Gianfrancesco Guarnieri, José Wilker e Chico Buarque, por meio de coletas em portas de cinemas e teatros, ajudaram a arrecadar dinheiro para o movimento. Intelectuais estrangeiros, como o cineasta cubano Alfredo Guevara, chegavam para conhecer a ocupação, que ganhava as páginas de jornais internacionais.

A descoberta de "Maçã Dourada", contudo, não inibiu outros adversários de se instalarem na Maria Antônia em busca de informações. Esses, entretanto, tiveram um tratamento bem mais duro do que a simples devolução aos pais. O soldado da Força Pública Paulo Ribeiro Nunes e o estudante do Mackenzie João Parisi Filho, membro do CCC, descobertos enquanto se passavam por militantes do movimento estudantil, foram levados vendados ao Conjunto Residencial da USP, o Crusp, onde os apartamentos 109, 110 e 111 do bloco G eram utilizados como uma "delegacia informal" da turma de Dirceu. Lá, foram interrogados e mantidos em cárcere privado. Nunes seria liberado no

---

[25] Em entrevista a Caio Túlio Costa para o Projeto Memória do Movimento Estudantil, em 17 de dezembro de 2005.

primeiro dia, pois sua situação de policial em cumprimento de ordem superior servira de atenuante. A Parisi, porém, foi dado tratamento de inimigo de guerra, segundo relato do delegado do Dops Alcides Cintra Bueno Filho, em documento de 18 de agosto de 1970:

> Por determinação do ex-líder estudantil José Dirceu de Oliveira e Silva concretizou-se o sequestro do então universitário João Parisi Filho, da Universidade Mackenzie. João Parisi Filho foi levado para o Conjunto Residencial da Universidade de São Paulo, onde permaneceu em cárcere privado por vários dias, submetido a sevícias. Nesse conjunto residencial, Parisi foi conduzido vendado e algemado, onde foi submetido a interrogatório, sob ameaça de morte. A vítima permaneceu presa durante dias, em condições desumanas. Após ter passado por esses atos de atrocidade, o estudante Parisi foi conduzido de olhos vendados para a copa do quinto andar do pavilhão G, onde foi trancafiado por uma noite e dois dias, permanecendo nesse local todo esse tempo deitado, com as mãos algemadas e presas ao cano da pia daquela dependência. Nessa situação foi encontrado por duas empregadas que fazem a limpeza.

Um inquérito foi instaurado para apurar o sequestro de Parisi. Vinte testemunhas foram ouvidas, entre estudantes, funcionários da USP e policiais. Todos confirmaram que a ordem de manter o rival em cárcere privado partira de Dirceu, que chegou a participar de sessões de interrogatório às quais Parisi foi submetido. Documentos inéditos arquivados no Superior Tribunal Militar revelam toda a apuração do caso.[26] Dirceu, intimado a depor, jamais apareceu no Dops. Três anos depois do caso, seria condenado a dezoito meses de prisão por cárcere privado. Como estava foragido, não chegou a cumprir pena. Tampouco recorreu da condenação.

---

[26] O inquérito sobre o sequestro de João Parisi Filho está registrado no Arquivo Público de São Paulo sob os números 50-C-22-6042 e 6043 e, no Superior Tribunal Militar, é arquivado como auditoria 131/70.

O Crusp, além de delegacia, servia como paiol para o movimento estudantil. No bloco B, decorado com uma viatura da polícia incendiada, foi montada uma central de alarme com sirenes tiradas desse e de outros carros oficiais, conforme demonstrado em relatório do Dops de posse do Arquivo Público de São Paulo.[27] Quando a polícia conseguiu invadir o local, achou no apartamento 611 um arsenal de respeito: uma espingarda Winchester 44, uma espingarda Colt calibre 36, uma espingarda Boston calibre 36 de cano duplo, um rifle calibre 22, uma espingarda Browning de repetição, dois facões, uma adaga, um punhal, uma pistola Steyr 765, um revólver calibre 32, uma granada, uma caixa de balas, 350 cartuchos de calibre 22, cinco metros de estopim, dois cartuchos de pólvora, uma caixa de espoleta, dois estilingues, um morteiro, dezesseis coquetéis molotov e uma lata de querosene. Mais de 2 mil livros considerados subversivos foram apreendidos nos apartamentos decorados com pichações políticas, como "Abaixo a ditadura", e comportamentais, como "Virgindade dá câncer".

Com a invasão da Maria Antônia na capa de todos os jornais e o movimento se armando para a guerra, o cerco ao seu líder foi sendo fechado. Em 3 de setembro, sua prisão preventiva seria pedida pelo delegado Ruy de Ulhoa Canto, do Dops, que acompanhara passeatas e fizera um relatório detalhado da atuação de Dirceu, documento que permanecia inédito no Arquivo Público de São Paulo, em um vocabulário empolado e cheio de adjetivos:[28]

> Qual novo Mathusalém, um jovem de cabelos longos, portando alto-falante, dirigia-se a seus jovens comandados, dos quais merecia inobjetável atenção. Em meio a palavras de ordem, interrompia as manifestações, voltando aos presentes em termos de açulamento, compelindo-os à "luta contra a ditadura e o imperialismo norte-

---

[27] A lista de materiais apreendidos está catalogada no Arquivo Público de São Paulo com o número 50C-22-6267.
[28] Relatório disponível no Arquivo Público de São Paulo sob o número 50C-22-1944.

americano". Habituado a esse tipo de investigação, o miliciano supra epigrafado de pronto identifica a estranha personagem: JOSÉ DIRCEU DE OLIVEIRA E SILVA, sodizente [sic] presidente da União Estadual dos Estudantes e obstinado agitador das despreparadas camadas estudantis deste estado. Cercado pela fidelidade de seus correligionários, envolve-se em chamada linha de segurança, exercida por adolescentes, radicalizados pela irresponsabilidade e marginalizados pelo abandono sistemático de pais omissos.

Exaurem-se os cabeçalhos jornalísticos, as entrevistas em meio à classe universitária, os relatórios dos setores especializados deste departamento e, até a opinião pública, em torno da posição de JOSÉ DIRCEU DE OLIVEIRA E SILVA na liderança absoluta da agitação estudantil da nossa capital. A sua posição é marcada pelo acinte e desrespeito à autoridade, afrontando-a com entrevistas noticiadoras de passeatas e outras exibições públicas vedadas pela lei: renitente e pertinaz, qualifica-se presidente da entidade representativa tornada ilegal, por meio de sinistra eleição, motivadora de inquérito em fase final de apuração. Em o evento ora apurado, irrompe-se a sua presença, capitaneando a baderna, em posição de franca sobrevalência, levando-nos a representar a V. Excel. pela necessidade intransferível de ser decretada a prisão preventiva de JOSÉ DIRCEU DE OLIVEIRA E SILVA, de cuja periculosidade e responsabilidade nos insuportáveis fatos impingidos à laboriosa e paciente população desta capital, não podem merecer contestação pelo que, reiterando a nossa representação nos termos do artigo 54 do decreto-lei 314, de 13 de março de 1967.

Procurado pela polícia, Dirceu desapareceu da Maria Antônia e do Crusp. Dormia cada noite em um lugar e teve reforçada a segurança. Amigos o aconselhavam a fugir para o exterior. Otaviano Helene lhe ofereceu ajuda para que chegasse ao Chile. Alfredo Guevara insistiu para que o acompanhasse a Cuba. Mas ele recusou. Não queria tomar nenhuma decisão antes de desocupar com segurança a Faculdade de Filosofia e ser eleito presidente da União Nacional dos Estudantes.

4 | A guerra dos estudantes

*"Vamos recuar. Vai ser um massacre.
Eles vão começar a matar estudante,
eles vão destruir, eles vão ocupar a faculdade."*

José Dirceu, ordenando a desocupação
da Faculdade de Filosofia da USP.

Megafone na mão, o homem cabeludo e de barba por fazer, que usava calça jeans e blusão preto, dava ordens enquanto, com a outra mão, apoiava-se na janela superior de um sobrado na rua Doutor Vila Nova: "Dinheiro para comprar gasolina, rápido! Não recuem! Ataquem!"[29] Os estudantes que ocupavam a Faculdade de Filosofia da USP tentavam seguir as orientações de seu líder, José Dirceu, que reaparecera na véspera daquela quinta-feira, 3 de outubro de 1968, após uma semana escondido.

Mas não era fácil. O grupo estava encurralado. De cima, era pressionado pelos estudantes do Mackenzie — membros do Comando de Caça aos Comunistas e de duas outras facções de direita, que haviam tomado a rua Maria Antônia. Por baixo, pela polícia, que reprimia

---

[29]Conforme publicado na edição de 3 de outubro de 1968 do *Jornal da Tarde*.

com armas os militantes da União Estadual dos Estudantes que buscavam chegar à Praça da República em passeata. Após cem dias de ocupação, a polícia decidira retomar a Faculdade de Filosofia e prender seus líderes.

Os mais fortes foram escalados para sair à rua e enfrentar a polícia e o CCC. Os que atiravam melhor ficaram entrincheirados na sacada da faculdade, instruídos a reagir à bala contra qualquer tentativa de invasão. Por volta das duas horas da tarde, chegou a notícia de que o estudante secundarista José Guimarães, de 20 anos, fora morto com um tiro na cabeça. Dirceu, pelo megafone, começou um discurso que misturava uma tentativa de reorganizar a massa, que dispersava, e um ataque à truculência da repressão — embora jamais tenha sido provado que o tiro fatal partira da arma de um policial. Com a chegada da polícia e a morte do estudante, a ordem de ataque foi substituída, em questão de minutos, por um recuo estratégico: "Vamos recuar. Vai ser um massacre. Eles vão começar a matar estudante, eles vão destruir, eles vão ocupar a faculdade."[30] Até aquela tarde, a batalha contrapunha apenas Mackenzie e USP. A entrada em cena da polícia, contudo, mobilizaria um instinto de preservação que beirava a covardia.

Em seus dois quarteirões, a Maria Antônia representava um microcosmo da divisão ideológica do mundo em 1968. O globo terrestre estava demarcado entre comunistas e capitalistas. A guerra fria encontrava-se no auge e a invasão dos Estados Unidos a Cuba era iminente. A ditadura dos generais apertava o cerco aos oposicionistas, que eram presos ou deixavam o Brasil. Todos tinham lado nessa guerra. E a Maria Antônia era pequena demais para abrigar ambos. Depois de cem dias, um deles teria de sair. À força.

A Batalha da Maria Antônia tivera início às dez da manhã do dia anterior, 2 de outubro. Estudantes secundaristas, que serviam

---

[30] Dirceu, José e Palmeira, Vladimir; *Abaixo a Ditadura*. Garamont, 1998.

de massa de manobra para a UEE comandada por Dirceu, cobravam pedágio na esquina da Consolação com a Maria Antônia. Pretendiam arrecadar dinheiro para o congresso da União Nacional dos Estudantes, que aconteceria ainda naquele mês. Quando o grupo deixou a esquina e passou a marchar pela Maria Antônia, foi surpreendido pelos estudantes do Mackenzie, que começaram a arremessar ovos podres.

Desarmados e em menor número, os secundaristas procuraram proteção no prédio da USP, como combinado, dando início a uma briga generalizada, semelhante às que acontecem hoje entre torcidas organizadas de futebol, que não existiam naquela época de paz nos estádios e devoção a Pelé. "No fim da tarde começou a batalha, que duraria dois dias. O enfrentamento foi duríssimo" — relembraria Dirceu.[31]

À noite, a polícia cercou o quarteirão, chamada pela reitora do Mackenzie, Esther de Figueiredo Ferraz, que seria, em 1982, a primeira mulher a ocupar um ministério no Brasil, o da Educação e Cultura. A situação se acalmou. Emissários de Dirceu se reuniram com a polícia e aceitaram a exigência de retirar as barricadas que impediam o trânsito na rua. A tendência era de desocupação pacífica, com os policiais deixando os estudantes saírem do local sem prendê-los.

A madrugada e o início da manhã seguiriam em relativa paz. Entretanto, por volta das 9 horas do dia 3, estudantes do Mackenzie foram ao prédio da USP e arrancaram a enorme faixa, com a mensagem "Abaixo a ditadura", que decorava a fachada. Aquele pedaço de pano de quinze metros, que caíra do quinto andar ao térreo, era o símbolo da ocupação. Assim que foi retirado, a luta recomeçou. Até o meio-dia, pedras eram atiradas de uma faculdade à outra.

---

[31] Idem.

Depois, rojões, bombas, molotovs, barras de ferro, pedaços de pau. Os gritos de guerra ecoavam dos dois lados. Os mackenzistas eram chamados de "nazistas" e "gorilas", enquanto os uspianos, de "guerrilheiros fajutos".

Os alunos do Mackenzie tinham uma vantagem geográfica: seu edifício ficava em um ponto mais alto da rua, além de ser protegido por um muro maior. Assim, era mais fácil jogar os rojões com vidros de ácido sulfúrico na ponta, que atravessavam as janelas e queimavam a pele dos rivais. Seis estudantes foram atendidos com queimaduras em uma enfermaria improvisada, que tinha na lousa um alerta: "Queimadura de ácido: água não!"

Mais do que a topografia favorável, os alunos do Mackenzie contavam com a ajuda do Dops, que fornecia armas aos membros do CCC. A única vantagem estratégica dos ocupantes era a facilidade de fuga, pois o prédio da USP tinha uma saída lateral que dava para a rua Doutor Vila Nova.

O tiroteio começou uma hora depois. O CCC atirava de carabina, ao que era respondido com disparos de metralhadora. Um aluno de economia da USP, José Antônio Rodrigues, levou um balaço no ombro, alvejado pelos rivais do Mackenzie. Quando policiais chegaram para socorrê-lo, foram cercados pelos estudantes, que tentavam tomar-lhes as armas. Tiros para cima dispersaram a multidão e permitiram o socorro. Na confusão, o capacete de um policial caiu e foi levado como troféu para o edifício da Filosofia.

Os oposicionistas estavam em menor número e tinham menos munição. Com medo de um massacre, Dirceu ordenou que os estudantes saíssem do prédio em passeata — apenas os atiradores de elite ficariam na varanda, além de um grupo de seguranças, na porta.

Na rua, achava que seria possível resistir. Havia um acerto com Carlos Marighella: o Grupo Tático Armado da ALN, a Ação Libertadora Nacional, cederia armas e homens para que os estudantes resistissem à desocupação. O acordo fora fechado dias antes por Paulo de Tarso Venceslau e Jeová de Assis, dirigentes estudantis que militavam no grupo armado da ALN e que ensaiavam os primeiros passos na guerrilha urbana. Mas, pego de surpresa e encurralado com a chegada repentina da polícia, Dirceu não conseguira acionar o esquema a tempo. Saiu da Maria Antônia, deixando a maioria dos seus comandados à própria sorte, e partiu em passeata — com um grupo que teria entre cem e duzentos estudantes — rumo à praça da Sé.

Logo no início da marcha, um estudante chegou correndo. Trazia uma camisa de linho branco toda ensanguentada — era a que Guimarães vestia quando baleado. Dirceu pegou a peça nas mãos, subiu em um poste em frente à Faculdade de Direito da USP, no Largo São Francisco, e iniciou um discurso: "Colegas, essa camisa é do nosso companheiro morto pelas forças da repressão. Vamos todos para a Cidade Universitária fazer uma assembleia para decidir nossos próximos passos."[32] No caminho até a Cidade Universitária, percurso ao longo do qual dois carros da polícia seriam queimados, a passeata foi reforçada pelos estudantes que conseguiram fugir do cerco na Maria Antônia.

Enquanto isso, 240 soldados — com dois tanques, cem cavalos e cinquenta cães — invadiram a Faculdade de Filosofia da USP e prenderam os últimos vinte estudantes que resistiam. Os cem dias de ocupação já haviam castigado o local, que a chegada da polícia acabaria de destruir. As aulas daquele final de ano seriam transferidas para a Cidade Universitária. O prédio, depois de uma reforma, foi cedido à Junta Comercial, em uma tentativa do governo militar de apagar as memórias do período de ocupação. Apenas em 1993 seria devolvido à USP.

Os estudantes do Mackenzie assistiram à invasão da polícia cantando o *Hino Nacional* e foram comemorar a vitória tomando cerveja

---

[32]Conforme publicado no *Jornal da Tarde* de 3 de outubro de 1968.

nos três bares da rua. Fotos dos líderes da ocupação em páginas de jornal serviam de alvo para jogos de dardos.

Com medo de ser preso, José Dirceu preferiu não dormir na Cidade Universitária. Depois da assembleia, que nada decidiu, escondeu-se na casa de uma nova namorada, Silvia, a menos de um quilômetro da Maria Antônia.

5 | 700 presos na lama

> *"Foi uma grande farra. Foi um tal de namorar,
> um tal de beijar na boca, um tal de ser feliz.
> Eu acho fantástico que as pessoas façam questão
> de não se lembrar. Eu me lembro e acho o máximo.
> A gente era jovem, cara. A gente era normal, entendeu?"*
>
> Maria Augusta Carneiro Ribeiro, participante
> do congresso da UNE em Ibiúna.

Passavam poucos minutos das cinco da manhã de 12 de outubro de 1968, um sábado gelado e nublado, quando José Dirceu foi acordado por um assustado Vladimir Palmeira, presidente da União Metropolitana dos Estudantes, do Rio de Janeiro: "Acorda rápido, Zé, a polícia tá chegando!". Dirceu demorou alguns instantes para entender o que acontecia, naquela manhã ainda escura, no sítio Murundu, no bairro São Sebastião, em Ibiúna, cidade de 5 mil habitantes a 70 quilômetros de São Paulo.

Ele dormia em uma tenda para se proteger da chuva e do frio, ao lado das lideranças e dos organizadores do 30º congresso da União Nacional dos Estudantes, o quarto seguido na clandestinidade. Dirceu era o candidato favorito à presidência da UNE. Concorreria pela Dissidência Comunista. Seus rivais eram Jean Marc von der Weid, da situacionista Ação Popular, e Marcos Medeiros, do Partido Comunista Brasileiro Revolucionário. Outras cinco organizações clandestinas participavam do congresso — Partido Comunista Brasileiro (PCB), Ação Libertadora Nacional (ALN), Política Operária (Polop), Vanguarda Popular Revolucionária (VPR) e Movimento Revolucionário 8 de Outubro (MR-8). Com exceção da Polop, que estava com Jean Marc, todas apoiavam a chapa da Dissidência, o que certamente garantiria a vitória de Dirceu.

Olheiros do movimento espalhados em estradas próximas tinham visto dezenas de carros da polícia e do Exército na estrada que ligava o centro de Ibiúna ao Murundu. Em motos, chegaram à tenda dos chefes para dar o alarme. Antes das 5h30, os dirigentes já se reuniam para decidir se fugiriam imediatamente, abandonando os cerca de setecentos congressistas que dormiam à própria sorte em alojamentos improvisados em currais, ou se acordariam todos para tentar uma improvável fuga organizada em massa.

Nesse momento, irrompeu uma acalorada discussão entre Dirceu e Luís Travassos, presidente da UNE e coordenador da campanha de Jean Marc. "É golpe de vocês, porque sabem que vão perder a eleição. Não tem nada disso de polícia. Vocês querem é melar o congresso" — acusava Travassos. "Quem vai ganhar sou eu, você sabe disso. Mas se a gente não sair daqui agora, vai ser todo mundo preso" — respondia Dirceu. Sem acordo, protelaram a decisão, o que se revelaria uma falha. "Pelas condições da estrada, os soldados só chegariam no meio da tarde. Foi a informação que recebi" — conta Palmeira. "Então resolvi: 'Se é assim, vamos deixar o pessoal dormir. Acordamos todo mundo na hora normal e, às nove, começamos a reunião. O plenário decide.'"

Não deu tempo. Dirceu tinha razão. Às sete da manhã, 161 policiais do Sétimo Batalhão de Sorocaba da Força Pública, sob comando do coronel Divo Barsotti, chegaram ao sítio Murundu. Dez estudantes estavam de sentinela, armados de revólveres calibre 22. Um deles viu a chegada da polícia e deu um tiro para o alto, para avisar os acampados. Os soldados reagiram imediatamente, atirando para o lado com fuzis, pistolas e metralhadoras. Não queriam ferir os congressistas, apenas mostrar seu poder de fogo superior e evitar tentativas inócuas de reação. Em fila indiana, os 706 presos — 170 mulheres e 536 homens, enrolados em mantas e cobertores — tiveram de caminhar 8 quilômetros por estradas enlameadas, no frio de treze graus, até um galpão da Cooperativa Agrícola de Cotia, de onde sairiam os nove ônibus e um micro-ônibus da viação Cometa, cinco caminhões, duas Kombis e uma perua Rural Willys, a frota que os levaria à prisão em São Paulo.

Foi o final melancólico de um congresso planejado para ser o ápice do movimento estudantil como a forma mais organizada de combate à ditadura que comandava o Brasil havia quatro anos e meio. Nove dias antes, o movimento já passara por um golpe ao ter de desocupar a Faculdade de Filosofia da USP após a Batalha da Maria Antônia. Naqueles dias, os estudantes de esquerda tentaram usar a morte do estudante José Guimarães para apontar o endurecimento do regime e atrair apoio contra o governo. São Paulo amanhecia a cada dia com mais paredes e muros pichados com a frase "Podia ser seu filho", mas o argumento não atraía a classe média, satisfeita com a onda de consumo e emprego proporcionada pelo crescimento da economia.

Esse bom momento econômico, porém, não se refletia em investimentos expressivos em educação. Em 1968, o Brasil tinha 213 mil universitários, o equivalente a 2,1 por mil habitantes. Menos de 2% da população entre 19 e 25 anos estava na universidade, contra 16% da juventude francesa e 46% dos jovens norte-americanos. Assim, as mobilizações estudantis conseguiam atrair mais atenção de seus inimigos em quartéis e delegacias do que apoio na sociedade civil, o que obrigava a UNE a se mover na clandestinidade.

A UNE nascera trinta anos antes com um discurso nacionalista. Saiu às ruas pela primeira vez para exigir que o Brasil entrasse na Segunda Guerra Mundial contra os nazistas alemães e os fascistas italianos, combateu a ditadura de Getúlio Vargas, quando foi colocada pela primeira vez na ilegalidade, e ajudou a construir o principal partido de oposição daquela época, a UDN do pai de José Dirceu. Políticos como Carlos Lacerda, Alceu Amoroso Lima, Afonso Arinos, Milton Campos, Pedro Aleixo, Sobral Pinto, Jânio Quadros e Abreu Sodré participaram de campanhas estudantis pela anistia dos presos políticos do Estado Novo, em defesa do monopólio estatal do petróleo, contra a Lei de Segurança Nacional de 1953 e pela criação de restaurantes universitários no Rio de Janeiro. Em 1968, contudo, alguns deles estavam do outro lado. Como Abreu Sodré, o governador que mandara reprimir o congresso de Ibiúna.

Organizar um congresso clandestino com mais de setecentos delegados — vindos de todos os estados do país e em plena ditadura — era uma missão praticamente impossível. E ainda havia os fatores internos — as limitações operacionais e as questões políticas do movimento — a atrapalhar. As principais lideranças estudantis estavam envolvidas na ocupação da Maria Antônia, o que levou à formação de uma comissão organizadora com estudantes menos experientes em conflitos, comandada por Paulo de Tarso Venceslau, da economia da USP. O dinheiro era curto, pois a maior parte do arrecadado em doações e pedágios em portas de teatros fora usada para alimentar e armar a turma da Maria Antônia. E havia as profundas discordâncias entre a Dissidência e a AP, maiores organizações do movimento estudantil.

"A Dissidência, de Palmeira e Dirceu, defendia que o movimento deveria se voltar aos problemas da universidade para, a partir daí, denunciar o sistema e as estruturas. Era a chamada luta reivindicatória" — explica Paulo de Tarso Venceslau. "Já o Travassos e a Catarina Meloni, da AP, defendiam a luta política, que consistia na denúncia constante a todos os atos da ditadura e do imperialismo, mesmo que não tivessem relação com o movimento estudantil."

A logística também opunha AP e Dissidência. A primeira queria que o congresso ocorresse clandestinamente em Belo Horizonte. Já o grupo de Dirceu defendia a realização de um evento público na USP, desafiando a repressão. A AP tinha a maioria da cúpula. E a Dissidência, dos militantes. Sem acordo, optou-se pelo meio-termo: congresso clandestino, mas em São Paulo, onde vivia a maioria dos delegados, o que reduziria os custos da operação, embora ainda viesse a se mostrar um erro.

Travassos, Dirceu e Palmeira estavam excluídos da organização. Quando chegaram lá, cada um em um Fusca, concordaram pela primeira vez: a chance de sucesso era mínima. "Quando cheguei e vi aquele lugar, já sabia que aquilo ali era uma tragédia porque as condições eram as piores possíveis" — recorda-se Dirceu.[33] "A forma aberta também prejudicou, porque se fosse num convento, numa fazenda, num lugar com mais estrutura e mais próximo de uma grande cidade, talvez o congresso tivesse terminado mais cedo, antes da chegada da polícia" — concorda Paulo de Tarso.

No caminho para Ibiúna, os estudantes deixaram pistas para seus algozes. Uma região rural, de pastos e pequenas plantações, fora invadida por carros e jovens a pé, que desciam na rodovia Castello Branco e pediam carona a qualquer veículo que se movesse — menos viaturas oficiais. Assustados, sitiantes japoneses do bairro do Curral

---

[33] Em entrevista a Caio Túlio Costa para o Projeto Memória do Movimento Estudantil, em 17 de dezembro de 2005.

procuraram o delegado Otávio Camargo para reclamar que "muita gente jovem com jeito de cidade",[34] que se apresentava como um grupo de escoteiros, estava tirando o sossego da pacata redondeza. Em uma estrada a 2 quilômetros dali, um amigo do delegado, o dentista Francisco Soares, já encontrara panfletos contra a ditadura, literatura atípica na região.

No primeiro dia do congresso, 10 de outubro, faltou pão. O carioca Carlos Eduardo Fayal, da ALN, foi escalado para ir à cidade resolver o problema. "Tem pão aí?" "Tem" — respondeu o padeiro. "Quantos você vai levar?" — perguntou. "Todos" — respondeu o estudante, que também levou o estoque de queijo, mortadela, leite e conhaque. Deu a mesma justificativa dos caronistas do bairro do Curral: "Estamos aqui com uma tropa de escoteiros acampados."[35]

Tanta movimentação levantou o boato sobre a cidade ser a escolhida para sediar o congresso. No dia 12 de outubro, o jornal *Cruzeiro do Sul*, da vizinha Sorocaba, estamparia na manchete: "Ibiúna pode ter sido escolhida para o congresso proibido da UNE." Só havia alguma dúvida sobre o local. A reportagem, claro, fora produzida na véspera, no mesmo dia em que o sitiante Miguel Góis procurara o delegado Camargo com uma denúncia que entregaria de vez os estudantes.

Góis contou que fora ao sítio de seu amigo Domingos Simões cobrar uma dívida pela venda de um caminhão de milho, mas que dois jovens com revólveres nas mãos não deixaram que passasse da porteira. O sitiante explicou que estava apenas querendo receber seu dinheiro e foi embora dali. Direto para a delegacia. Camargo, então, ligou os pontos. Simões, o dono do sítio, era militante da Vanguarda Popular Revolucionária (VPR) e tinha ligações com padres dominicanos de São Paulo e com o general oposicionista Euryale Zerbini,

---
[34]De acordo com o que a revista *Veja* publicou em sua edição de 16 de outubro de 1968.
[35]De acordo com reportagem publicada na revista *Época* de 5 de outubro de 1998.

que ajudara a organizar o evento. Era um conhecido comunista da cidade. O congresso só podia estar acontecendo em seu sítio.

Camargo, assim que ouviu o relato, avisou o Dops, que enviou a Ibiúna três tropas da Força Pública, comandadas pelos delegados Paulo Bonchristiano e Orlando Rosante e pelo coronel Divo Barsotti. Os policiais fecharam as três vias de acesso ao sítio, imaginando que haveria resistência, mas a invasão foi tranquila. Além das armas dos sentinelas, os policiais só encontraram uma pistola Luger, duas Berettas e uma carabina. "A gente tinha muita arma, revólveres, pistolas, metralhadoras, coquetéis molotov... Mas estava tudo enterrado. Não tivemos como usá-las" — revela Paulo de Tarso Venceslau.

Dentro do sítio, homens e mulheres dormiam amontoados em camas de lona e no chão. Como não cabiam todos, muitos foram aproveitar a cobertura de currais desocupados. "Ficava porco num chiqueiro, gente no outro" — declarou o delegado Camargo.[36]

Quando alcançaram o galpão dos líderes, Dirceu foi um dos primeiros a sair. Não se identificou e tentou dar um jeito de não ser reconhecido. A maioria dos policiais não sabia quem ele era. Afinal, viviam longe de São Paulo, sem intimidade com o movimento estudantil. Tentou, então, misturar-se à multidão, mas um soldado desconfiou e o separou: "Esse aqui deve ser cana das boas."[37] Foi reconhecido na hora por Bonchristiano, que o colocou no primeiro ônibus do comboio, no banco da frente, ao lado de Palmeira e Travassos. Logo atrás, dois outros levavam todas as mulheres.

O convívio livre de homens e mulheres era um dos orgulhos daquela turma, embora a maioria hoje prefira omitir esse lado. No sítio, foram encontrados preservativos usados e caixas de anticoncepcionais.

---

[36] Segundo reportagem da revista *Veja* de 16 de outubro de 1968.
[37] Conforme reportou o *Correio da Manhã* de 14 de outubro de 1968.

Não era apenas a política que movia aqueles setecentos jovens. A namorada de Dirceu na época, Silvia, não estava em Ibiúna. Mas isso não o impediu de frequentar as camas das estudantes todas as noites. Drogas não foram achadas. Tampouco há relatos de seu uso, nem da polícia nem dos participantes. "Em 1960, existia maconha, mas eu nunca fumei. E comecei a beber depois dos trinta. Nessa época, eu não tomava chá nem café, só leite. Fumei cigarro por um período muito pequeno e depois parei" — declarou Dirceu.[38]

Maria Augusta Carneiro Ribeiro, participante de Ibiúna que morreu em 2009, escreveria sobre o clima do congresso anos mais tarde: "Foi uma grande farra. Foi um tal de namorar, um tal de beijar na boca, um tal de ser feliz. Eu acho fantástico que as pessoas façam questão de não se lembrar. Eu me lembro e acho o máximo. A gente era jovem, cara. A gente era normal, entendeu?"[39]

No final daquela tarde, o ônibus com os líderes chegou a São Paulo e parou em frente ao quartel-general da Força Pública, na avenida Tiradentes. Vladimir Palmeira aproveitou um descuido, abriu a porta de emergência e fugiu correndo descalço pela rua. Cercado pelos soldados, tentou enfrentá-los, teve a camisa rasgada e arrancada, e foi preso, juntando-se a Travassos e Dirceu, os três enrolados em cobertores. Depois de um ano com a prisão preventiva decretada e fugindo da polícia, o trio fora finalmente preso.

Os outros estudantes foram fichados e fotografados. Quem não era procurado pôde voltar para casa. Entre eles, Cesar Maia, Raul Pont, José de Abreu, Gianfrancesco Guarnieri, Adilson Monteiro Alves e Lúcia Murat, que, décadas mais tarde, fariam fama na política e na cultura.

---

[38] Em entrevista à revista *Playboy* de janeiro de 1992.
[39] Da-Rin, Silvio; *Hércules 56*. Zahar, 2007.

Três dias depois, os estudantes soltos fariam uma assembleia na USP para discutir as causas do fracasso. Na ocasião, a liderança de Dirceu foi atacada, conforme relatos de participantes e um documento do Dops:[40]

> Relatório nos informa que foi realizada uma assembleia geral extraordinária, convocada pelo Centro Acadêmico 11 de Agosto, com caráter informativo, relativamente à repressão no XXX Congresso da UNE, tendo sido aventada a hipótese que a culpa do fracasso seria de José Dirceu de Oliveira e Silva, em virtude de seu personalismo.

Palmeira, trinta anos depois, concordaria com a avaliação: "Logo no começo, o Dirceu perdeu muito tempo discutindo cargos e outras questões de bastidores."[41] O próprio Dirceu já assumiu sua parcela de culpa pela queda de Ibiúna: "Vacilei muito. Infelizmente, não fiz o congresso da UNE no Crusp, de forma aberta, apesar da proibição, e deixá-los reprimir e fechar o Crusp. O congresso clandestino em Ibiúna foi um erro."[42]

Os estudantes que ficaram livres tentariam reorganizar a UNE e refazer o congresso no início de 1969. Sem sucesso. A lista dos 706 presos se transformaria, nas mãos dos militares, em uma agenda de "comunistas subversivos". Nos anos seguintes, nove seriam assassinados pelo regime militar. Outros sete continuam na lista dos desaparecidos políticos.

---

[40] Documento disponível no Arquivo Público de São Paulo sob o número 50Z-9-4985.
[41] Dirceu, José e Palmeira, Vladimir; *Abaixo a Ditadura*. Garamont, 1998.
[42] Em entrevista a Caio Túlio Costa para o Projeto Memória do Movimento Estudantil, em 17 de dezembro de 2005.

6 | Trocado por um embaixador

> *"Cabeleira, vocês estão na lista! Falou aqui no rádio!"*
> Colega de cela de Dirceu, ao ouvir que ele era
> um dos quinze presos que seriam trocados
> pelo embaixador dos Estados Unidos.

"Cabeleira, vocês estão na lista! Falou aqui no rádio! Chamem o carcereiro, peguem as suas coisas porque vocês estão na lista dos presos que vão ser libertados!" José Dirceu estava deitado em seu catre na cela de seis metros quadrados em que vivia no 4º Regimento de Infantaria do Exército, no bairro de Quitaúna, em Osasco, quando o rapaz que dormia na cela ao lado — um soldado que fora encarcerado porque flagrado fumando maconha no quartel — começou a berrar.[43] Era 5 de setembro de 1969.

No pequeno rádio que sua família infiltrara escondido na cadeia, ouviu no volume mínimo, para não chamar a atenção dos carcereiros, que o embaixador dos Estados Unidos, Charles Elbrick, havia sido sequestrado no Rio de Janeiro. Dirceu se interessara e pedira o rádio

---

[43] A partir do livro *Hércules 56*, de Silvio Da-Rin [Zahar, 2007], e do depoimento de José Dirceu a Caio Túlio Costa, para o Projeto Memória do Movimento Estudantil, em 17 de dezembro de 2005.

emprestado, mas o soldado não o tirava da orelha e repassava as notícias em tempo real. "Olha, os caras querem trocar o embaixador por quinze presos políticos. Que malucos!". A adrenalina colocou Dirceu em alerta. O plano de sequestrar autoridades para conseguir a liberdade de prisioneiros era discutido na esquerda desde o golpe militar de 1964, mas ainda não fora executado. Será que estaria na lista e sairia da cadeia?

Minutos depois, o locutor da Rádio Nacional, Alberto Curi, começou a nominar os quinze presos, em ordem alfabética. José Dirceu de Oliveira e Silva — chamado de "Cabeleira", por motivos óbvios, pelos presos e carcereiros de Quitaúna — era o sexto da lista, logo depois do advogado João Leonardo da Silva Rocha, militante da ALN, e antes do sindicalista José Ibrahim, o Lula dos anos 1960, que comandara as greves de operários na mesma Osasco onde Dirceu estava preso. Luís Travassos e Vladimir Palmeira, seus colegas de cela, também estavam entre os libertados.

A terceira e mais longa passagem do líder estudantil pela cadeia duraria exatos dez meses e 24 dias. Preso em 12 de outubro do ano anterior, no fracassado congresso da UNE em Ibiúna, e levado à sede do Dops, foi espancado, chutado e cuspido antes de ir para a cela. Como tinham enfrentado a polícia nas manifestações, incendiado seus carros e roubado seus capacetes, os líderes estudantis acabaram apanhando como vingança. "Mas não foi nada grave, nada que eu não pudesse suportar" — relembra Dirceu.[44] Tortura, de fato, não houve. Os estudantes, como eram muito conhecidos, serviam de propaganda sobre como o governo tratava bem seus presos. Um

---

[44] Em entrevista a Caio Túlio Costa para o Projeto Memória do Movimento Estudantil, em 17 de dezembro de 2005.

tratamento diferenciado, sem dúvida, pois a tortura já era utilizada como método de investigação contra os prisioneiros políticos.

Depois de uma semana no Dops, Dirceu, Vladimir Palmeira e Luís Travassos foram transferidos para a Fortaleza de Itaipu, em São Vicente, no litoral sul de São Paulo, onde funcionava o Segundo Batalhão de Caçadores do Exército. Lá, foram submetidos à disciplina militar. O coronel responsável os acordava às seis da manhã, obrigava-os a cantar o Hino Nacional e completava a doutrinação com discursos contra os comunistas e a favor da ditadura. O comandante linha-dura era Erasmo Dias, que viria a ser deputado estadual com Dirceu dezenove anos depois. "O José Dirceu chegou com sua vasta cabeleira, que eu mandei cortar na hora, por medida de higiene e de economia de sabão" — lembrou-se o coronel em entrevista de 1992, dezoito anos antes de falecer.[45]

Ainda em 1968, os três seriam levados para o 16º Distrito Policial de São Paulo, na rua Onze de Junho, na Vila Mariana. Dividiram uma cela minúscula, com um colchão de espuma fina no chão e uma lâmpada pendurada, separados dos presos comuns e do mundo por três paredes e uma grade. A comida era ruim, a umidade enchia as paredes de bolor e as baratas e ratos dominavam o ambiente. Logo depois da passagem do ano, Dirceu foi para Quitaúna, onde soube do sequestro do embaixador pelo colega de cela maconheiro.

Desde o momento em que foi preso em Ibiúna, desenvolveu uma obsessão: fugir. A falta de liberdade o angustiava e o medo da tortura e de brigas com outros presos o deixava paranoico: "Eu nunca deixei de pensar em como ia fugir. Um dia sequer deixei de estudar, de prestar atenção em tudo, levantar tudo para fugir e fazer contato para tentar que me tirassem da cadeia, porque eu sabia que ia ficar muitos anos preso e não queria isso."[46]

---
[45]Entrevista concedida à revista *Playboy* de janeiro de 1992.
[46]Em entrevista a Caio Túlio Costa para o Projeto Memória do Movimento Estudantil, em 17 de dezembro de 2005.

Nesses dez meses e 24 dias, por duas vezes a liberdade esteve próxima. Na noite de 12 de dezembro de 1968, o Supremo Tribunal Federal concedeu *habeas corpus* para os três líderes estudantis presos em Ibiúna. Mas, no dia seguinte, antes que a ordem de soltura chegasse à delegacia da Vila Mariana, o presidente Costa e Silva decretaria o Ato Institucional número 5, o famigerado AI-5, que suspendeu as liberdades individuais no país, entre as quais o *habeas corpus*. A partir daí, a ditadura entrou em sua fase mais cruel. E Dirceu e seus colegas não puderam ser soltos.

Radicalizado o regime, a oposição clandestina resolveu partir para o ataque. A Dissidência se agregou à ALN de Marighella. E o resgate dos estudantes presos passou a ser prioridade — mais como ação simbólica, para mostrar a força do grupo, do que prática, já que eles pouco poderiam ajudar a organização na luta armada. A primeira ideia foi resgatá-los quando fossem depor na Auditoria Militar, na avenida Brigadeiro Luís Antônio, no centro de São Paulo.

Sob o comando de Paulo de Tarso Venceslau, um grupo da ALN voltou a Ibiúna e recuperou as armas e bombas enterradas. Duas lideranças do Rio de Janeiro, Stuart Angel e Cláudio Torres, foram a São Paulo, com mais armas e dinheiro, para executar a operação. No dia escolhido, porém, já com toda a logística preparada, o plano seria abortado. A segurança do prédio fora reforçada e os guerrilheiros ficaram sem condições de atacar com alguma chance de sucesso. "Não era só o risco de ser preso. Ia morrer gente" — argumenta Paulo de Tarso.

A ALN nunca descobriu se o aumento da segurança no edifício da auditoria representara uma consequência natural do acirramento da repressão ou se os militares souberam do plano de resgate. Essa suspeita recai sobre a namorada de Dirceu à época, Silvia, que conhecera na Maria Antônia. Foi na casa dela que ele se refugiou após a batalha. Silvia era autorizada a visitá-lo na cadeia e levava-lhe os recados de seu grupo político.

Certa noite, durante o planejamento do resgate, Paulo de Tarso foi ao apartamento de Silvia com seu irmão, um músico. Ao sair, este fez cara de espanto e falou: "Paulo, essa mulher é de viração. Ela faz programa num bar que eu toco, lá na boca do lixo. Como o Zé confia nessa mulher?" Dias depois, já ressabiado, Paulo voltou ao apartamento e a viu com um homem oriental bem mais velho. "Fui atrás e descobri que o japonês era do Dops. Não duvido nada que a Silvia fosse agente dupla."

Pouco depois da tentativa frustrada de resgate, em 21 de agosto, Dirceu seria condenado a catorze meses de prisão. Em situação normal, deixaria a cadeia em 12 de dezembro. Mas, em uma ditadura e com o AI-5 como marco legal, não havia garantia. Assim, a ALN traçou um plano mais ousado para libertar os três líderes do movimento estudantil: o sequestro do embaixador americano Charles Elbrick.

A ação foi discutida em conjunto por duas organizações guerrilheiras: a ALN e o Movimento Revolucionário 8 de Outubro (MR-8), grupo carioca batizado em homenagem à data da captura de Che Guevara, na Bolívia. A ALN, com presença maior em São Paulo, tinha como objetivo apenas o resgate dos três estudantes, mas não possuía estrutura para uma ação de tal porte. Já o MR-8 queria um grande ato que marcasse o Dia da Independência e a luta contra a ditadura. Depois de uma dezena de reuniões, comandadas por Joaquim Câmara Ferreira pelos paulistas e por Franklin Martins do lado carioca, decidiu-se que o grupo sequestraria o embaixador dos Estados Unidos, Charles Burke Elbrick, e o libertaria em troca de quinze presos políticos — os três estudantes e mais doze escolhidos ecumenicamente entre os principais grupos guerrilheiros em ação no país, "menos os trotskistas", como exigira Câmara Ferreira.[47]

---

[47]Segundo entrevista de Paulo de Tarso Venceslau ao autor.

Às 14h30 de 4 de setembro, o Cadillac de Elbrick foi fechado por um Fusca com quatro guerrilheiros armados, dirigido por Cid Benjamin, na rua Marques, no bairro do Humaitá, no Rio de Janeiro. Os sequestradores renderam o diplomata e seguiram no Cadillac, abandonado em uma rua próxima com o motorista e uma carta de exigências redigida por Franklin Martins. Quando era transferido para uma Kombi, o embaixador reagiu, achando que seria morto, e levou uma coronhada na testa. Seria o único ferimento provocado na ação. Os guerrilheiros levaram a Kombi até a casa 1.026 da rua Barão de Petrópolis, no Rio Comprido, onde Elbrick ficaria detido por três dias, até que os quinze presos pousassem em segurança longe do Brasil.

No dia seguinte ao sequestro, o governo aceitou a exigência dos sequestradores e não fez reparos à lista dos libertados. Houve muita discussão interna, no entanto. Militares mais linha-dura, como Emílio Garrastazu Médici, chefe do Serviço Nacional de Informações, defendiam que o cativeiro fosse estourado sem ceder às exigências dos "comunistas financiados por Moscou e Havana". Mesmo que o preço fosse a morte do embaixador.

Horas depois do sequestro, o cativeiro da Barão de Petrópolis já fora descoberto. Mas a pressão do governo norte-americano, que temia a morte do embaixador, falou mais alto.

O Ato Complementar 64 — assinado em 5 de setembro de 1969 pela Junta Militar que substituíra o presidente Costa e Silva, vítima de um acidente vascular cerebral uma semana antes — declarou banidos do Brasil os quinze presos. A partir daquele momento, José Dirceu de Oliveira e Silva não tinha mais a nacionalidade brasileira e todos os seus documentos estavam revogados.

Na manhã de 6 de setembro, Dirceu, Vladimir e Travassos foram levados para a Base Aérea de Cumbica, em Guarulhos, onde se juntariam a Maria Augusta Ribeiro Carneiro (militante do movimento estudantil e do MR-8), Onofre Pinto (ex-sargento do Exército e dirigente da VPR), João Leonardo da Silva Rocha, Rolando Frati (metalúrgico paulista militante do PCB) e José Ibrahim. Depois de identificados e fotografados, esperaram algemados em uma cela até embarcarem em um DC-10 da Força Aérea Brasileira, em um voo de cinquenta minutos até o aeroporto do Galeão, no Rio de Janeiro. Lá, agruparam-se aos banidos Agonalto Pacheco (sindicalista sergipano dirigente da ALN), Ricardo Villas-Boas (músico carioca do MR-8), Ricardo Zaratini (engenheiro e sindicalista comunista) e Flávio Tavares (jornalista, membro do Movimento Nacionalista Revolucionário).

O arquiteto Ivens Marchetti, do MR-8, que estava preso em Curitiba, seria o último a chegar. E de uma maneira que apavorou os outros presos: amarrado pelos pés, voava do lado de fora de um helicóptero, com o corpo todo marcado pela violência dos soldados da Aeronáutica que o transportavam. Soldados como os que acompanhariam os banidos em sua viagem rumo ao desconhecido. Paris? Santiago? Argel? Cidade do México? As suposições eram várias, mas ninguém sabia a resposta. "Tava doido para sair da cadeia, mas, quando fui informado que estava na lista dos presos trocados, fiquei com medo de morrer" — relata Palmeira.[48]

Às 16h30, os treze banidos (outros dois ainda embarcariam em escalas) foram perfilados em frente ao Hércules C-130, prefixo 2456, da FAB, comprado dois anos antes na fábrica de Lockheed, Estados Unidos. Quando um fotógrafo do Ministério da Aeronáutica se preparava para registrar uma imagem do grupo, Flávio Tavares gritou: "Vamos mostrar nossas algemas."[49] Dirceu foi quem as exibiu com mais naturalidade. Sorriso no rosto, mãos para cima, parecia orgulhoso da cena. Outros mostraram com constrangimento; outros ainda, com temor. A maioria escondeu as mãos.

---

[48] Com base em reportagem publicada pela revista *Época* de 26 de abril de 1999 e no livro *Memórias do esquecimento*, de Flávio Tavares [Record, 2005].
[49] De acordo com a edição da revista *Época* de 26 de abril de 1999.

Quinze minutos depois, começaram a entrar no Hércules, um avião para transporte de tanques e tropas, que não oferecia nenhum conforto aos passageiros. Foram acomodados em bancos laterais, oito de um lado e cinco de outro, todos algemados e amarrados com cordas nos pés. Entre os dois bancos, dez soldados da Aeronáutica. Dirceu sentou-se entre Agonalto e Zaratini.

O comandante era o major Egon Reinisch, que esclareceu a dúvida que angustiava os passageiros ainda antes da decolagem: "Vocês estão algemados porque este não é um voo normal. Trata-se de uma missão delicada. Eu os levarei até o México, com escalas em Recife e Belém. Peço a vocês tranquilidade. Minha obrigação é entregá-los às autoridades mexicanas quando chegar lá. Fica proibido conversar entre si. Se quiserem ir ao banheiro, chamem o soldado."[50] Assim que se calou, o avião decolou. Eram 17h03. No mesmo horário, os cinemas Britânia e Bruni Ipanema já estavam na metade da sessão das quatro da tarde do filme *O preço de um resgate*, com Jean-Paul Belmondo e Geraldine Chaplin.

O embarque não era garantia de liberdade. Na tarde da partida, quarenta oficiais paraquedistas da Brigada Aeroterrestre, comandados pelo coronel Dickson Grael, saíram da Vila Militar em três caminhões para impedir o voo e devolver os passageiros à cadeia — ou, na hipótese defendida pelos mais radicais, fuzilá-los na pista do aeroporto. Os caminhões eram dirigidos pelos capitães Francimá de Luna Máximo, José Valporto de Sá e Adalto Barreiros.

O trânsito na avenida Brasil, congestionado desde aquela época, reteve por mais de meia hora o comboio, que só conseguiria chegar à base aérea após a decolagem do Hércules. O engarrafamento evitou que Dirceu voltasse para a cadeia ou fosse morto no Galeão. Como

---
[50] Idem.

prêmio de consolação, os paraquedistas tomariam a torre de controle e, em seguida, invadiriam os transmissores da Rádio Nacional, por meio da qual o capitão Francimá leu um manifesto em que chamava o governo de covarde por ter aceitado libertar "um grupo de terroristas e facínoras sanguinários, cujo destino deveria ser outro".[51]

No momento da leitura, o avião pousava em Recife, para aquele que os passageiros consideraram o momento mais emocionante da travessia: o embarque de Gregório Bezerra, líder do Partido Comunista Brasileiro, que passara os últimos cinco de seus 69 anos na cadeia. Pacifista, Bezerra sempre fora contra enfrentar a ditadura pelas armas. Preferia a mobilização social, o enfrentamento político. Duas horas depois, em Belém, embarcaria o último dos banidos, Mario Roberto Galhardo Zanconato, o Schu-Schu, militante da ALN que entrou no avião assobiando a *Internacional*, hino mundial dos comunistas.

À meia-noite, Reinisch voltou ao microfone e leu um texto em celebração ao Dia da Independência. Em seguida, os soldados entregaram o jantar: "Comam devagar e aos poucos, pois é para toda a viagem."[52] A refeição espartana se restringia a uma maçã, um sanduíche de pão de forma e uma caixinha de achocolatado. Bezerra, o mais velho do grupo, era o mais eloquente. Logo ao entrar, sentou-se ao lado de Maria Augusta e protestou aos berros contra o aperto das algemas. O cabo as afrouxou. Com as mãos livres, tentou cobrir as pernas de Maria Augusta, que vestia saia, com uma manta de flanela que ganhara da filha. O militar que estava entre eles impediu. Dirceu quis intervir em favor da moça, mas desistiu ao ouvir uma ordem seca para que se calasse.

Dormir com aquela tensão e com o desconforto do Hércules barulhento era impossível. Ir ao banheiro, ainda mais difícil, princi-

---

[51]Tavares, Flávio; *Memórias do esquecimento*. Record, 2005.
[52]Idem.

palmente para Maria Augusta. Havia apenas um mictório, sem papel nem descarga, "uma espécie de funil na altura da cintura", na definição de Palmeira. Dirceu não se levantaria durante toda a viagem.

O avião pousou na Cidade do México às três da tarde do dia 7 de setembro. Então, o medo, que era exclusivo dos passageiros, estendeu-se à tripulação. Quando o piloto cortou os motores e estacionou na área previamente indicada, militantes políticos de direita invadiram a pista chamando os passageiros de "facínoras" e defendendo o linchamento. "Solta! Solta!" — berravam. O piloto religou as turbinas e foi para cima da multidão, que fugiu com medo de ser atropelada.

Passada a tentativa de invasão, autoridades mexicanas e um diplomata brasileiro entraram no avião. Com bigode e chapéu típicos, quase caricatos, o chefe da imigração do aeroporto internacional do México, Cerecedo Lopez, não aceitava receber os presos imobilizados, pois a legislação mexicana interditava essa prática: "*Saquen las esposas*" — ordenou, referindo-se às algemas. João Leonardo, sem noção de espanhol, ainda responderia: "Não, amigo, não deixaram trazer as esposas, não."[53] Entre risos dos brasileiros, os presos foram desamarrados, identificados e desembarcados. O primeiro a pisar em solo mexicano foi Onofre Pinto. Dirceu seria o quinto. O último, Schu-Schu. A partir daquele momento, estavam livres. Na mesma hora, os sequestradores libertavam Elbrick no Rio de Janeiro.

Enquanto os banidos viviam seus primeiros momentos de liberdade, a repressão apertava o cerco à esquerda no Brasil. A tortura se tornara o principal instrumento de investigação. Exército, Marinha e Aeronáutica começaram a atuar em cooperação com as polícias políticas estaduais, dificultando os deslocamentos de militantes procurados. Empresários anticomunistas passaram a financiar órgãos de repressão, como a Operação Bandeirante, em São Paulo.

---

[53]Da-Rin, Silvio; *Hércules 56*. Zahar, 2007.

Poucos dias após a troca dos presos pelo embaixador, Carlos Marighella reunir-se-ia, em São Paulo, em um carro em movimento, com Joaquim Câmara Ferreira, como relata o historiador Jacob Gorender: "Marighella criticou duramente o companheiro pela ação do sequestro, que considerou precipitada, pois iria provocar uma ofensiva da ditadura militar diante da qual as organizações revolucionárias, sem preparo à altura, se veriam em dificuldades seríssimas."[54]

Menos de dois meses depois, em 4 de novembro, Marighella seria morto pela polícia na alameda Casa Branca, no Jardim Paulista, em São Paulo.

Dos quinze passageiros do Hércules, três morreriam naturalmente, dois em acidentes de carro, e outros dois — Onofre e João Leonardo — pela repressão, ao tentarem voltar ao Brasil.

---

[54]Gorender, Jacob; *Combate nas trevas*. Ática, 1987.

7 | A primeira metamorfose

> *"Acho que vi meu sangue manchar o pano branco que me cobria os olhos e sonhei que estava sendo torturado."*
>
> José Dirceu, relatando a cirurgia plástica que fez em Cuba, em 1970.

Era uma tarde de verão em 1970, na província de Pinar del Río, no oeste de Cuba. José Dirceu participava, com outros 32 brasileiros, de um duro treinamento de guerrilha na selva, comandado pelo Exército cubano, que duraria oito meses. Vestindo fardas camufladas, calçando pesados coturnos e levando fuzis apoiados nos ombros, os pretendentes a guerrilheiros marchavam no pântano, caçavam para comer, construíam alojamentos com folhas e galhos e escalavam montes. No calor úmido de mais de quarenta graus, derretiam nos uniformes de guerra.

A última missão daquela tarde consistia em atravessar um rio por uma corda estendida a 10 metros de altura. Dirceu, o primeiro da fila, não chegara à metade da travessia quando, sem mais conseguir se segurar, despencou. Caiu de costas em uma pedra, e o fuzil que carregava aumentou o impacto do golpe. Desacordado, foi retirado da água com costelas fraturadas e uma lesão no rim. Transferido de carro para Havana, passaria mais de um mês internado no hospital do Exército.

O acidente era mais uma mostra de que o exílio em Cuba não representava o sonho comunista imaginado pelos treze presos trocados pelo embaixador Elbrick que decidiram viver na ilha — o músico Ricardo Villas e o jornalista Flávio Tavares preferiram ficar no México. Os 23 dias que o grupo passara na Cidade do México já foram um aperitivo da dificuldade que é a vida longe do país de origem, sem documentos, sem emprego, sem ligações sentimentais, dependendo de outros para viver e desconfiando de tudo e de todos o tempo inteiro.

Naquele 7 de setembro, os quinze banidos foram do aeroporto ao Hotel del Bosque, que teve dois andares fechados pelo governo mexicano para hospedá-los. Assim que chegaram, receberam uma jaqueta, uma camisa, uma calça e um par de sapatos. De banho tomado e vestindo as roupas novas, fizeram uma reunião para soltar uma nota de agradecimento ao México. A desconfiança entre eles, no entanto, já começara a aparecer. Os estudantes não confiavam nos comunistas. A ALN não confiava na VPR. Jovens e velhos não se bicavam. A única convergência estava na certeza de que havia um espião entre eles. No próprio hotel, tomaram vacina contra varíola e foram para o restaurante.

Flávio Tavares, que já morara no Uruguai, foi o encarregado de fazer o pedido. Era o único fluente em espanhol. Estudou longamente o cardápio antes de pedir quinze frangos *ao mole poblano*. Pela descrição que fez aos colegas, era um prato semelhante ao frango ao molho pardo brasileiro, cozido e com um espesso e saboroso molho à base do sangue da própria ave. O que veio à mesa, porém, era totalmente diferente: frango frito, com um molho ultrapicante, com pimentas, amendoim, canela e amêndoa. A única semelhança com a iguaria brasileira era a cor. Poucos conseguiram comer. "Aplacamos o paladar em brasa com água mineral ou cerveja" — recorda-se Tavares.[55]

---
[55]Tavares, Flávio; *Memórias do esquecimento*. Record, 2005.

Nos primeiros dias, tiveram vida de estrela. Foram aplaudidos no cinema, levaram flores ao monumento dos heróis mexicanos, visitaram as ruínas das pirâmides de Teotihuacán, caminharam e jogaram futebol no parque Chapultepec. Dirceu, um grosso assumido, era sempre um dos últimos a ser escolhido. Mesmo nesse clima de férias, os cacoetes da clandestinidade persistiam. Para discutir qualquer assunto sério, saíam de dois em dois, conversando ao ar livre, com medo de gravações. No hotel, sempre falavam baixo e com a mão na frente da boca. Dirceu, um dos mais paranoicos, tinha certeza de que era vigiado pela CIA e pela Polícia Federal mexicana.

Na segunda semana, o governo mexicano cansou de sustentar os visitantes e deu um prazo para que começassem a se virar por conta própria: 1º de outubro. O problema era que poucos sabiam fazer algo de produtivo além de política, como admitiu Dirceu em entrevista na época: "A única coisa que sabemos fazer é estudar. Mas, para estudar, é preciso dinheiro. E tudo que tenho são vinte pesos."[56]

Esse dinheiro, na Cidade do México de 1969, pagava um taco e duas cervejas. Sem opção, o grupo resolveu partir. Havia duas propostas na mesa: Argélia e Cuba. Depois de reuniões e brigas infindáveis, a maioria escolheria a ilha, um farol para a esquerda latino-americana naquele final dos anos 1960. Em 30 de setembro de 1969, treze dos exilados embarcavam para Havana em um voo da Cubana de Aviación.

A chegada a Cuba foi como um sonho para os esquerdistas brasileiros. O próprio Fidel Castro os esperava na pista do Aeroporto Internacional José Martí. Foram então instalados na sala de autoridades do aeroporto, onde, acomodados a uma mesa de mogno, ouviram um discurso de quarenta minutos do comandante, curtíssimo para seus padrões, em que os convidava a participar da "revolução internacional". De lá, seguiram a uma casa na praia de Santa Maria,

---

[56]Em declaração publicada na revista *Veja* de 17 de setembro de 1969.

a primeira moradia do grupo em território cubano, onde passaram por exames médicos detalhados.

Os brasileiros eram o principal assunto da imprensa cubana. No dia seguinte à chegada, o *Granma*, jornal oficial da ilha, trazia em manchete: *"Fidel les dio la bienvenida en nombre de nuestro pueblo."* Dois dias depois, compareceram à sede do diário para uma *conferencia de prensa* — uma entrevista coletiva. Os três líderes estudantis, que se tornaram porta-vozes do grupo, foram os que mais falaram nas duas horas em que denunciaram as torturas e arbitrariedades do governo brasileiro. *"Las torturas son aplicadas en Brasil bajo la dirección del ejercito en los cuarteles y en las dependencias de todas las organizaciones policíacas"* — publicaria o *Granma* no dia seguinte.

Após a entrevista, o grupo passaria um mês viajando para conhecer a ilha e as vitrines do governo comunista de Fidel. Depois, todos receberiam codinome, um guardião na ilha e ficariam esperando o início do treinamento. José Dirceu se tornou Daniel, nome escolhido por um tenente cubano chamado Daniel Olaf, e foi apadrinhado de Alfredo Guevara, a quem conhecera na ocupação da Maria Antônia. Um padrinho que lhe seria essencial.

O abrigo a grupos de esquerda latino-americanos era uma política de Estado do governo cubano desde a revolução de 1959. Foi intensificada em 1967, quando, entre 31 de julho e 10 de agosto, ocorrera em Havana a conferência que originaria a Organização Latino-Americana de Solidariedade (Olas), que pregava que a revolução deveria ser estendida, como ondas (*olas*, em espanhol), pela América Latina. O projeto tinha o aval e o financiamento da União Soviética — as rotas de entrada e saída de Cuba passavam por Praga e Moscou, onde os guerrilheiros eram recebidos e orientados.

Cuba apoiara oposicionistas brasileiros em três momentos distintos. O primeiro foi anterior ao golpe militar de 1964. Os cubanos tinham contato com as Ligas Camponesas, comandadas pelo pernambucano Francisco Julião. Mas foi uma cooperação breve e sem resultados expressivos. Após a implantação da ditadura, o suporte de Havana direcionou-se ao grupo liderado por Leonel Brizola, o Movimento Nacionalista Revolucionário (MNR), que tinha como contingente principal os sargentos e marinheiros expulsos das Forças Armadas. Flávio Tavares foi um dos líderes desse grupo, que tentara, sem sucesso, implantar um foco guerrilheiro na Serra do Caparaó, na divisa do Espírito Santo com Minas Gerais, em 1966 e 1967. Derrotadas as tentativas de Brizola, Carlos Marighella, que participara da reunião de criação da Olas, tornou-se o grande nome da revolução brasileira para os cubanos. De 1967 até a década de 1970, Cuba financiou e treinou guerrilheiros da ALN, da VPR e do MR-8, além de dissidentes sem ligações orgânicas com esses grupos, como era o caso de Dirceu, Travassos e Palmeira.

A ALN de Marighella foi o grupo que mais enviou militantes para treinar em Cuba. A primeira turma, chamada de I Exército, chegou em setembro de 1967, composta de dezesseis militantes que treinaram até julho de 1968. O II Exército teve trinta homens preparados entre julho de 1968 e meados de 1969. O III Exército, por sua vez, incorporaria membros de outras organizações ou exilados independentes. Foi nessa turma que Dirceu, já chamado de Daniel, fez seu treinamento, que acabaria com o tombo na corda do rio. Eram 33 pretendentes a guerrilheiros, treinados entre maio e dezembro de 1970. Depois, haveria apenas o IV Exército, entre dezembro de 1970 e junho de 1971, com treze integrantes. "Na verdade, chamar essas turmas, formadas por algumas dezenas de guerrilheiros, de Exército, parece, por si mesmo, uma supervalorização do treinamento" — escreveu a historiadora Denise Rollemberg, da Universidade Federal do Rio de Janeiro.[57]

---

[57]Rollemberg, Denise; *O apoio de Cuba à luta armada no Brasil*. Mauad, 2001.

Treinamento guerrilheiro que seguia um padrão, independentemente da organização ou do número de guerrilheiros. De início, os militantes ficavam cerca de cinco meses no Ponto Zero, um quartel do Exército próximo a Havana. Lá, passavam toda a semana recebendo instruções de tiro, aprendendo fórmulas de explosivos e a montar e desmontar armas. Nos finais de semana, iam à capital, onde podiam ler, assistir a filmes e peças de teatro — tudo devidamente selecionado pelo regime cubano. A segunda fase se passava em Pinar del Río, onde eram alojados em acampamentos na mata. Passavam por exercícios militares e de sobrevivência, marcha, treinamento de tiro, manobras militares e noções de topografia. O ápice da preparação era uma simulação, na qual os guerrilheiros enfrentavam militares do Exército cubano. Os exilados que tinham alguma limitação ou problema físico recebiam treinamentos mais leves, como o de enfermagem e Estado-maior.

Daniel, desde o começo, recebeu tratamento privilegiado na ilha. A amizade com Guevara lhe abrira portas e o livrara de problemas. Participou de quase todo o processo, mas fora poupado das etapas mais penosas, principalmente depois do acidente. Como ele mesmo admite, também escapou das doutrinações de marxismo, já que não tinha muita paciência para esse tipo de leitura: "Li várias obras de Marx e Lenin, mas não li *O capital*."[58]

Ao desembarcar em Havana, vindo do México, Dirceu foi recepcionado, ainda na pista do aeroporto, por Guevara, de quem se tornaria inseparável na ilha — chegaram a dividir a mesma casa depois do acidente no treinamento, o que levantou boatos de que formavam um casal, já que Guevara, cineasta e presidente do Instituto Cubano de Arte e da Indústria Cinematográfica, era dos únicos homossexuais admitidos na Cuba revolucionária e homofóbica. As

---

[58]Em entrevista a Caio Túlio Costa para o Projeto Memória do Movimento Estudantil, em 17 de dezembro de 2005.

caminhadas noturnas pelo Malecón, as sessões de cinema em conjunto e as viagens ao balneário de Varadero nos domingos de folga reforçavam os infundados boatos.

O amigo foi quem o apresentou ao ministro da Defesa, Raúl Castro, e ao comandante Fidel, durante uma solenidade de formatura de militares, no início de 1970. Eles conversaram longamente e marcaram novos encontros. Começou ali a relação política e militar entre Dirceu-Daniel e os Castro, proximidade que despertava ciúme e inveja nos outros exilados brasileiros. Dirceu teria o acesso franqueado por Raúl Castro a documentos importantes sobre estratégia, informação, contrainformação e segurança militar. Depois da queda no rio, como nenhum refugiado podia ficar sem estudar, fez um curso que o tornaria especialista em questões militares.

Foi essa especialização que lhe fez um homem de confiança dos Castro, escolhido para chefiar um contingente que tentaria retornar ao Brasil e implantar um novo foco guerrilheiro do país. A escolha surpreendeu a colônia brasileira na ilha. "A transformação em quadro político-militar no aparelho internacionalista cubano surpreende a todos. Nos encontros políticos dos brasileiros, na capital cubana, para discutir a realidade brasileira e a caminhada revolucionária, suas opiniões eram vistas com desdém e as propostas que fazia, todas, eram invariavelmente derrotadas" — relatou o historiador Luís Mir.[59]

Dirceu não era bem visto na comunidade brasileira em Havana. A vida era de privações e censura, e pouco diferiria daquela sob a ditadura brasileira não fosse o fato de que, em Cuba, estavam ao lado do governo. Não se podia andar livremente nas ruas, nem escolher onde morar. Cada passo dependia da autorização do governo. O tratamento, contudo, era diferente para os escolhidos de Fidel. "Tudo

---
[59]Mir, Luís; *A revolução impossível*. Best Seller, 1994.

em Cuba era monitorado, nossas cartas eram censuradas, todos os contatos eram censurados" — lembra Palmeira.[60] "Não tínhamos independência nenhuma, não tínhamos a *libreta*" — escreveu Maria Augusta, referindo-se à caderneta necessária para fazer qualquer compra.[61] "Eles [os cubanos] tentam influenciar na escolha dos nossos comandantes, fortalecem uns companheiros em detrimento de outros; isolam alguns para criar uma situação de dependência psicológica que facilite a aproximação, influenciam o recrutamento, alimentam melhor os que aderem à sua linha e fornecem informações da organização, concedem status que vão desde a localização e qualidade da moradia à presença em palanque nos atos oficiais, não respeitam nossas questões políticas e desconsideram nosso direito à autodeterminação" — escreveu Carlos Eugênio Paz.[62] Já Dirceu "tinha carro, bebia os melhores runs, fumava charuto Montecristo e vestia belas fardas", conforme relata Paulo de Tarso Venceslau: "A voz corrente na esquerda é de que era agente do G2, o serviço secreto cubano" — recorda-se. Fernando Gabeira, um dos sequestradores de Elbrick, que viveu em Havana com Dirceu em 1972, tem a mesma impressão: "Na colônia brasileira, Zé Dirceu era apontado como uma pessoa ligada ao governo cubano, o que significava ser um colaborador do G2. Ele repassava ao governo informações sobre o comportamento dos brasileiros."

Era natural, em uma época de guerra fria e paranoia com espionagem, que os brasileiros vivessem em um clima tenso entre si e com os cubanos. Já no final do primeiro mês na ilha, os treze banidos se dividiram em grupos e pararam de conviver. Dirceu fora ainda mais isolado por não pertencer formalmente a nenhuma organização — a Dissidência, na qual militava, fundira-se com a ALN enquanto

---

[60]Da-Rin, Silvio; *Hércules 56*. Zahar, 2007.
[61]Idem.
[62]Paz, Carlos Eugênio; *Nas trilhas da ALN*. Bertrand, 1997.

estava na cadeia, sem que jamais tivesse tomado parte em uma reunião ou ação clandestina do grupo. Assim, era da ALN sem jamais ter sido, e foi rejeitado pela organização em Havana. Ao chegar, ainda tentara se incorporar, mas o responsável pela ALN na capital cubana, Agostinho Fiordelísio, disse-lhe que deveria se integrar aos poucos e não de imediato. E sem ocupar posições de destaque — o que rejeitou. Havia restrições a ele, considerado carreirista e pouco confiável politicamente.

Inteligente, eloquente, bem relacionado no Brasil e isolado politicamente em Cuba, Dirceu era o que Fidel e Raul procuravam para colocar uma cunha no conflituoso movimento revolucionário brasileiro. Foi instalado em uma casa na periferia de Havana, a Casa do Protocolo, hoje um centro cultural. O local, então ocupado por militantes da ALN descontentes com os rumos da organização, daria origem ao Grupo dos 28, posteriormente rebatizado para Grupo Primavera e, finalmente, para Movimento de Libertação Popular, o Molipo. Cada morador era chamado por um número. Dirceu era o 13º. Os outros 27 desconfiavam de que fosse agente de Fidel infiltrado. Só quando era inevitável ele dormia ali. E dormia mal. A suspeita ganhava corpo. Em um exercício noturno de sobrevivência no mar, tentaram afogá-lo.

Com a morte de Joaquim Câmara Ferreira, em outubro de 1970, a ALN ficara acéfala. O governo cubano, então, tentou influenciar na escolha do novo comando. Carlos Eugênio Paz, o "Clemente", sucessor natural de Ferreira, rejeitou as orientações de Fidel e foi colocado na geladeira. A organização se dividiu. Dirceu, favorito dos Castro, foi escolhido para comandar um exército que voltaria ao Brasil destinado a implantar um foco guerrilheiro, com base no Grupo Primavera que tanto dele desconfiava. "Mas ordens são ordens e a gente vivia numa ditadura. Uma ditadura que a gente admirava, mas uma ditadura. Uma ordem do Fidel era para ser cumprida, mesmo se a gente não concordasse" — afirma um contemporâneo de Dirceu em Havana.

Enquanto o grupo era treinado para a volta, Dirceu tomou uma decisão, em concordância com o governo cubano, que marcaria sua vida: para evitar que fosse reconhecido no Brasil, fez uma cirurgia plástica que mudou sua face, considerada a mais bela do movimento guerrilheiro brasileiro. Ao lado de João Leonardo Silva da Rocha, quinze dias antes, simulara um acidente de trator em uma comunidade rural. Levados a um hospital de Havana, ficaram sob os cuidados de um cirurgião plástico chinês, que trabalhara na Guerra do Vietnã. A equipe médica fez três pequenas incisões: uma bem rente ao bigode, por onde entrou a prótese que modificaria o formato do nariz, e outras duas acima das orelhas, que permitiriam esticar as maçãs do rosto. Recebeu uma anestesia geral de péssima lembrança: "Acho que vi meu sangue manchar o pano branco que me cobria os olhos e sonhei que estava sendo torturado."[63] Depois, deixaria o bigode crescer e manteria o cabelo bem aparado. "Era muito estranho, me olhava no espelho e via outra pessoa. Era estranho, mas aquilo era essencial para eu continuar vivendo."[64]

Enquanto Dirceu se recuperava da cirurgia, em Milão, na Itália, Ricardo Zaratini e Rolando Frati divulgavam o documento *Por uma autocrítica necessária*, uma análise crítica sobre a luta armada, o *guevarismo*, o *foquismo*, a luta rural e os motivos da derrota da esquerda brasileira para a ditadura e a sociedade, que jamais apoiou os guerrilheiros.

Um mês depois da operação, com a esquerda desarticulada e em crise existencial, e com a ditadura em seu auge, Dirceu desembarcava no Brasil.

---

[63]Em entrevista à revista *Playboy* de janeiro de 1992.
[64]Idem.

8 | Sobrevivente do massacre dos guerrilheiros

"Molipo é desbaratado pelo Dops paulista."
Manchete do *Jornal do Brasil*
em 29 de agosto em 1972.

Um homem alto, de nariz adunco, enormes maçãs do rosto, bigode, costeletas, óculos de armação grossa e cabelo curto entrou na fila da imigração do aeroporto Sheremetyevo, em Moscou, naquela manhã gelada de fevereiro de 1971. Acabara de desembarcar de um voo da Aeroflot vindo de Havana. No bolso de trás da calça, um passaporte argentino com o sobrenome Hoffmann. No do casaco, uma pistola Brown 9 milímetros. José Dirceu de Oliveira e Silva portava sua terceira identidade em um ano e meio. O Daniel cubano fora trocado pelo Hoffmann argentino em seu longo caminho de volta ao Brasil, onde participaria da implantação de um grupo de guerrilha urbana e rural, o Molipo. Naquela primeira escala da viagem, Dirceu não esperava ter problemas. Mas, ao entregar os documentos para o burocrata da imigração, foi detido e levado para uma sala por brutamontes bigodudos, que lembravam o velho Stalin, ídolo de outrora de comunistas como Dirceu, mas então renegado pela maioria dos partidos de esquerda do mundo.

O guerrilheiro brasileiro não entendia nenhuma palavra do russo que os policiais usavam para interrogá-lo. Repetia, como única esperança de sobrevivência: "Cuba! Havana! Fidel Castro! *Embajada!*" Meia hora depois, um dos policiais deixou a sala. Provavelmente compreendeu algum dos apelos do forasteiro e foi consultar o embaixador cubano. As referências apresentadas seriam checadas. Dirceu foi liberado e levado a um hotel para autoridades estrangeiras. O frio assustou o mineiro de Passa Quatro que jamais vira neve em seus quase 25 anos de vida. Na Praça Vermelha, em frente ao Kremlin, os termômetros marcavam inimagináveis dezessete graus negativos. O enviado de Havana não suportaria sequer as 24 horas previstas naquela cidade congelada. Pediu para antecipar seu voo e seguiu viagem. "Foi a primeira vez que vi neve na vida. Eram dezessete graus negativos. Não aguentei" — recorda-se.[65] De Moscou seguiu para Praga, Frankfurt, Bogotá e, finalmente, Manaus. Os 3.794 quilômetros de Havana à capital do Amazonas seriam percorridos em dez dias. Cautela nunca era demais para despistar os espiões reais ou imaginários que povoavam aviões, aeroportos e mentes no auge da guerra fria.

Comandada por Leonid Brejnev, a União Soviética onde Dirceu pousara dava, naquele 1971, alguns sinais discretos de distensão com os Estados Unidos de Richard Nixon, como o tratado que proibiu a instalação de ogivas nucleares no mar. Mas o mundo seguia em tensão. A Índia entrara em guerra com o Paquistão, as colônias da África começaram a lutar pela independência contra as potências europeias e a China ameaçava invadir Taiwan. A Guerra do Vietnã

---

[65] Em entrevista publicada pela edição de janeiro de 1992 da revista *Playboy*.

avançava a um momento decisivo, com os Estados Unidos cada vez mais isolados, após a retirada das tropas aliadas da Austrália e da Nova Zelândia, e pressionados, em decorrência do aumento dos protestos nas principais cidades do país. Militares mutilados se tornavam símbolos da armadilha em que a maior potência do mundo se metera.

No Brasil, a ditadura asfixiava os grupos guerrilheiros. Carlos Lamarca e sua mulher, Iara Iavelberg, foram mortos pela repressão na Bahia. Dirceu saberia da morte do casal já em São Paulo. Jamais acreditou na versão de suicídio divulgada pelo governo militar como causa do fim da vida de seu primeiro grande amor. A ALN, principal grupo de oposição armada que restara na ativa, roubava bancos e supermercados não mais para financiar uma utópica revolução no campo, mas apenas para sobreviver.

Foi nesse cenário adverso que Dirceu, no final de fevereiro de 1971, desembarcou em Manaus. Do Amazonas, desceu de ônibus até Pernambuco, onde faria seu primeiro contato clandestino, com João Leonardo da Silva Rocha, que voltara de Cuba alguns meses antes para organizar o Molipo na zona rural. O encontro ocorreu em Arcoverde, no sertão pernambucano. Dirceu ficou cerca de dois meses circulando por cidades na divisa de Pernambuco e Paraíba, comprando armas para levar a São Paulo. Passou por Salgueiro, Cajazeiras, Caruaru e Patos. "É muito fácil comprar armas em certas regiões do país, você comprava arma com muita facilidade. Comprava arma para trazer para São Paulo."[66]

De ônibus, moveu-se de Recife ao Rio de Janeiro e depois a São Paulo, onde entrou em contato com o dirigente do Molipo Antonio Benetazzo, ex-aluno de arquitetura da USP, que lhe deu dinheiro e o instalou em um quarto de pensão na rua Cavalheiro, no Brás. A

---

[66] Em entrevista a Caio Túlio Costa para o Projeto Memória do Movimento Estudantil, em 17 de dezembro de 2005.

vida era de tensão constante. Andava armado, encontrava clandestinamente os companheiros, fazia levantamentos de alvos a serem assaltados e viajava para levar armas, dinheiro e informações para membros da organização espalhados pelo país. Em momentos sem trabalho, fazia hora dentro de ônibus ou em cinemas. "Porque também não tinha o que fazer, não pode ficar dentro da pensão, você tem que trabalhar dez, doze horas, senão na pensão desconfiariam... Não pode levar ninguém, e se levar alguém tem que ser irmão, namorada ou noiva."[67] Parentes com os quais não convivia naquela época de clandestinidade e de abstinência forçada.

A primeira ação de que Dirceu participou foi um assalto a um cartório em Santo André, no ABC paulista, em 16 de julho de 1971. Além de dinheiro, o grupo conseguiu certidões de nascimento e carteiras de identidade em branco, com as quais seria possível criar documentos falsos para os militantes. Nesse dia, deu o único tiro de que se tem notícia, para cima, apenas para render o vigilante. Na sequência, o grupo assaltaria o posto de gasolina Capricho, na mesma cidade, e a radiopatrulha número treze da Polícia Militar, da qual levou todo armamento.

Documentos do II Exército, disponíveis no Arquivo Público do Estado de São Paulo, apontam Dirceu como um dos responsáveis por um caso bem mais grave: a morte de um sargento da Polícia Militar na rua Colina da Glória, no Cambuci, a 19 de janeiro de 1972. Segundo o depoimento do fiscal de obras Lazaro Finelli, dois homens tentaram roubar o Fusca do policial Thomas Paulino de Almeida, que reagiu, dando um soco no rosto de um deles. O outro rapaz, então, atirou na cabeça do PM, que morreria no local. Vendo as fotos de um álbum de "terroristas procurados", Finelli reconheceria Dirceu como o homem que levou o soco e José Carlos Giannini, também do

---

[67]Da-Rin, Silvio; *Hércules 56*. Zahar, 2007.

Molipo, como o autor do disparo.[68] O depoimento também consta de documento do Comando do Exército, disponível no arquivo do Superior Tribunal Militar, em Brasília.[69] Não há inquérito sobre esse crime envolvendo Dirceu.

Ele vivia com medo. Mesmo com a plástica, temia ser reconhecido em alguma dessas ações nas ruas, ser preso ou morto, já que seu rosto ficara muito conhecido em função do movimento estudantil e no episódio da troca pelo embaixador sequestrado. Pedia para voltar a Cuba, mas não recebia autorização. A situação do Molipo também era apavorante. Um a um, os militantes iam sendo presos ou mortos pela polícia. Passou a viver cada vez mais recluso. A ALN, a quem o Molipo poderia pedir apoio, entrara em colapso em março de 1971, após o justiçamento de Márcio Toledo Leite por Carlos Eugênio Paz, então principal dirigente da organização. Márcio queria sair da ALN, mas não aceitava deixar o Brasil. Com medo de que revelasse às autoridades segredos que demolissem o grupo, a cúpula decidiu fuzilá-lo. Com a morte de Márcio, a ALN perdera quase metade de seus pouco mais de cinquenta militantes e praticamente acabara, levando junto a guerrilha urbana brasileira. Os poucos guerrilheiros que sobraram, como os do Molipo, eram caçados pela ditadura: "Não dava nem para me mexer" — recorda-se Dirceu.[70]

Organizado em Cuba pelo chefe do Departamento de América do serviço secreto, Manoel Piñeiro Losada, o *Barbarroja*, e comandado por Dirceu e Antonio Benetazzo, o Molipo começou a chegar ao Brasil no final de 1970. O projeto inicial consistia em tomar o controle da ALN. Quando *Barbarroja* percebeu que não alcançaria

---
[68]O depoimento está arquivado sob o número 50-Z-9-30114/28937.
[69]Arquivado sob o número 50-Z-9-25334.
[70]Em entrevista publicada pela edição de janeiro de 1992 da revista *Playboy*.

o objetivo, por conta de divergências políticas com líderes daquela organização, decidiu criar o Molipo, que tinha como brasão o Cruzeiro do Sul, símbolo do Exército, dentro de uma alça de mira, com a frase "Libertação ou morte".

Foram 28 os militantes vindos de Havana, que se juntariam a quatro no Brasil. Todos andavam armados e tinham ordem expressa de reagir à bala a qualquer tentativa de prisão — ir para a cadeia, jamais. Havia dois corredores para a chegada dos guerrilheiros: por Manaus, de onde veio Dirceu, e pelo Chile de onde iam a Porto Alegre e subiam de ônibus até São Paulo. A organização se dividira em dois focos de guerrilha urbana — em São Paulo e no Rio de Janeiro — e em dois de guerrilha rural — na Bahia e no norte de Goiás, onde hoje é o Tocantins. Chegariam a distribuir dois exemplares do jornal *Imprensa Popular*, antes de cercados pela repressão.

Desde o desembarque dos primeiros militantes, o Molipo foi monitorado em detalhes pelo Exército e pelo Dops paulista, como demonstram os documentos no Arquivo Público de São Paulo e do Superior Tribunal Militar. Em janeiro de 1972, informe do Exército revelaria em pormenores a ação do grupo no Brasil.[71] Havia, inclusive, uma lista com os nomes de seus 32 militantes, divididos entre os que vieram de Cuba e os que já estavam no Brasil. José Dirceu de Oliveira e Silva era o oitavo da lista. Identificado com seu nome e codinome (Daniel), e com a informação em destaque de que era um elemento perigoso, pois fizera curso de guerrilha.

Outro documento do Ministério do Exército detalhava a atuação da nova organização, tratada como uma dissidência da ALN:[72]

---

[71]Documento do Arquivo Público de São Paulo, com o número 50-C-22-528.
[72]Documento do Arquivo Público de São Paulo, com o número 50-E-33-0656.

No entanto, após a cisão, tal grupo iniciou uma série de ações de caráter até mais violento do que a da própria ALN: assaltaram e incendiaram várias radiopatrulhas, ônibus, mataram policiais etc.; é responsável por mais de vinte assaltos em São Paulo. Conclui-se que o racha se deu mais por ansiedade de liderança do que pelas divergências táticas ou estratégicas.

Um terceiro documento se dedicava às relações com Cuba:

> Consta que recebe armas, dinheiro, orientação político-militar, treinamento e documentos do Partido Comunista Cubano. Isto parece verdadeiro, pois o Molipo não tem praticado ações de expropriação de dinheiro, armas e material logístico.

Se a repressão havia condenado todos os guerrilheiros que vieram de Cuba à morte, no caso do Molipo a determinação foi seguida à risca.

Em São Paulo, onde vivia Dirceu, a atuação do grupo fora intensa em 1971, justificando o que afirmava o segundo documento do Ministério do Exército. Em agosto, o Molipo assaltou uma agência do Ministério do Trabalho e uma patrulha da Polícia Militar, levando um revólver e uma metralhadora e baleando o soldado Norival Siciliano. No mês seguinte, jogou uma bomba na loja Mappin da rua Xavier de Toledo, no Centro, e roubou uma choperia em Moema. Outubro seria carregado: explosão de carro da polícia, atentados a bomba na loja Sears e no jornal *Gazeta Mercantil*, pichações na USP e na PUC e incêndio em um ônibus na Vila Brasilândia, para protestar contra o aumento das passagens. Um PM, que chegara ao local para ajudar a apagar as chamas, foi morto a tiros.

Em novembro, a polícia não registrou ações do grupo, que voltaria com tudo no último mês de 1971. Uma Kombi roubada circulou pela USP transmitindo discursos gravados dos guerrilheiros em um alto-falante. Dias depois, cartões de Natal com textos contra a ditadura e a favor da luta armada foram distribuídos na favela da Vila Palmares. Para encerrar o ano, o movimento assaltou uma loja de roupas na rua Xavantes, no Brás, e distribuiu o produto do roubo em uma favela de Sapopemba. Todas as ações do Molipo tinham assinatura: panfletos com o símbolo do grupo eram deixados nos locais. Dirceu agia em São Paulo na época de todas essas ocorrências, mas não há, nos documentos disponíveis, o detalhamento de quem participou de cada uma delas.

O Molipo começaria a cair em 5 de novembro de 1971, com duas mortes. José Roberto Arantes de Almeida foi morto na Vila Prudente e José de Oliveira, na rua Turiassu, em Perdizes, ambos em São Paulo. Dois dias depois, morreria Flávio de Carvalho Molina. Menos de um mês depois, em 1º de janeiro, seria a vez de Carlos Eduardo Pires Fleury, no Rio de Janeiro.

Em 5 de janeiro de 1972, Hiroaki Torigoe, que participara do assalto ao cartório com Dirceu, foi morto pela polícia ao entrar em um carro roubado em Santa Cecília, no centro de São Paulo. Estava com a identidade falsa em nome de Massahiro Hakamura, feita com os papéis levados do cartório. Um mês e meio depois, Lauriberto José Reyes e Alexander José Ibsen Voeroes morreriam em tiroteio com a polícia no Tatuapé, zona leste de São Paulo. Na troca de tiros, um policial foi ferido e o funcionário público aposentado Napoleão Felipe Biscalde, de 61 anos, morreu, atingido por uma bala perdida.

Benetazzo foi o último a morrer em São Paulo, em 27 de outubro de 1972. Pela versão dos militares, atropelado por um caminhão quando fugia da polícia no Brás. Segundo a família e o grupo Tortura Nunca Mais, em decorrência da tortura a que foi submetido. O atropelamento teria sido usado para encobrir o crime.

Na Bahia, o grupo tentara se instalar entre Ibotirama e Bom Jesus da Lapa, no Vale do São Francisco. O primeiro a chegar foi Boanerges de Souza Massa, em março de 1971. Três meses depois, ganharia o reforço de Rui Carlos Vieira Berbert e de Jeová de Assis Gomes, o guarda-costas de Dirceu na Maria Antônia. Encurralados na Bahia, decidiram seguir para Goiás. Instalaram-se em Wanderlândia e em Santa Maria da Vitória. Os dois pontos seriam desbaratados pelo Exército após a prisão de Boanerges, em dezembro. A partir daí, os guerrilheiros começaram a morrer. Rui foi assassinado no último dia do ano, na cidade de Natividade. Jeová, dez dias depois, em um campo de futebol em Guaraí.

O último a resistir seria o catarinense Arno Preis, ex-estudante de Direito da USP, que se instalara em Paraíso do Norte. Em 15 de fevereiro de 1972, tentou entrar em um baile de carnaval, mas um soldado pediu seu documento. Recusou-se a mostrar, houve uma discussão, e ele foi morto após matar o soldado Luzimar Machado de Oliveira. Entre as dezoito mortes de membros do Molipo, a Comissão de Mortos e Desaparecidos do Governo Federal considera essa a única desprovida de motivação política, consequência de uma briga.

A manchete do *Jornal do Brasil* de 29 de agosto de 1972 é o melhor resumo do que acontecera ao grupo: "Molipo é desbaratado pelo Dops paulista." Um mês antes, Dirceu iniciara seu caminho de volta a Havana. José Carlos Cavalcanti, estudante de engenharia do Mackenzie e contato do grupo com Cuba, comunicou-lhe que o governo cubano decidira pela sua volta. Ele pegou um ônibus no Brás e foi para Pernambuco, onde tomou um voo para Lisboa. Depois, seguiu para Roma, Praga e Moscou, onde entrou no avião da Aeroflot que o devolveria a Cuba.

O massacre do Molipo é o episódio mais nebuloso da luta armada brasileira. Nenhum grupo foi tão bem monitorado e dizimado com tanta rapidez. Há quatro hipóteses para a queda. A mais simples e difundida, que provoca menos cicatrizes, é a de que, por estar vivendo fora do país, o grupo ignorava o acirramento da repressão e escolhera um momento errado para voltar ao Brasil. Carlos Eugênio Paz, principal líder da ALN na época, tem essa opinião. "Entendo que os militantes nossos, afastados da realidade brasileira e querendo voltar para lutar, questionem a coordenação nacional, fundem uma corrente ou saiam da organização, mas os cubanos não tinham o direito de autorizar a saída deles do país sem nos comunicar, quando havia meios para isso. Cederam os esquemas, promoveram as voltas e ajudaram a convencer os combatentes que tinham dúvidas. Chegaram a São Paulo procurando militantes queimados, usando esquemas já abandonados por falta de segurança, aparelhos que não mais existiam, despreparados e desinformados dos avanços da repressão."[73] Havia ainda uma promessa de ajuda do presidente do Chile, Salvador Allende, que jamais se concretizou, provavelmente porque estivesse já mais empenhado em conter os adversários internos que o apeariam do poder um ano depois.

Agonalto Pacheco, que desembarcou em Havana junto com Dirceu quando da troca pelo embaixador, tinha a mesma avaliação. Em depoimento ao historiador Luís Mir, revelou que tentara alertar os militantes da loucura que seria voltar ao Brasil, mas foi impedido pelos cubanos: "O planejador do novo dispositivo político-militar dentro do Brasil foi José Dirceu, que fez tudo sem a menor base na realidade e a partir de Havana. A organização não tinha condições de receber ninguém, não havia a menor segurança. Tentamos discutir isso com Piñeiro, Valdéz, Herrera [comandantes militares cubanos]. Não pude falar com Dirceu, que vivia isolado. Todos nós que participamos, cubanos e brasileiros, temos que dar uma visão crítica desse processo, humildade revolucionária para assumir nosso papel e nossos erros."[74]

---

[73]Paz, Carlos Eugênio; *Nas trilhas da ALN*. Bertrand, 1997.
[74]Mir, Luís; *A revolução impossível*. Best Seller, 1994.

José Carlos Giannini, que participou do suposto assalto e morte do policial com Dirceu, dá exemplos concretos de como era dura a readaptação dos exilados na volta ao Brasil: "O índice de sobrevivência de quem ficou aqui é muito mais alto do que o de quem saiu e voltou, porque a gente ia acompanhando passo a passo... A tensão ia aumentando e você ia se escolando ali também, ia se adaptando dentro do meio. Agora, o cara saía em 68 e voltava em 70, 71... O cara continua andando, achando que podia continuar andando nos lugares que andava antes. Achava que podia continuar a sair de noite para ir ao cinema. Achava que podia continuar fazendo uma porção de coisas que não podia mais fazer. Então, isso desarmava o espírito das pessoas".[75]

As outras possibilidades para a extinção do Molipo envolvem delação e, por isso, são tratadas como tabu na esquerda. Uma delas aponta para o cabo Anselmo, o marinheiro José Anselmo dos Santos, expulso das Forças Armadas com o golpe de 1964, e que esteve em Cuba, onde fez treinamento militar, em 1970. Em seguida, voltou ao Brasil. Preso pelo delegado Sérgio Paranhos Fleury, do Dops, tornou-se colaborador da polícia política, delatando militantes de esquerda em troca da liberdade. Há a suspeita de que tenha entregado aos militares a lista dos brasileiros que treinaram em Cuba, entre os quais membros do Molipo.[76]

Outro possível delator foi um agente do serviço secreto cubano, que desertara, tornando-se informante da CIA, como escreveu, sem citar o nome, Denise Rollemberg: "Nesta mesma época da volta do pessoal do Grupo da Ilha houve a dissidência de um agente cubano do setor de inteligência. Este cubano era ligado, exatamente, ao treinamento de guerrilheiros latino-americanos e teria passado as informações

---

[75]Rollemberg, Denise; *O apoio de Cuba à luta armada no* Brasil. Mauad, 2001.
[76]Idem.

que dispunha, inclusive sobre o Grupo dos 28, à CIA, derrubando muitos guerrilheiros, não apenas brasileiros, de volta a seus países."[77]

A última hipótese é comentada reservadamente na esquerda brasileira, e pouquíssimas pessoas têm coragem de abordá-la em público: José Dirceu seria o delator do Molipo. O assunto só seria abertamente tratado em 2008, no livro *Sem vestígios*, da jornalista Taís Moraes, que traz as memórias de "Carioca", um agente secreto da ditadura que relata, em detalhes, as torturas e mortes nos porões do regime militar. "Carioca", nome de guerra do agente do Centro de Informações do Exército Carlos Alberto Costa, teria apontado Dirceu como um agente duplo, responsável pelo desmantelamento do Molipo. "Segundo as notas de Carioca, depoimentos de alguns militares e as memórias do coronel Lício [Augusto Maciel] — naqueles idos, major —, Daniel [codinome de José Dirceu] teria sido o agente duplo e, antes de morrer, Jeová [de Assis Gomes, militante do grupo armado] informara esse nome como o de quem havia traído o Molipo" — informa o livro.[78]

Dirceu, na época do lançamento de *Sem vestígios*, disse que a afirmação era uma infâmia, urdida pelo coronel Lício, "que se especializou em difamar tanto a memória dos mortos quanto a dos que sobreviveram".[79]

Em conversa com um amigo no carnaval de 2013, Dirceu faria uma avaliação do caso Molipo. Compartilha da primeira hipótese para a queda: o grupo voltara em um momento equivocado, quando a esquerda estava praticamente dizimada e a repressão da ditadura vivia seu auge. Duvida que tenha havido um delator, e atacou os que consideram que tenha traído o movimento. Afirmou que fora

---

[77]Idem.
[78]Morais, Taís; *Sem vestígios: revelações de um agente secreto da ditadura militar*. Geração Editorial, 2008.
[79]Conforme publicado na edição de 27 de novembro de 2008 do jornal *Valor Econômico*.

contra a vinda, que chegara a argumentar com os cubanos, mas que, disciplinado e respeitador da hierarquia, acatou a decisão. Ao final, desabafaria: "Sinto diariamente a dor e a culpa de ter sobrevivido."

A favor da versão de Dirceu conta o ótimo relacionamento que manteve, ao longo da vida, com militantes de esquerda que participaram do movimento guerrilheiro. Ana Corbisier, das poucas sobreviventes do Molipo, é uma de suas melhores amigas. Em 21 de outubro de 2012, Ana fez um almoço para os ex-militantes que viveram em Cuba, no qual Dirceu foi a principal atração. Improvável que um delator fosse recebido com tanta deferência.

Com tantos mistérios, suspeitas e traições, o caso Molipo justifica o nome pelo qual a esquerda brasileira o chama: uma história impronunciável.

9 | As aventuras de Pedro Caroço

> *"Ele tá de olho é na butique dela."*
> Refrão da música *Severina Xique-Xique*,
> de Genival Lacerda.

Em uma manhã do início de agosto de 1972, José Dirceu de Oliveira e Silva, o comandante Daniel, foi recepcionado na pista do Aeroporto Internacional José Martí, em Havana, pelo chefe do Departamento de América do serviço secreto cubano, Manoel Piñeiro Losada, o *Barbarroja*. Dirceu estava aliviado, sobrevivera ao massacre do Molipo e se encontrava em segurança, mas pesaroso pela morte dos companheiros. Mal começara a falar, *Barbarroja* lhe cortou a palavra, querendo explicações sobre o que ocorrera no Brasil nos dois anos anteriores. O brasileiro contou o que sabia. As informações, para quem estava na guerrilha, eram fragmentadas — boatos se confundiam com fatos. O cubano, de longe, tinha um quadro mais claro da tragédia que ceifara o grupo de 28 brasileiros que deixara Havana um ano e meio antes.

Do aeroporto, foram direto ao Ponto Zero, quartel-general dos treinamentos ministrados por cubanos para guerrilheiros latino-americanos. A revolução tinha pressa. Dirceu não teria o período de descanso que solicitara ao desembarcar. Pediu, então, para fazer um treinamento de pilotagem. Os cubanos desdenharam. Um piloto de avião de nada serviria em uma guerrilha rural, a modalidade ainda pensada em Cuba para uma improvável revolução brasileira. Teria de retornar ao penoso treinamento de guerrilha, o mesmo que lhe provocara as dores nos rins que o acompanhavam havia dois anos. Dirceu voltou a usar botas de canos longos e fardas camufladas, a marchar e a atravessar rios em cordas.

Também começou a ser treinado para viver em clandestinidade. A avaliação acerca do Molipo em nada se aproximava de uma autocrítica. Os cubanos não admitiam sequer parcela de culpa sobre o momento errado em que mandaram os guerrilheiros ao Brasil. A falha, na avaliação de *Barbarroja* e de seus chefes, fora dos próprios brasileiros, que não souberam atuar clandestinamente e deixaram as pistas que levariam os adversários a capturá-los. Dirceu, nos dois anos seguintes, deixaria a barba crescer, incorporaria outro personagem, outra identidade, aprenderia a falar de uma maneira diferente, a se sentar de outro jeito, a desenvolver uma nova personalidade. "Se alguém gritasse Zé ou Dirceu eu nem olhava. Realmente me convenci de que era outra pessoa."[80]

O treinamento duraria mais de dois anos. No período, voltara a se aproximar de Alfredo Guevara e do serviço secreto cubano. A convivência com Fidel e Raúl Castro foi retomada, mas com menor intensidade. O fracasso do Molipo tirou-lhe um pouco da moral que tinha em Havana. A segunda passagem pela ilha seria mais penosa, com menos privilégios. Mesmo assim, uma vida menos sofrida que a da maioria dos exilados brasileiros, graças novamente

---

[80] Como declarado à reportagem "O consultor", de Daniela Pinheiro, publicada na edição de janeiro de 2008 da revista *Piauí*.

aos benefícios proporcionados pela amizade com Guevara, que lhe garantia boas roupas, rum de qualidade e charutos Montecristo.

A 3.500 quilômetros dali, as lendas sobre ele circulavam pelo Brasil. Estaria se virando como músico, tocando nas estações de metrô de Paris em troca de moedas. Viveria como modelo fotográfico na *swinging London*, amigo de Keith Richards, Twiggy e Mick Jagger. Ou teria se casado com uma condessa italiana, mudando-se para um castelo em Milão. Os poucos remanescentes do movimento estudantil ouviam essas histórias e acreditavam. Os informantes também. Até mesmo o governo militar embarcara nos boatos. Em um informe do Dops, Dirceu encontrava-se em Lisboa. Em outro, era "o representante brasileiro nas organizações da juventude comunista em Praga". Na verdade, porém, estava bem mais perto do que amigos e inimigos imaginavam.

Em abril de 1975, seria enviado novamente por Cuba para reorganizar o movimento guerrilheiro contra a ditadura brasileira. Fez o mesmo roteiro de quatro anos e dois meses antes: Havana-Moscou-Praga-Frankfurt-Bogotá-Manaus. Do Amazonas, seguiu mais uma vez a Pernambuco, onde se encontrou com Ana Corbisier e João Leonardo da Silva Rocha, remanescentes do Molipo. Então, resolveu ir para Rondônia, à época território federal, que recebia um grande fluxo de trabalhadores braçais e servidores públicos para desenvolver aquela região inóspita, em uma época em que árvore boa era árvore no chão. Dirceu, em concordância com o governo cubano, achava a região amazônica a mais propícia à instalação de um braço de guerrilha rural. Na mesma época, um grupo guerrilheiro já atuava nas proximidades do rio Araguaia, no Pará — mas sem o conhecimento nem o apoio de Cuba. O PCdoB, que controlava a Guerrilha do Araguaia, era ligado à China e à Albânia.

Antes de chegar à Amazônia, contudo, deveria passar por Paraná e Mato Grosso. Na primeira parada, em junho de 1975, encontrou-se com o advogado Ivo Shizuo Sooma, contato dos cubanos, em Maringá, maior cidade do norte paranaense. As notícias eram desanimadoras. Os pontos de apoio que o grupo tinha no caminho para Rondônia haviam caído, com seus responsáveis presos ou mortos pela repressão. A chance de alcançar o destino era pequena, mesmo com os bolsos recheados pelos US$ 5 mil entregues pelos cubanos, o equivalente a cerca de R$ 40 mil em dinheiro de hoje. Dirceu, portanto, resolveu ficar onde estava, em Cruzeiro do Oeste, cidade vizinha a Maringá, onde Sooma o levara a jantar naquela noite.

Hospedou-se no Hotel São José, o único da cidade, e ficou amigo do dono, Edson Rodrigues Alves. Nos primeiros dias em Cruzeiro do Oeste, sentindo-se seguro, pôde matar a saudade do que mais lhe fazia falta no Brasil: beber guaraná, comer coxinha, feijoada e doce de jaca com canela — que a mulher de Edson, cozinheira do hotel, fazia a seu pedido. Na televisão, não perdia nenhum jogo do Corinthians, que naquele ano amargava o 21º dos 23 anos sem títulos, o maior período de abstinência de sua história.

Enturmado com o advogado Ivo e com o hoteleiro Edson, decidiu viver na cidade. Para isso, teve de colocar em ação o plano que traçara nos dois anos de treinamento em Cuba. Em junho de 1975, o estudante de direito José Dirceu de Oliveira e Silva, o comandante Daniel e o argentino Hoffmann saíram de cena. No lugar deles, surgiria o comerciante Carlos Henrique Gouveia de Melo, um paulista de origem judaica, torcedor fanático do Corinthians, que se fixara na região à procura de terra para plantar café com o dinheiro que herdara da família. Com a crise mundial de meados dos anos 1970, desistiu de investir em terras e passou a procurar negócios urbanos em Cruzeiro do Oeste.

Para completar o personagem, Carlos Henrique contava que nascera em Guaratinguetá, no Vale do Paraíba, a menos de 50 quilômetros da Passa Quatro de José Dirceu. O sotaque caipira, com o R pronunciado, não precisou de treinamento. Mas, para saber detalhes da história e dos costumes da cidade, inspirou-se em Cida Horta, nascida em Guaratinguetá e militante da ALN, que vivera dois anos com ele em Cuba, casada com seu amigo Benetazzo. Ela voltara ao Brasil logo depois de Dirceu e viveria clandestinamente por dois anos. Depois da anistia, casar-se-ia com o advogado Luiz Eduardo Greenhalgh.

Para se manter informado, assistia aos telejornais da TV e lia muito — era o único morador de Cruzeiro que assinava os dois maiores jornais de São Paulo, a *Folha* e *O Estado*. Para não chamar atenção, entretanto, debruçava-se primeiro nos cadernos de esporte e comentava as notícias de seu time, que naquele ano novamente decepcionara sua torcida, chegando em quarto no Paulistão e em sexto no Brasileiro, em seguida vendendo Rivellino, um dos maiores ídolos da história, para o Fluminense. Carlos Henrique sofria ao ler sobre as derrotas sucessivas do time de Baldocchi, Russo, Arílson e Pita.

Cortava o cabelo no salão Estrela e dava uma passada na alfaiataria Cruzeiro sempre que precisava pregar um botão nas suas duas camisas xadrez e no paletó italiano — todo o guarda-roupa que trouxera de Cuba, onde só usava roupas de combate. Solteiro aos 29 anos, não perdia um baile e frequentava todas as noites o Bar Central, onde, por precaução, jamais passava dos dois copos de cerveja.

Não foi, contudo, nos salões de baile nem nas mesas do Central que Carlos Henrique encontrou uma parceira. Sempre que andava pela principal avenida da cidade, detinha-se na vitrine da Boutique da Mulher e ficava observando sua dona, uma loira alta e voluptuosa. Em uma manhã de setembro de 1975, parou em frente à loja e fingiu ter perdido uma lente de contato — acessório que sequer utilizava. Pediu ajuda à moça. Clara Becker, jovem empresária de sucesso, com outras duas lojas na cidade, foi toda prestativa. Não acharam nenhuma lente, mas saíram para jantar na noite seguinte e se envolveram. O namoro engatou e, no *réveillon* de 1975 para 1976, foram morar juntos na casa de Clara.

Era um casamento tradicional em uma pequena cidade do interior. Trabalhavam juntos nas lojas, almoçavam e jantavam em casa e, nos finais de semana, iam a algum restaurante de Maringá ou Umuarama no carro de Clara. Ela cozinhava e ele lavava e enxugava a louça. No início de fevereiro, Clara o ajudaria a montar sua própria loja de roupas, a Magazine do Homem, com o dinheiro que trouxera de Cuba e que dizia ter recebido de herança. Um sucesso. Ele foi o primeiro a levar para Cruzeiro do Oeste marcas da moda em São Paulo, esportivas e sociais, como Levi's, Us Top, Lee, Garbo e Casa José Silva. Também lançou uma linha própria de roupa popular, a Bang. Na cidade, o forasteiro era invejado por ter fisgado um "partidão", como se dizia: uma mulher rica, jovem e solteira, que o ajudara a subir na vida. Por isso, ganhou o apelido de "Pedro Caroço", personagem do forró *Severina Xique-Xique*, de Genival Lacerda, que, com seu barrigão, camisas floridas e chapéu-coco, era a atração nos programas de TV do Chacrinha e de Raul Gil:

> Quem não conhece Severina Xique-Xique
> Que montou uma butique para a vida melhorar.
> Pedro Caroço, filho de Zéfa Gamela,
> passa o dia na esquina fazendo aceno para ela.
> Ele tá de olho é na butique dela!
> Ele tá de olho é na butique dela!

Toda vez que entrava no Bar Central, Dirceu era saudado com o refrão: "Ele tá de olho é na butique dela." Bem-humorado, gostou do novo jeito de ser chamado: "O apelido de Pedro Caroço era o atestado definitivo de que estava integrado à cidade."[81]

Mesmo adaptado, passaria todo o ano de 1976 ressabiado. Muitos desconfiavam das histórias daquele forasteiro, inclusive autoridades. Um dia, o prefeito da cidade, Aristófanes Hatum, o Tofinho, procurou Clara e a alertou: "Esse seu namorado pode ter coisa com terrorismo. Se você quiser, ponho o delegado Aymoré na cola dele e a gente descobre."[82] Clara desconversou. Também tinha uma desconfiança, mas por outro motivo: "Imaginei que tivesse uma família em outra cidade, mas que tinha fugido da bruxa da mulher dele. E se ele queria ficar comigo eu não tinha do que reclamar" — lembra.[83]

Certa vez, no mesmo ano, esqueceria a capanga onde guardava seu revólver em uma livraria em Ponta Grossa, única cidade vizinha em que se podia comprar livros. Entrou em pânico, mas o dono não desconfiou e devolveu sem descobrir a arma que havia no estojo. Arma que seria sua companheira inseparável na clandestinidade. "Andei 12 anos armado no Brasil" — declarou.[84]

No final de 1976, já mais seguro após os sustos, começaria a viajar e retomar antigos contatos. As conversas com Ivo Sooma se tornariam mais frequentes — quando queria falar secretamente com ele, passava de chapéu em frente a seu escritório. Era o código para se encontrarem à noite em um restaurante em Maringá.

Com o sólido argumento de que precisava conhecer as novas coleções de moda e comprar roupas para a loja, Carlos Henrique foi a São Paulo, onde retomaria pontos com remanescentes da ALN indicados por Sooma. Nessas viagens, voltava a ser José Dirceu. A

---

[81]Conforme publicado no blog do jornalista Jorge Bastos Moreno em 16 de junho de 2005: http://oglobo.globo.com/pais/moreno/posts/2005/06/16/5396.asp. (Originalmente publicado na edição de 9 de setembro de 2001 de *O Globo*.)
[82]Idem.
[83]Declaração publicada por *O Estado de S. Paulo* de 31 de outubro de 2012.
[84]Em entrevista a Caio Túlio Costa para o Projeto Memória do Movimento Estudantil, em 17 de dezembro de 2005.

plástica modificara seu rosto, mas não o tornara irreconhecível. De frente e de perfil, estava diferente. De costas, porém, era o mesmo bonitão do movimento estudantil.

A primeira ideia foi utilizar sua experiência como ex-presidente de centro acadêmico e da União Estadual dos Estudantes para reorganizar o movimento estudantil. Passou a frequentar um grupo de estudantes de esquerda, com nomes como Raquel Rolnik, Nabil Bonduk e André Villas Boas.

Nessa época, segundo documentos inéditos do Serviço Nacional de Informações, obtidos no Arquivo Público de São Paulo, Dirceu esteve em Buenos Aires, com Vladimir Palmeira, comandando um congresso que pretendia organizar uma entidade estudantil sul-americana e reorganizar o movimento no Brasil:[85]

> Durante sua permanência de semana e meia na Argentina, o banido brasileiro Vladimir Palmeira, junto com um elemento chamado Arantes e outro Dirceu (também banido) estruturaram, junto a estudantes brasileiros, uma forma de canalizar o descontentamento estudantil num novo *ascenso* de massas. Nessa reunião, ficou acertado que se deveria pressionar as diretorias estudantis e acadêmicas ainda vacilantes para se empenharem em uma luta de desafio ao governo, prevista para 1976.

O documento, com data de 11 de janeiro de 1976, também afirma:

> Para Dirceu, a ALN e a AP estão fazendo um bom trabalho de agitação usando como bandeira de luta e de organização a prisão de jornalistas, servindo assim para organizar a resistência contra o regime atual no Brasil.

---

[85]Documentos disponíveis no Arquivo Público de São Paulo sob os números 50-Z-9-40747 e 50-E-33-1251.

A atuação da imprensa foi um dos principais temas do encontro. Segundo teria declarado Palmeira:

> É necessário tornar bem claro nessa propaganda que a verdadeira liberdade de imprensa não será a que for permitida pelo regime, nem a que é pedida pela oposição; a liberdade que quer a subversão é feita na clandestinidade, nos panfletos passados de mão em mão, e por isso estudantes devem apoiar a imprensa revolucionária, colaborando na elaboração e difusão, devendo ser considerados centros de radicalização a Faculdade de Urbanismo e Arquitetura de São José dos Campos e as quatro escolas de medicina em São Paulo (Bragança Paulista, Taubaté, Santos e Jundiaí).

O informe dos militares prossegue:

> Dirceu explicou para os estudantes brasileiros que estavam em Buenos Aires que o controle da situação ainda está nas mãos do presidente Geisel e sua equipe. Segundo Dirceu, o projeto de institucionalização mantém sua hegemonia e a manterá durante algum tempo no seio das classes dominantes, sempre que os desbordes da oposição não saiam de determinados limites que coloquem o projeto num impasse. Acrescentou também que percalços e crises haverá em 1976, nesse processo, e se o movimento de massas escapa do controle e vai mais longe do permitido em suas ações, a linha dura atualmente isolada e resignada poderia ganhar força, assimilar ou neutralizar os setores da oposição e oferecer-se como alternativa. É neste momento que a disjuntiva será favoravelmente resolvida se a luta de massas e seu setor mais consequente — a classe operária — já tiver acumulado forças, consciência e organização para impedir giros à direita ou para continuar a luta em condições mais duras que as anteriores.

Dirceu e Palmeira jamais abordaram o encontro nas entrevistas, nos artigos e nos livros em que falaram sobre esse período. A imprensa, a brasileira e a argentina, tampouco noticiou o evento. A riqueza de detalhes do documento, porém, lhe dá credibilidade.

Em 1977, um ano depois desse informe, André Villas Boas procurou Paulo de Tarso Venceslau, que já cumprira sua pena pelo sequestro do embaixador, trabalhava como economista em uma autarquia do governo paulista e era casado com Renata Villas Boas, irmã de André. "O Zé Benedito te mandou um abraço" — disse André. "Zé Benedito" era o codinome pelo qual Paulo de Tarso chamava Dirceu desde os tempos de movimento estudantil. "Na hora eu gelei. Saber que o Zé estava bem me dava um alívio, mas também havia o medo de que fosse preso, já que estava clandestino." Marcaram um primeiro encontro no Brás, almoçaram num restaurante fuleiro do Largo da Concórdia, com saída para duas ruas, caso precisasse fugir. Duas semanas depois, encontraram-se para uma conversa mais longa na bica da Gioconda, na Serra da Cantareira. Zé voltava a ter um amigo em quem confiar.

Dirceu, por segurança, não dava detalhes sobre sua nova vida. Dizia apenas que morava no Sul, sem revelar a cidade nem o casamento com Clara Becker. Passou a ir a São Paulo pelo menos duas vezes por mês. De início, passagens mais curtas, de um ou dois dias, quando misturava sessões de compras no Brás e no Pari a almoços com antigos e novos companheiros em restaurantes populares. Até o final de 1977, essas visitas se tornariam mais longas. Por dois motivos: contatos políticos e mulheres.

Depois do grupo dos estudantes, passou a tomar parte em reuniões de remanescentes da ALN que sonhavam em reimplantar focos de luta armada no Brasil. O país, sob o comando do general Ernesto Geisel, encaminhava-se para a redemocratização, partidos políticos eram formados, a anistia se aproximava, o sindicalismo ganhava força, por meio de suas primeiras greves, mas a guerrilha não saíra da cabeça de setores importantes da esquerda. Entre eles, essa turma que se reunia duas vezes por mês em São Paulo. "Mesmo com a proximidade de anistia, o esquema de segurança era rigoroso. Havia muitos clandestinos. A chance de cairmos de novo era grande" — relembra Paulo de Tarso. O grupo, conhecido por "remanescentes", que chegou a reunir vinte pessoas, procurava flats ou quitinetes para alugar em anúncios de jornal — sempre contrato direto com o proprietário, sem intermediação de imobiliárias. Alugavam por um mês, pagavam adiantado, reuniam-se uma ou duas vezes e nunca mais apareciam. Integravam o grupo Paulo de Tarso, Suzana Lisboa, Moacir Maricato, Reinaldo Morano, Carlos Alberto Lobão, Carlos Chneiderman e Frei Betto, que insistia em apresentar Dirceu a um líder sindical que ganhava notoriedade na região do ABC — Luiz Inácio Lula da Silva. Dirceu desconversava, dizia não ter tempo, mas na verdade desdenhava do poder do movimento sindical.

Esses remanescentes chegaram a se estruturar politicamente, montaram um caixa e fizeram panfletagens em portas de fábrica e no movimento estudantil. Um operador do mercado financeiro, paraense, doou 10 mil dólares ao grupo. Em 1978, o caixa tinha cerca de 200 mil reais em dinheiro de hoje, recursos que seriam utilizados para financiar candidatos do Movimento Democrático Brasileiro, o MDB, simpáticos à luta armada, como Anísio Batista de Oliveira e Djalma Bom. A partir de 1979, essa turma ajudaria a fundar o Partido dos Trabalhadores.

Mas foram as mulheres, e não a política, o que mais atraiu Dirceu de volta a São Paulo. Primeiro, teve um longo caso com Suzana Lisboa. Passaria a se hospedar na casa dela e a usar seu carro quando na capital paulista. Brigavam muito, porém, por política e ciúmes, e acabaram se afastando. Depois, engatou um romance com Miriam Botassi, antiga companheira de movimento estudantil. Era praticamente um segundo casamento. Passava uma semana por mês na casa dela, na Chácara Klabin, e viviam como marido e mulher. Chegavam às reuniões juntos e frequentavam bares e restaurantes — a possibilidade cada vez mais próxima de anistia era um motivo natural para o relaxamento com a segurança. "O Zé, na época, tinha uma vida tripla. Sua identidade real, que não podia ser revelada, a vida com a Clara no Paraná e o caso com a Miriam em São Paulo" — relembra Paulo de Tarso.

As ausências prolongadas, os primeiros prejuízos registrados pelas butiques e o silêncio misterioso em casa colocariam o casamento em crise. Clara Becker insistia cada vez mais em acompanhá-lo a São Paulo, mas Carlos Henrique sempre negava, sob o argumento de que ela precisava cuidar das lojas. Quando a pressão se tornava insuportável, ele a levava para uma semana na praia. Foram ao Rio de Janeiro, a Florianópolis e ao litoral do Rio Grande do Sul. As viagens a acalmavam e davam fôlego ao relacionamento.

Em setembro de 1977, em uma dessas viagens, Clara engravidou. A primeira reação de Carlos Henrique foi colérica. Afinal, ela dizia tomar pílula anticoncepcional, e tudo que ele não imaginava, naquela situação instável, era ter de cuidar de uma criança. Depois, contudo, acostumou-se à gravidez e até gostou da ideia de ter um filho. Em 21 de junho de 1978, na Santa Casa de Umuarama, nasceria José Carlos Becker Gouveia de Melo, desde o berçário apelidado de Zeca. O garoto era loiro como a mãe e forte e genioso como o pai — na definição do casal.

Zeca fez com que Carlos Henrique passasse mais tempo em casa. Era um pai participativo: trocava fraldas, dava banho e o levava para passear. Aproveitava esses passeios para ler os jornais na praça da Matriz. Jornais que começavam a trazer notícias sobre José Dirceu, a identidade oculta do pai de Zeca. Em 20 de outubro de 1978, um dia antes de o garoto completar quatro meses, a *Folha de S. Paulo* publicaria em manchete: "Banidos podem voltar ao país a partir de janeiro." Carlos Henrique sentiu um misto de euforia e apreensão. Felicidade pela perspectiva de voltar a ter uma vida normal, mas ansiedade por não saber como abordar o assunto com Clara e os amigos de Cruzeiro.

As idas a São Paulo o deixavam ainda mais animado. A anistia era questão de meses. Fez uma grande festa na virada de 1978 para 1979, certo de que aquele era o último ano novo como Carlos Henrique e vivendo em Cruzeiro do Oeste. No segundo dia do ano, o governo divulgou os decretos que revogaram os banimentos de presos políticos. Ele poderia ter documentos brasileiros novamente, mas ainda seria preso se voltasse ao país. Ainda mais porque, em 10 de maio, seria julgado à revelia pela participação no congresso da UNE em Ibiúna, em 1968, e condenado a outros dezoito meses de prisão.

Em uma viagem a São Paulo, em junho, começou a tomar medidas práticas para o regresso. Fez contato com Cuba para informar que, assim que saísse a anistia, teria de retornar à ilha. Pediu a Paulo de Tarso para verificar a sua situação na PUC — se já fora jubilado ou se poderia voltar ao curso de direito. Fez juras de amor a Miriam e prometeu que viveria com ela. E passou a procurar emprego. Por mais que a volta à política ainda fosse seu principal objetivo, precisava de um salário que pagasse as contas e que lhe permitisse organizar uma nova vida depois que deixasse Cruzeiro do Oeste.

Escutando rádio enquanto trabalhava em sua loja, Carlos Henrique ouviu, em 29 de agosto, o anúncio da Lei da Anistia. Eufórico, mas ainda sem saber como contar seu segredo à mulher, jogou no bicho, no milhar 6683 — o número da lei assinada pelo presidente João Baptista Figueiredo. Ganhou um prêmio pequeno; suficiente, porém, para pagar um jantar a Clara. Motivos para festejar não faltavam, mas ele praticamente não sorriu. Em 13 de setembro, as penas dos banidos e exilados foram extintas. A anistia começara a valer na prática. Os oposicionistas e guerrilheiros que voltassem ao Brasil não correriam mais o risco de ser presos ou processados.

No final daquela tarde, "Pedro Caroço" parou o carro em frente a uma das butiques da mulher, pediu que entrasse e falou, sem rodeios: "Tenho que contar uma coisa que vai mudar nossas vidas."[86] Clara, sempre pensando no pior ante aquele marido misterioso, preconizou: "Estou perdendo você." Carlos Henrique, em seu último ato, pegou um exemplar da *Folha de S. Paulo* que trazia nomes e fotos dos banidos anistiados que poderiam voltar ao Brasil, apontou então para um garoto cabeludo, que discursava em uma manifestação de estudantes, e revelou: "Esse aqui sou eu. Eu não sou Carlos Henrique Gouveia de Mello. Sou José Dirceu de Oliveira e Silva. Tive que esconder isso de você esse tempo todo para sobreviver."[87] A primeira reação de Clara consistiu num silêncio incrédulo. Em seguida, num grito e num choro convulsivo. Estava perdendo o seu Carlos Henrique. Ela nunca o perdoaria. "Hoje gosto dele como se fosse meu parente, mas já sofri muito. Sabe aquele homem que é tudo o que pediu a Deus? Pois Deus deu e me tirou" — desabafou Clara, que nunca mais teve um namorado.[88]

Com Carlos Henrique aposentado, José Dirceu se despediu dos amigos de Cruzeiro do Oeste em uma cervejada no Bar Central. Disse apenas que conseguira um bom emprego em São Paulo, sem revelar todo seu segredo, e que a Magazine do Homem ficaria aos cuidados da família de Clara. Cruzeiro do Oeste e o Brasil só saberiam da incrível história de "Pedro Caroço" em janeiro de 1992, em uma reportagem do jornalista Eugênio Bucci para a revista *Playboy*.

---

[86]Como publicado na edição de 9 de outubro de 2012 de *O Globo*: http://oglobo.globo.com/pais/jose-dirceu-de-lider-estudantil-condenado-por-corrupcao-no-stf-6352475.
[87]Idem.
[88]Conforme publicado por *O Estado de S.Paulo* em 31 de outubro de 2012.

Clara e Zeca, após muita insistência da mulher, encontraram-no em São Paulo uma semana depois de sua partida. Dirceu não era mais procurado pela polícia. Em 25 de setembro, o Dops paulista recebera a seguinte circular:

> A Justiça Militar Federal oficiou este Dops sobre a extinção de punibilidade pela Lei de Anistia (6683/79) e solicitou a restituição de mandados de prisão expedidos contra José Dirceu de Oliveira e Silva e outros.

Livre da polícia, Dirceu planejou morar com Clara em um apartamento minúsculo que alugara na rua dos Pinheiros. Assim que chegou, porém, ela foi ao banheiro e saiu de lá aos berros: o boxe do chuveiro estava cheio de cabelos pretos compridos de mulher. Descobriu o que sempre suspeitara: o marido a traía. "Ele me disse: 'Se eu tenho outra é um problema, agora, se a gente vai se separar é outra questão'. E eu: 'Não senhor, acabou aqui, cara.' Peguei minhas coisas, o moleque pela mão e fui embora" — contou.[89] A separação oficial só sairia dois anos depois. A dona dos cabelos pretos era Miriam Botassi, que também levaria um fora de Dirceu, a quem nunca perdoou.

Brigado com as duas mulheres, Dirceu pediu a Paulo de Tarso que o levasse ao Aeroporto de Congonhas, onde pegaria um voo da Varig para Lima, no Peru. De lá, foi direto à embaixada de Cuba, país para o qual embarcaria, dois dias depois, acompanhado de um diplomata cubano. Nove anos depois da operação, no mesmo hospital do médico chinês, reverteria a cirurgia plástica que modificara seu rosto. A nova operação precisou apenas de uma anestesia local e de um único corte, para a remoção da plástica no nariz. Ao tirar a prótese, as maçãs do rosto voltaram à posição original.

---

[89] Idem.

Retirados os pontos, embarcou de Havana para Lima em 15 de dezembro. Enquanto esperava a conexão para o Brasil, conseguiu falar por telefone com seu Castorino, em Passa Quatro. Dez anos e três meses depois, alguém da família ouvia a voz de José Dirceu e constatava que estava vivo — no que quase ninguém acreditava. Muito menos dona Olga. "Ele não ia ficar tanto tempo sem dar notícia" — costumava repetir. Assim que o marido entrou no quarto para lhe contar que o filho estava vivo e voltando, a casa inteira ouviu um grito alto, seguido de choro: "O meu menino está vivo!"

Em 17 de dezembro de 1979 — dez anos, três meses e doze dias depois de ser trocado pelo embaixador —, "o ex-banido José Dirceu de Oliveira e Silva desembarcou no aeroporto de Congonhas pelo voo 831 da Varig, procedente de Lima/Peru, declarando que irá residir na rua Casimiro de Abreu, número 187, Campo Belo/SP" — de acordo com informe do Dops.[90]

Dona Olga seria a primeira a abraçá-lo. E não o soltaria mais.

---

[90] Disponível no Arquivo Público de São Paulo sob o número 20-C-44-7537.

10 | O repatriado e o operário

> *"Prazer, companheiro Zé Dirceu,*
> *já ouvi falar muito de você.*
> *Puxa uma cadeira. Como vai o Fidel?"*
> Lula, ao ser apresentado a Dirceu
> no Sindicato dos Metalúrgicos do ABC.

O dominicano Carlos Alberto Libânio Christo, o Frei Betto, tinha dois objetivos no início de 1980: ajudar os exilados que voltavam ao Brasil e participar da criação do Partido dos Trabalhadores. Fora militante clandestino, ligado à Ação Libertadora Nacional de Marighella, e passara quatro anos na cadeia. Naquele ano, com a ditadura em seus estertores, tentava atrair ex-integrantes de diferentes siglas para a atuação política e eleitoral na legalidade, assim que fosse restabelecida a democracia. E José Dirceu foi um dos escolhidos para auxiliá-lo.

Em uma manhã do começo de janeiro, Betto pegou Dirceu, que chegara havia menos de um mês ao Brasil, na casa onde estava hospedado, na rua Ministro Costa e Silva, na Vila Madalena, zona oeste de São Paulo. De lá, seguiriam para o Instituto Sedes Sapientiae, em Perdizes, a menos de 5 quilômetros, onde Dirceu começaria a trabalhar em um projeto de educação popular em favelas e fábricas, desenvolvido pelos remanescentes da ALN. Já no carro, Frei Betto mudou de ideia e desviou o caminho para São Bernardo do Campo. "Hoje você não escapa. Vou te levar agora para conhecer o Lula" — avisou ao carona.[91] Sem nada a fazer, Dirceu não reclamou, embora achasse que aquele movimento de sindicalistas sem formação política, muitos deles considerados pelegos e simpáticos aos militares, não tinha chance de prosperar, como costumava repetir a amigos como Paulo de Tarso Venceslau e Reinaldo Morano.

Meia hora depois, chegariam ao Sindicato dos Metalúrgicos de São Bernardo do Campo e Diadema. Luiz Inácio da Silva, o Lula, com sua longa barba negra, conversava animadamente com José Cicote, Djalma Bom e Gilson Menezes, seus companheiros na direção do sindicato. O relógio ainda não marcava onze da manhã, mas o grupo já tomara duas ou três doses de cachaça em um boteco na frente do sindicato, justificando o apelido jocoso, "Clube do Mé", que os adversários pregaram no quarteto.

Frei Betto interrompeu a conversa para apresentar o convidado: "Lula, esse é o Zé Dirceu, de quem tanto te falei. Ele acaba de chegar de Cuba." O sindicalista mediu o novato de cima a baixo antes de se apresentar: "Prazer, companheiro Zé Dirceu, já ouvi falar muito de você. Puxa uma cadeira. Como vai o Fidel?" Ainda tímido naquele mundo sindical desconhecido, o ex-líder estudantil ainda não se acostumara a ser chamado pelo próprio nome. Nos dez anos anteriores, era mais comum ouvir Daniel, Hoffmann, Carlos Henrique ou Pedro Caroço. Estendeu a mão ao barbudo e respondeu: "O prazer é meu. Eu que tenho ouvido falar muito bem de você."[92]

---

[91]Conforme relato de um dos presentes ao encontro, ratificado por dois amigos que ouviram a história de Dirceu e de Frei Betto.
[92]Idem.

Dez minutos depois, os seis estavam no boteco. Dirceu, que pouco bebia, aceitou uma dose de cachaça, para não fazer desfeita. O trago de Velho Barreiro desceu rasgando pela garganta, mais acostumada à Antarctica gelada do Bar Central de Cruzeiro do Oeste. Em menos de meia hora de conversa, já aceitara o convite de Lula para participar da fundação do Partido dos Trabalhadores, que aconteceria nos próximos dias. Antes do almoço, saiu de São Bernardo com a missão de convencer outros líderes estudantis de 1968 a ingressar no PT, principalmente Vladimir Palmeira e Luís Travassos. A concorrência política era grande. As notícias vindas de Brasília indicavam que a lei que instituíra o bipartidarismo no Brasil estava para cair. A Arena e o MDB ganhariam a companhia de várias siglas, como o Partido Trabalhista Brasileiro, então montado por Leonel Brizola, e o Partido Popular, do senador mineiro Tancredo Neves. Os novos partidos, dizia a imprensa, já poderiam participar da eleição para o Congresso e os governos estaduais dali a dois anos. Era preciso, portanto, correr para organizar o PT pelo Brasil afora.

A volta do exílio estava sendo mais agitada do que Dirceu imaginara. Mal teve tempo de passar três dias com dona Olga, seu Castorino e os irmãos em Passa Quatro e já pegava o ônibus de volta a São Paulo. Era procurado por antigos companheiros para festas, eventos e propostas de trabalho. Os jornalistas o procuravam sem parar; queriam entrevistá-lo e levá-lo a programas de debates com outros anistiados que regressavam naqueles dias, como Leonel Brizola e Fernando Gabeira, que causara espanto ao reaparecer nas areias de Ipanema com uma sumária tanga lilás de crochê, lembrança do exílio na Suécia.

Dirceu estava ansioso para recuperar o tempo perdido. Mas, antes disso, teria de resolver a situação com suas mulheres. Clara Becker seguia inconformada com a separação. Em 19 de dezembro, dois dias depois do desembarque do ex, aportou sem avisar na casa de Paulo de Tarso Venceslau. Sabia que o amigo costumava abrigá-lo em São Paulo, quando Dirceu não estava na casa de outra. Assim que Paulo abriu a porta, a loira nervosa começou a berrar: "Cadê o Carlos? Cadê esse tal de Zé? Ele me deixou com um filho pequeno no Paraná para ficar com essa tal de Miriam. Isso não vai ficar assim!" Não adiantou explicar que ele se encontrava em Passa Quatro, nem que Miriam também fora abandonada. "A galega espumava" — recorda-se Venceslau.[93]

No dia seguinte, vendo que o marido não a queria, Clara voltaria ao Paraná, para cuidar da loja e do filho. Dirceu voltou a São Paulo para participar de sua festa de boas-vindas, no Instituto dos Arquitetos do Brasil, na rua General Jardim, no Centro. Antigos companheiros de movimento estudantil, militantes da ALN e contemporâneos de Cuba encheram o pequeno salão. Para financiar a comemoração, o artista plástico Claudio Tozzi doara uma tela, a ser rifada. Paulo de Tarso ganhou a rifa, mas devolveria o quadro para uma nova rodada, já que o dinheiro arrecadado até então era insuficiente. Na segunda vez, a vencedora foi Suzana Lisboa. Ela e Dirceu se reconciliaram ali, passaram a noite juntos e, antes do final do ano, ele já estaria morando na casa dela.

Dirceu, sem muitas opções, estreitaria os laços com os remanescentes da ALN, com quem já se reunia na clandestinidade. Sem emprego, não tinha como pagar as contas e precisava da solidariedade de mulheres e amigos. A Magazine do Homem, depois da separação, fechara as portas. Para piorar, tudo que possuía no Paraná estava em nome de Clara. Era melhor se conformar com o prejuízo do que enfrentar a fúria da ex-mulher. Passaria então a trabalhar com Frei Betto, Paulo de Tarso e Paulo Vannuchi, um jornalista e cientista político que militara na ALN e que, depois da anistia, passara a atuar no Sedes Sapientiae e no Centro de Estudos Políticos e Sociais,

---

[93]Em entrevista de Paulo de Tarso Venceslau ao autor.

entidades criadas para dar cursos de formação política e apoiar os grevistas. Cada vez mais presente no ABC, aproximou-se de Lula. Proximidade que aumentaria com a fundação do PT.

Em 10 de fevereiro, mais de mil sindicalistas, operários, professores, artistas e intelectuais se reuniram no Colégio Nossa Senhora de Sion, um casarão do século XIX na avenida Higienópolis, uma continuação da rua Maria Antônia, a 1.110 metros da Faculdade de Filosofia. Após duas dezenas de discursos pela volta da democracia, a socialização dos meios de produção, o direito a greve e a reforma agrária, seria anunciada a fundação do Partido dos Trabalhadores. Entre os oradores, além de Lula, estavam José Ibrahim (ex-líder sindical que foi trocado pelo embaixador Charles Elbrick e que viveu com Dirceu em Cuba), Olívio Dutra (bancário em Porto Alegre, futuro governador do Rio Grande do Sul), Jacó Bittar (petroleiro que seria eleito prefeito de Campinas) e o deputado federal Edson Khair, do Rio de Janeiro, o primeiro parlamentar petista.

Lula foi escolhido, por unanimidade, o primeiro presidente do PT. Dirceu era um dos 111 signatários da ata de fundação. Identificou-se como estudante. Mesma ocupação declarada por Palmeira e Travassos, que aceitaram seu convite para entrar no novo partido. Na mesma hora em que o PT era fundado, o Corinthians ganhava de 2 a 0 da Ponte Preta e faturava o Campeonato Paulista do ano anterior, cuja decisão fora atrasada em dois meses por falta de datas. Lula, Dirceu e dezenas de petistas corintianos acompanharam o jogo por um radinho de pilha ligado atrás do palco principal. A situação do Corinthians, da mesma maneira que a de Dirceu, melhorava a cada dia.

No evento, conheceu um advogado que se tornaria seu mecenas: Airton Soares, que começava a ganhar destaque, ao defender presos políticos, e dinheiro, ao advogar para empresários. Soares sugeriu que ele prestasse um concurso para datilógrafo na Assembleia Legislativa de

São Paulo. O salário era baixo, mas havia um macete. Se fosse aprovado, o deputado Geraldo Siqueira, um dos fundadores do PT, o requisitaria para trabalhar em seu gabinete. Os vencimentos de assessor de deputado eram dez vezes maiores, e ainda incorporados definitivamente ao contracheque do datilógrafo. Em março, Dirceu passaria no concurso. Antes de abril já dava expediente no gabinete de Siqueira.

À noite, voltava aos bancos da Faculdade de Direito da PUC. Airton Soares conseguira uma bolsa de estudos, que cobria 50% das mensalidades, e pagava o restante, já que Dirceu ainda não tinha renda fixa. Os amigos Frei Betto, Vannuchi e Paulo de Tarso se encarregaram dos trabalhos do aluno, que nunca se empenhara nos estudos. Em 1983, formou-se advogado. Trabalhando, estudando, militando no PT e namorando Suzana, a vida do ex-banido voltara à normalidade. Menos, contudo, para os arapongas da ditadura, que seguiam acompanhando cada passo de sua vida. Como sua participação em um debate sobre anistia na Universidade Federal de Minas Gerais, no qual defendeu, segundo relatório do Dops, "que as classes menos favorecidas estavam obrigadas a recorrer a assaltos para se manterem em um regime que explorava o povo". E em uma palestra sobre sindicalismo e partidos políticos, em São Paulo, quando pregou: "A revolução socialista, feita por nós, será deflagrada a curto prazo, muito antes do que todos pensam."[94] Discurso e prática que começavam a se afastar. O pragmatismo substituía o idealismo.

Em 1982, o PT disputaria sua primeira eleição. E Dirceu foi o escolhido para representar o grupo dos remanescentes da ALN na coordenação da campanha de Lula ao governo de São Paulo. Além de sua proximidade com o "Clube do Mé", tinha como vantagem ser o

---

[94]Relatório incluído na página 5/8 do recurso 2001.01.03415, impetrado por José Dirceu na Comissão de Anistia do Ministério da Justiça

membro da turma com a ficha mais limpa. Vannuchi e Paulo de Tarso tomaram parte em sequestros. Frei Betto dera apoio a Marighella. A presença deles serviria para aumentar a já enorme rejeição do eleitorado a Lula e aos barbudos do PT. Dirceu, até então, era apenas um líder estudantil que fora preso e exilado. Molipo, cirurgia plástica e volta clandestina ao Brasil ainda eram segredos conhecidos por meia dúzia. Nem seus pais e irmãos sabiam de todos os detalhes.

No início da campanha, um baque na vida de Dirceu e do PT. Luís Travassos, o ex-presidente da UNE com quem brigara no congresso de Ibiúna, morreu em um acidente de trânsito, no Aterro do Flamengo, no Rio de Janeiro, na quarta-feira de cinzas. A Brasília dirigida pelo economista Aloizio Mercadante, também fundador do partido, foi fechada por um Chevette, derrapou e bateu em uma árvore. A morte foi instantânea. Mercadante nada sofreu.

Lula era candidato ao governo de São Paulo, mas, como principal nome do PT, viajava o Brasil inteiro. O maior objetivo do partido, consciente de que não tinha chance de eleger governadores, consistia em montar uma bancada na Câmara dos Deputados. Dirceu o acompanhava em boa parte dessas viagens. Os dois iniciaram ali uma relação de amor, ódio e dependência. Jamais seriam amigos de frequentar a casa um do outro. Teriam brigas sérias, mas nunca tão feias a ponto de separá-los. E as características complementares os uniram. Lula, desde a primeira campanha, percebeu que precisava da capacidade de organização partidária de Dirceu, que viu na proximidade com o líder carismático, dono de uma oratória invejável, a grande possibilidade de crescer na política e na vida.

O líder operário acabaria em quarto lugar na eleição de 15 de novembro de 1982, vencida por Franco Montoro, do PMDB. Teve 10% dos votos. Mas considerou a campanha uma vitória, pois conseguira consolidar o partido e se tornar uma liderança oposicionista nacional, não mais apenas um dirigente sindical do ABC. O PT, entretanto, só elegeu oito deputados, seis deles em São Paulo, a menor bancada do Congresso.

Ao final do pleito, Dirceu começou a mapear quem tinha poder, influência e voto no partido. Havia vários grupos e tendências, mas a palavra final era sempre do "Clube do Mé". Para enfrentar esse grupo, criaria a Articulação, reunião de petistas mais moderados, sem ligação com o sindicalismo ou com militância em movimentos guerrilheiros. E passaria a cooptar grupos internos para a sua tendência — o primeiro foi o MEP (Movimento pela Emancipação do Proletariado), de Paulo Vannuchi, que editava o jornal *Companheiro* e tinha cerca de 10% dos votos no partido. Depois, racharia a corrente trotskista O Trabalho. Também conquistaria o apoio de Paulo Frateschi, deputado estadual eleito, que trocara o PT pelo PDT — partido criado por Leonel Brizola, que queria refundar o Partido Trabalhista Brasileiro de Getúlio Vargas, mas que perdera o direito de usar o nome PTB na Justiça para uma sobrinha de Getúlio. Frateschi brigara com Brizola ainda no primeiro ano de mandato e queria voltar ao PT. Embora a maioria do partido fosse contra, inclusive Lula, Dirceu bancou sua volta e ganhou um aliado eterno. A Articulação ainda não tinha a maioria do partido, mas nenhuma decisão podia ser tomada sem que fosse consultada.

Respeitado no partido, Dirceu investiria em construir pontes fora dele. Aproximou-se de um grupo de advogados que comandava uma campanha pela convocação da Assembleia Nacional Constituinte. No início de 1983, compareceu a um ato da Ordem dos Advogados do Brasil na Faculdade de Direito da USP, onde foi acesa uma pira que só seria apagada no dia em que o governo anunciasse a convocação. Antes do início da solenidade, procurou o advogado Márcio Thomaz Bastos, presidente da seção paulista da ordem: "Boa noite, doutor Márcio. Meu nome é José Dirceu. Seus pais são padrinhos de casamento de meus pais."[95]

---

[95] Segundo entrevista de Márcio Thomaz Bastos ao autor.

A família Thomaz Bastos é de Cruzeiro, cidade vizinha a Passa Quatro, onde Castorino e Olga se conheceram e se casaram, e onde se aproximaram dos pais de Márcio. Começaria ali, entre os filhos, uma relação política e social consistente.

Um ano depois, Dirceu foi escolhido pelo PT para integrar a coordenação do Movimento Diretas Já, que promovia comícios pelo Brasil defendendo a volta da eleição para presidente da República. O maior dos comícios aconteceria em 16 de abril de 1984, quando 300 mil pessoas foram ao Vale do Anhangabaú, no centro de São Paulo.

Dirceu tentava colocar ordem na sequência de oradores que enchiam o palanque, que balançava como se fosse desabar, conforme relatam Domingos Leonelli e Dante de Oliveira no livro *Diretas Já, 15 meses que abalaram a ditadura:* "Meio atrapalhados com seus *walkie-talkies*, José Dirceu, do PT, e o publicitário Mauro Motoryn, do PMDB, principais responsáveis do comitê paulista pró-Diretas, tentavam organizar a festa. 'Somos do tempo do megafone', brincavam os dois, lembrando os antigos momentos do movimento estudantil."

O apresentador dos comícios era o narrador esportivo Osmar Santos, da Rádio Globo, que tinha parte da família vivendo em Cruzeiro do Oeste. Nos seis meses de convivência ao longo da campanha pelas Diretas, Dirceu acabaria revelando-lhe toda sua saga na cidade, como Pedro Caroço. Os dois tornaram-se amigos. E sempre que o Corinthians estava perdendo um jogo transmitido por Osmar, o petista era "homenageado": "Olha aí, Pedro Caroço, o seu time está perdendo. Em que lugar do Brasil você deve estar agora?"[96]

---

[96]Como publicado em *O Globo*, na edição de 9 de outubro de 2012: http://oglobo.globo.com/pais/jose-dirceu-de-lider-estudantil-condenado-por-corrupcao-no-stf-6352475.

A emenda apresentada pelo deputado federal Dante de Oliveira (PMDB-MT), que previa a volta das eleições diretas, seria derrotada em 25 de abril de 1984. Teve o voto de 298 deputados, 22 a menos do que o necessário. A maior mobilização popular desde o golpe de 1964, porém, serviria para enfraquecer o governo militar, que acabaria entregando o poder no ano seguinte, mesmo sem o voto popular.

As campanhas da anistia e das diretas aproximaram Dirceu da imprensa. Ele estreitou a amizade com Cláudio Abramo, ex-diretor da *Folha de S. Paulo* e do *Estado*, a quem conhecera no movimento estudantil. Abramo, que na época da Maria Antônia recusara-se a publicar artigos de Dirceu na *Folha* pela péssima qualidade do texto, ajudava a abrir espaço nos jornais em que trabalhara para suas opiniões contra o governo. Antigos companheiros de Ibiúna e de clandestinidade tinham posições de destaque na imprensa em meados dos anos 1980, como Rui Falcão, que comandava a revista *Exame*, e Eugênio Bucci, diretor da *Playboy*. Dirceu soube aproveitar essas amizades para aparecer mais na imprensa do que políticos com mandatos e com currículos mais vistosos.

Bem relacionado dentro e fora do partido, começaria 1985 como secretário-geral do PT paulista e membro do diretório nacional. Os cargos o colocaram no centro das grandes crises enfrentadas pelo partido. Como represália à rejeição da emenda Dante de Oliveira, os petistas boicotariam a eleição indireta que elegeu Tancredo Neves, do MDB, presidente da República, o primeiro civil a ocupar o cargo em 21 anos. Tancredo fora eleito graças ao apoio de dissidentes da Arena, que criaram o Partido da Frente Liberal e indicaram o senador José Sarney, apoiador de primeira hora do golpe militar, para vice. Três dos oito deputados petistas — Airton Soares, José Eudes e Bete Mendes — recusaram-se a boicotar a votação no colégio eleitoral e foram expulsos do partido.

Na véspera da posse, em 14 de março de 1985, Tancredo foi internado com um grave quadro de diverticulite. Morreria 39 dias depois, no Hospital das Clínicas, em São Paulo. Sarney ganhara de presente cinco anos no cargo mais importante do país.

Um dos expulsos no episódio do colégio eleitoral, Airton Soares, que financiara os estudos de Dirceu na volta de Cuba, saiu atirando: "O PT, como proposta de partido de massa, simplesmente acabou."[97] E destinou a crítica a grupos de esquerda clandestinos incrustados no partido e a Dirceu, que estaria promovendo o "aparelhismo" no PT. Dirceu rebateu e o acusou de oportunista, dizendo que queria cargos nos governos de Tancredo Neves e de Franco Montoro. Airton o chamou de ingrato e rompeu relações.

Três anos depois, o PT se negaria a homologar a Constituição, sob o argumento de que fora feita pela direita, protegendo os ricos e poderosos e deixando de lado o direito dos trabalhadores.

Dirceu fora contra as duas decisões controversas. Pragmático, avaliava que o PT só chegaria ao poder um dia se abandonasse o sectarismo e excluísse de seus quadros as correntes mais radicais. Nas eleições de 1986, defenderia que o partido deixasse de lado a determinação de não fazer alianças e de lançar candidatos em todos os estados para que seus principais nomes passassem a ser conhecidos dos eleitores. Derrotado, aceitou a decisão da maioria e não a criticou publicamente.

Em 1986, dividiu-se entre sua primeira campanha, para deputado estadual, e a coordenação da candidatura de Eduardo Suplicy ao governo de São Paulo. A primeira missão seria bem-sucedida, eleito com 23.990 votos. Já a segunda, fracasso do início ao fim. Sem alianças e com dinheiro curto, Suplicy jamais se mostrara competitivo. As

---

[97]Declaração dada à *Folha de S. Paulo* de 27 de janeiro de 1985.

brigas internas e com a imprensa se sucederam — Dirceu chegaria a proibir que a *Folha de S. Paulo* acompanhasse eventos da campanha, acusando o jornal de apoiar o candidato do PMDB, Orestes Quércia.

Em setembro, dois meses antes da votação, o candidato do PT interromperia a campanha para, em suas palavras, "encontrar o eixo". E se exilou sozinho em uma casa na Serra da Cantareira, região rural na zona norte de São Paulo. Uma rendição antecipada. Dirceu jamais aceitou a decisão de Suplicy, que dificultaria a campanha de todos os candidatos do partido ao Legislativo. Desde então, romperam política e pessoalmente.

Mesmo em primeiro mandato, Dirceu conseguiria se destacar na Assembleia. Levantou a bandeira da ética e denunciou desvios do governo Quércia, principalmente os gastos excessivos com publicidade. No partido, comandou a perseguição a correntes radicais que defendiam a luta armada ou que se recusavam a seguir as ordens da cúpula. Prefeita de Fortaleza, primeira capital governada pelo PT, Maria Luiza Fontenele deixaria o partido rompida com Dirceu. Ele, em nome do partido, tentara interferir em nomeações e projetos do governo. E criticou publicamente a relação da prefeita com os servidores. Incomodada, Maria Luiza preferiu sair do PT.

Ele também comandaria o processo de expulsão de cinco membros do clandestino Partido Comunista Brasileiro Revolucionário (PCBR), grupo que estava acomodado no PT. Eram eles: Marcos Reale Lemos, de Londrina (PR); José Welington Pinto Diógenes, de Olinda (PE); Cícero Araújo, ex-candidato a prefeito de Pedra (PE); Telson José Crescencio, de Criciúma (SC); e José Fernandes, de Crato (CE). Os cinco foram presos quando assaltavam um banco em Salvador, com o que pretendiam arrecadar dinheiro para a guerrilha da Nicarágua. Bruno Maranhão, presidente do PT pernambucano e dirigente do PCBR, seria destituído. O episódio serviu para Dirceu e Lula livrarem o PT de grupos clandestinos, que utilizavam o partido para dar ares de legalidade à sua atuação.

Embora tivesse criado problema com os radicais, a atuação pragmática de Dirceu agradava a Lula, que o convidaria para comandar sua campanha a presidente da República, em 1989. Um ano antes, já começara a buscar alianças que tirassem o PT do isolamento sectário.

Dirceu acabara de romper o relacionamento com Suzana quando, na Assembleia, conheceu uma psicóloga portuguesa, Maria Ângela da Silva Saragoça. Passariam o *réveillon* de 1988 para 1989 juntos, e logo ele se mudaria para a casa dela. No meio do ano, foram a Cuba, que ele já visitara duas vezes desde sua volta ao Brasil. Mas, com Ângela, não foi a turismo. O objetivo era buscar um tratamento de fertilização para que ela conseguisse engravidar. Dirceu, que retomara uma boa relação com Clara Becker e visitava o filho Zeca ao menos uma vez por mês, agora queria ser pai de uma menina.

11 | Vitorioso nas derrotas

> *"Em vez de comandar uma coluna guerrilheira, o grande sonho de minha vida, vou ter que comandar uma coluna de carros oficiais em Brasília."*
> José Dirceu, na campanha de Lula a presidente em 1989.

O fim de semana de 15 e 16 de abril de 1989 seria recheado de boas notícias para o PT, que organizava sua primeira campanha presidencial. Pesquisa divulgada pelo instituto Datafolha mostrava Lula tecnicamente empatado, na liderança, com Leonel Brizola, do PDT, e Fernando Collor de Mello, do PRN, todos na faixa dos 15% das intenções de voto. As negociações para formar alianças com PCdoB, PSB e PV avançavam, o que era considerado essencial para tirar Lula do isolamento e amenizar sua fama de sectário e radical. A esquerda petista mais raivosa estava sob controle — a Convergência Socialista sairia do PT para montar um partido. E o governo de José Sarney acumulava fracassos em cima de fracassos, o que facilitava o discurso de um candidato de oposição, que propunha mudar tudo e acusava todos os rivais de ter alguma culpa pela crise econômica que o Brasil atravessava.

Foi nesse clima de otimismo que José Dirceu comandou o 1º Seminário Eleitoral do PT, no Hotel Danúbio, no centro de São Paulo. A certeza de que o PT chegaria ao poder era tamanha que ele encerrou seu discurso com uma frase aplaudida de pé pelos companheiros de partido: "Em vez de comandar uma coluna guerrilheira, o grande sonho de minha vida, vou ter que comandar uma coluna de carros oficiais em Brasília."[98]

Sua vida pessoal também lhe dava motivos para comemorar. O tratamento de fertilização cubano dera bons resultados e Maria Ângela entrava no oitavo mês de uma gestação tranquila. O casal acabara de se mudar para um apartamento maior, com um quarto a mais para acomodar o bebê. O único problema, para Dirceu, era a abstinência sexual forçada pela fase final da gravidez. Mas isso ele resolveria ao iniciar um romance com uma funcionária do PT, casada e discreta, o que evitava maiores riscos.

O crescimento de Lula nas pesquisas e a possibilidade de o PT chegar ao poder assustaram seus adversários, entre eles os maiores capitalistas brasileiros. Como Mario Amato, presidente da Federação das Indústrias do Estado de São Paulo, que declarou, durante a campanha, que um milhão de empresários deixariam o país em caso de vitória do PT.

Fernando Collor de Mello, jovem governador de Alagoas, carismático e bom de palanque, fora o escolhido para derrotar Lula. Filho de uma tradicional família de políticos e dono da retransmissora da Rede Globo em Maceió, era a garantia de manutenção do *status quo* contra a perspectiva de mudanças incertas — que Lula representava. Sua imaturidade, o passado de *bon vivant* e a falta de experiência na política nacional eram, no entanto, encarados como um risco. Collor, candidato pelo minúsculo PRN, passou a angariar apoio das

---

[98]Declaração proferida no Seminário Eleitoral do PT, em abril de 1989, no Hotel Danúbio, no centro de São Paulo.

oligarquias estaduais que se desgarraram do governo Sarney, que acumulava uma rejeição de 80% do eleitorado graças à hiperinflação de 1.972,91% no ano. Com as bandeiras de "caçador de marajás" e de ser o defensor dos "descamisados", Collor conseguira inserção maciça nos principais órgãos de imprensa e disparou nas pesquisas.

O PT também contribuiria para o crescimento do adversário. Uma disputa interna entre correntes moderadas e radicais atrasou a divulgação do programa de governo. Sem um documento oficial, os boatos proliferavam e não podiam ser contidos. Lula, segundo os adversários, confiscaria as cadernetas de poupança, promoveria a ocupação de casas e apartamentos por moradores sem-teto, estatizaria fábricas e lojas e desapropriaria até as fazendas produtivas. Ataques sem fundamento na realidade, mas que não tiveram resposta adequada e que, para boa parte da população, se tornaram fatos, aumentando a rejeição ao petista. Principal vitrine administrativa do PT, a prefeitura de São Paulo, comandada por Luiza Erundina desde o início de 1989, seria outro fator prejudicial. O aumento das passagens de ônibus e uma suspeita de corrupção — que levou à demissão do vice-prefeito, Luiz Eduardo Greenhalgh, da Secretaria dos Negócios Extraordinários — mancharam a imagem do partido.

A costura das alianças, a cargo de Dirceu, empacara. O primeiro nome cotado para vice foi Fernando Gabeira, do Partido Verde, um dos sequestradores do embaixador Charles Elbrick, que chegara a ser escolhido oficialmente em uma convenção do PT em junho, com 70% dos votos. Dirceu, em público, dizia apoiar Gabeira. Mas, nos bastidores, trabalhava contra a indicação com um curioso argumento: "O Gabeira não tem masculinidade suficiente para ser vice do Lula" — declarou em uma reunião do comando da campanha, no final de maio.[99] Em cima de palanques, os sindicalistas Djalma

---

[99]Depoimento de dois integrantes do comando da campanha de Lula à Presidência em 1989.

Bom e Jair Meneghelli faziam coro ao discurso: "Gabeira não tem o vigor dos operários" — afirmou Meneghelli em um encontro petista em São Bernardo.[100]

Gabeira acabaria desistindo. "A preocupação do Dirceu era me afastar do poder. Na história do PT, ele sempre brigou com os intelectuais, com quem é mais culto do que ele. Foi assim comigo, com o Cristovam Buarque, com o Luiz Eduardo Soares e vários outros" — avaliou Gabeira, 24 anos depois. E confirmou que a infundada fama de homossexual fora usada por Dirceu para queimá-lo: "Dirceu sempre foi preocupado com a questão da masculinidade. Falava mal de homossexuais e se orgulhava de assinar a *Playboy* para seu filho desde pequeno, para que seguisse o que chamava de 'caminho certo'."[101] A crise afastou de Lula o PV, que lançaria a candidatura de Gabeira a presidente. O vice do petista acabou sendo o senador gaúcho José Paulo Bisol, do PSB.

O cenário em que Collor voava em céu de brigadeiro — com Lula navegando em águas turbulentas — não demoraria a ser captado pelas pesquisas. No Datafolha de junho, o governador de Alagoas disparou, com 42%, contra 11% de Brizola e 7% de Lula. O petista seguiria caindo, chegando a 5% em agosto, sua menor marca em toda a corrida eleitoral.

A vida pessoal de Dirceu passaria por uma guinada semelhante à da candidatura. Joana, sua primeira filha, nasceu em 8 de junho. A campanha e o caso com a funcionária do PT o deixavam longe de casa por muito mais tempo do que Ângela podia tolerar. As reclamações de falta de atenção com ela e com a filha recém-nascida cresceram, provocando brigas cada vez mais sérias. Ao mesmo tempo, a discreta

---

[100] Idem.
[101] Em entrevista de Fernando Gabeira ao autor.

amante casada deixara a discrição de lado. E os cuidados também. O caso se tornou público. E ela engravidou, sem saber se o pai era o marido ou o amante. A dúvida virara o grande assunto entre funcionários do PT — e afinal chegou aos ouvidos de Ângela.

O casamento chegaria ao fim em fevereiro de 1990, um mês antes do nascimento de Camila, em 31 de março. Cinco anos depois, um exame de DNA comprovaria que Dirceu era o pai da menina, cerca de oito meses mais nova do que Joana.

Às voltas com as confusões amorosas e com os conflitos internos do PT, Dirceu passaria a dividir a coordenação da campanha com Aloizio Mercadante, Luiz Gushiken, José Américo Dias e Ricardo Kotscho. O dinheiro era curto, já que o partido não aceitava doação de empresas que tivessem negócios com governos, como empreiteiras e bancos. A saída era compensar com a garra da militância, a criatividade e o apoio de famosos. Voando em aviões de carreira e hospedando-se em casas de militantes, Lula viajou por todo o país, quase sempre acompanhado de Dirceu. Ainda que um pouco vago, o discurso de mudança, em uma época de crise, pegaria. O petista reagiu nas pesquisas. E o otimismo voltou à campanha.

Na reta final, um *jingle* composto de graça por Hilton Acioli, o *Lula Lá*, tornou-se o grande *hit* daquela eleição, cantado na TV por um coro que incluía Gilberto Gil, Chico Buarque, Gal Costa e Djavan, todos de roupa branca:

> Passa o tempo e tanta gente a trabalhar
> De repente essa clareza pra votar
> Quem sempre foi sincero de se confiar
> Sem medo de ser feliz
> Quero ver você chegar

> Lula lá
> Brilha uma estrela
> Lula lá
> Cresce a esperança
> Lula lá, o Brasil criança
> Na alegria de se abraçar
>
> Lula lá, com sinceridade
> Lula lá, com toda certeza
> Pra você, meu primeiro voto
> Pra fazer brilhar nossa estrela

A primeira eleição direta para presidente em 29 anos seguiria indefinida até a véspera da votação em primeiro turno, a 15 de novembro. Alguns dos 22 candidatos, como Mario Covas, Paulo Maluf e Guilherme Afif Domingos, cresceram na reta final, tirando votos de Collor, que, mesmo assim, mantinha-se à frente, na casa dos 30%. Lula e Brizola travavam uma acirrada disputa pela segunda vaga. A tentativa do apresentador Silvio Santos de se lançar candidato pelo insignificante Partido Municipalista Brasileiro poderia ter prejudicado o petista, mas foi barrada pela Justiça Eleitoral. Abertas as urnas, Lula chegou à frente de Brizola por menos de 500 mil votos.

O tempo até o segundo turno seria curto: 32 dias. A inexperiência também era um obstáculo, pois se tratava da primeira eleição em dois turnos da história. Por isso, a coordenação fora fragmentada e cada um recebera uma missão para a primeira semana. A de Dirceu era costurar alianças com alguns dos candidatos derrotados e com empresários que os apoiaram no primeiro turno. Já no dia seguinte ao primeiro turno, conversou por telefone com dois governadores do PMDB, partido que perdera a disputa presidencial com Ulysses Guimarães: Moreira Franco, do Rio, Miguel Arraes, de Pernambuco, além de Waldir Pires, da Bahia, que renunciara ao governo do estado para sair como vice na chapa do peemedebista. O trio garantiu apoio a Lula e prometeu que Ulysses daria uma declaração oficial em nome do PMDB. Lula vetou a articulação, alegando que a candidatura de Ulysses era retrógrada. Anos mais tarde, admitiria o erro.

Depois, junto com o deputado Plínio de Arruda Sampaio, Dirceu procuraria o PSDB de Mário Covas, que tivera 11% dos votos. Criou-se uma comissão entre os dois partidos para definir um programa em comum, que selaria o apoio. Do lado dos tucanos, foram escalados o senador Fernando Henrique Cardoso e o deputado Euclides Scalco. Na segunda reunião, as conversas travaram, pois FHC achou os petistas muito radicais, uma vez que não abriam mão de pontos como a reforma agrária imediata e a criação de comitês de jornalistas nas redações. "O que estamos vivendo é apenas uma eleição, não é uma revolução" — reclamou Fernando Henrique.[102] Mesmo sem um programa conjunto, o PSDB recomendaria o voto em Lula.

Entre os empresários, a ação de Dirceu teve ainda menos sucesso. Quem mais se aproximou de dar apoio formal ao candidato do PT foi José Mindlin, que desistiu ao não receber a garantia de que Lula era contra a estatização dos meios de produção. Por fim, por iniciativa própria, Dirceu convidaria um grupo de notáveis para um futuro ministério, a ser anunciado antes da votação, para demonstrar que Lula não governaria apenas com o PT. Um fracasso interno e externo. Dirceu foi desautorizado por Lula e ouviu a negativa de todos os convidados, como o advogado Márcio Thomaz Bastos e o médico Adib Jatene.

Sem novos apoios de peso, a campanha seguiu no improviso, ancorada na militância e nos artistas. A cinco dias da eleição, o Datafolha registrava Lula apenas um ponto atrás do rival: 45% a 46%. No dia seguinte, houve um almoço na casa do jornalista Ricardo Kotscho, com a presença de Lula, Dirceu, Luiz Gushiken, Aloizio Mercadante e do publicitário Paulo de Tarso Santos. Entre garrafas de cerveja gelada e bandejas de carne assada, avaliaram que Lula tinha a vitória nas mãos. Bastaria que fosse bem no debate, a ocorrer no

---

[102]Conti, Mario Sergio; *Notícias do Planalto*. Companhia das Letras, 1999.

dia seguinte, na TV Globo, e que não aparecessem fatos novos para desestabilizar a campanha. Aconteceu tudo ao contrário.

Em seu programa de TV, Collor exibiria um depoimento de Miriam Cordeiro, mãe da filha mais velha de Lula, Lurian. Ela o acusava de tê-la pressionado a abortar, além de jamais ter dado atenção à menina. O candidato soube do golpe assim que um jatinho alugado pela campanha pousou em Belo Horizonte, vindo de um comício em Campinas. A reação do PT foi comandada por Dirceu, Plínio de Arruda Sampaio e Luiz Gushiken, que encontraram Lurian, sua tia e sua avó, e as levaram para o estúdio, onde gravaram mensagens de apoio a Lula. O candidato, porém, recusou-se a colocar as imagens no ar. Não queria expor a filha. No dia seguinte, nervoso e inseguro, seria engolido por Collor no debate.

Na véspera da votação, outro revés. A polícia de São Paulo libertou o empresário Abilio Diniz, dono da rede de supermercados Pão de Açúcar, e prendeu seus sequestradores. No cativeiro, segundo a polícia, havia material de campanha de Lula. Na agenda apreendida com os sequestradores, constavam o nome e os números de telefone de Dirceu. O grupo, que incluía brasileiros, chilenos e canadenses, era filiado ao Movimento de Izquierda Revolucionaria, o MIR, que pretendia usar o dinheiro do resgate para financiar a guerrilha de El Salvador. O PT e Dirceu negaram qualquer tipo de relação com o grupo, mas o estrago eleitoral já estava feito.

Aqueles dias, que seriam de consagração para o partido, trouxeram uma sequência de desastres. Lula teria 31 milhões de votos, quatro milhões a menos do que Collor — o primeiro civil eleito democraticamente presidente do Brasil em 25 anos.

Dirceu saiu da eleição com duas decisões: mudar-se para Brasília e parar de dirigir. A segunda foi imediata. No início de 1990, contratou um motorista particular. Na campanha, dormira duas vezes ao volante — em uma delas, subiu em um canteiro. Desde então, raras vezes voltou a conduzir um carro. Para a capital, conseguiria se mudar após ser eleito deputado federal na eleição de 1990, com 35.329 votos. Na mesma disputa, fora o cérebro da decisão do PT de pregar o voto nulo no segundo turno para governador de São Paulo, entre Paulo Maluf, do PDS, e Luiz Antônio Fleury, do PMDB, que seria o vencedor.

Em Brasília, o novo deputado elegeu duas linhas de atuação: aproximar-se da imprensa e denunciar casos de corrupção do governo Collor, como já fizera com Quércia em São Paulo, em seu mandato de deputado estadual. As duas ações se complementavam. Dirceu era acessível, pronto para repercutir qualquer notícia e para passar documentos de investigações a jornalistas. Que, em troca, lhe davam um tratamento acima do que costumam receber deputados em primeiro mandato.

No início de agosto, entregou à *Folha de S. Paulo* uma denúncia que envolvia desvios de recursos na Legião Brasileira de Assistência, presidida pela primeira-dama Rosane Collor. O caso renderia manchetes à imprensa e a demissão de Rosane, na primeira grande crise do governo de seu marido. Uma semana depois, Dirceu seria tema de uma nota na coluna de Joyce Pascowitch, a mais importante do jornalismo brasileiro na época, publicada na mesma *Folha*. Com o título "Fluorescente", Joyce mostrou que o novato já ganhara fama de conquistador: "Os ternos, gravatas e camisas novas de José Dirceu têm feito muito sucesso. Principalmente agora — em fase avulsa — o moço passou a fazer parte da lista dos preferidos das luluzinhas do Congresso."[103]

As denúncias de corrupção foram atingindo ministros do governo Collor: Zélia Cardoso de Mello, Bernardo Cabral, Alceni Guerra... Paulo César Farias, o PC, tesoureiro da campanha presidencial,

---

[103]Publicado na edição de 11 de agosto de 1991 da *Folha de S. Paulo*.

saíra das sombras para ganhar os holofotes. Em maio, o jornalista Kaíke Nanne, de *Veja*, recebeu as cópias de declarações de Imposto de Renda de PC Farias, que mostravam um crescimento patrimonial incompatível com seus rendimentos. Antes da publicação, a revista consultara o advogado Francisco Rezek, ex-presidente do Tribunal Superior Eleitoral, que explicou que a divulgação de documentos sigilosos poderia ser interpretada como crime e render processos. A menos que um parlamentar recebesse as declarações de renda e as incluísse em um pedido de investigações no Congresso. Aí os documentos se tornariam públicos e poderiam ser divulgados sem riscos.

O escolhido para a manobra foi Dirceu. Procurado pelo jornalista Luís Costa Pinto, aceitou-a sem pestanejar. A primeira opção da revista fora Eduardo Suplicy, que recusou a proposta. A versão divulgada oficialmente foi de que recebeu os documentos em seu escritório pelos Correios, em um envelope pardo sem o nome do remetente. *Veja* publicou o assunto na capa da edição de 20 de maio. E dedicou uma elogiosa Carta ao Leitor a quem a auxiliou:

> O deputado José Dirceu recebeu no seu escritório em São Paulo documentos que lhe foram encaminhados anonimamente. José Dirceu analisou as 214 páginas da papelada, separadas em 24 blocos grampeados. Ficou impressionado a ponto de, horas depois, disparar três ofícios via fax. Um para o presidente da Câmara, Ibsen Pinheiro, outro para o presidente da Comissão de Finanças e Tributação da Câmara, deputado Francisco Dornelles, e um terceiro para a Procuradoria-Geral da República. Nos ofícios, ele comunica o achado, anexa fartos exemplos dos documentos e pede providências. Os documentos recebidos pelo deputado são as declarações de renda de PC de 1987 a 1991. Além da pessoa física, há cinco declarações de pessoas jurídicas, de empresas de PC. "As declarações de renda de Paulo César Farias não são compatíveis com seu padrão de vida e com o volume de seus negócios", diz José Dirceu. "Acho que esse assunto deve ser analisado com documentos, e não com base em denúncias sem comprovação."

Na semana seguinte à reportagem, Pedro Collor, irmão do presidente, deu uma entrevista arrasadora ao mesmo Costa Pinto, revelando detalhes do esquema de corrupção montado por PC e pelo presidente. Dirceu e seu desafeto Eduardo Suplicy assinaram o pedido de criação de uma CPI para investigar o caso. Em retaliação, aliados de Collor pediram que o Congresso investigasse a notícia publicada pelo tabloide *BSB Brasil*, que acusava Dirceu de ser espião da KGB, a agência secreta soviética. Sem nenhuma base na realidade, o pedido seria arquivado.

Já a CPI contra Collor duraria quatro meses e se mostraria letal. Em 29 de setembro de 1992, o Congresso aprovou o *impeachment* do presidente, por 441 votos a 38. Dirceu forjara uma imagem de parlamentar ético e combativo, elogiado até por adversários, como o ex-governador de São Paulo Franco Montoro, de quem fora ferrenho opositor: "Ele merece todo o nosso respeito pelo combate que trava contra a corrupção" — declarou Montoro na mesma reportagem da *Playboy* em que Dirceu revelaria a até então inédita história de Pedro Caroço e suas cirurgias plásticas.[104]

Na CPI, além da fama, criou inimigos, como o deputado Roberto Jefferson (PTB-RJ), chefe da tropa de choque dos defensores de Collor. As discussões entre Jefferson, com seus quase duzentos quilos, e o barbudo Dirceu foram as mais duras da investigação. Em uma delas, o *collorido* e o petista quase saíram no tapa, separados por seguranças do Congresso.

A campanha pelo *impeachment* de Collor tomou as ruas das principais cidades brasileiras. No início de agosto, o presidente pediu que a população vestisse roupas pretas como protesto contra as "infundadas denúncias de corrupção". Seu pedido de apoio teve o efeito contrário. Milhares de pessoas vestiram-se de verde e amarelo e pintaram seus rostos para cantar gritos de guerra pela saída do pre-

---

[104]Edição de janeiro de 1992 da revista *Playboy*.

sidente. "Rosane, sua galinha, foi o PC que comprou sua calcinha" era o refrão preferido dos jovens politizados e irreverentes, que ficariam conhecidos como cara-pintadas. A maioria deles era simpatizante do PT e tinha em Dirceu um ídolo, um símbolo do combate à corrupção e de esperança em melhores governantes.

No mês seguinte à queda do presidente, Dirceu compraria seu primeiro telefone celular, conforme informou Joyce Pascowitch em 6 de novembro. Não comprara antes porque achava o aparelho "um símbolo do governo Collor".[105] Pelo celular, ficava mais fácil falar com os jornalistas e as mulheres, como a socióloga Maria Rita Garcia de Andrade, que conhecera em São Paulo e com quem começava um romance.

A cassação de Collor colocara na Presidência da República seu vice, o mineiro Itamar Franco. Com sua fala mansa e seu topete grisalho, assumiu propondo um governo de coalizão para superar as crises política e econômica. O PT de pronto recusaria. Afrontando a decisão da cúpula partidária, Luiza Erundina aceitou assumir a Secretaria da Administração Federal assim que passou a prefeitura de São Paulo para Paulo Maluf, em janeiro de 1993. Contrariado, Dirceu tentou sem sucesso expulsá-la do partido. Ganhou outra inimiga.

A posse de Itamar marcou também, com dois anos de antecedência, o início da corrida eleitoral de 1994. O quadro político pós-*impeachment* estava confuso, candidatos surgiam e desapareciam. A única candidatura certa era a de Lula, que liderava em todos os cenários. Graças à fama adquirida na CPI, Dirceu era o nome natural do PT ao governo de São Paulo. Para manter-se em evidência, assumira a coordenação da campanha pelo parlamentarismo, em plebiscito que ocorreria em abril de 1993 para definir o regime e o

---

[105] Na *Folha de S. Paulo* de 6 de novembro de 1992.

sistema de governo no Brasil. A campanha racharia o PT, de maioria presidencialista. O regime republicano venceu o monárquico por 87% a 13%. E o sistema presidencialista derrotou o parlamentarista por 70% a 30%.

Dirceu fora derrotado, mas fizera dois amigos na frente parlamentarista: o ex-governador Tasso Jereissati, do PSDB do Ceará, e o publicitário Duda Mendonça. Seu objetivo passou a ser incorporar os dois às campanhas petistas do ano seguinte. Tasso como candidato a vice na chapa de Lula, Duda como marqueteiro da campanha presidencial e de sua candidatura ao governo.

12 | Pragmatismo acima das amizades

"Isso é uma bobagem. Esse plano não dura nem mais três meses."
José Dirceu, uma semana antes da eleição de 1994,
sobre o Plano Real.

José Dirceu observava do fundo do palanque as mais de 100 mil pessoas que lotavam o Vale do Anhangabaú, no centro de São Paulo, naquele início da noite de domingo, 25 de setembro de 1994. Era o comício de encerramento da campanha de Lula à Presidência da República, e da dele próprio ao governo de São Paulo. Dirceu não via tanta gente reunida desde o grande comício das Diretas, dez anos antes, naquela mesma praça. Aguardava a chegada de Lula, mais de uma hora atrasado, quando foi interrompido por dois dirigentes do PSB, partido que estava coligado ao PT. Luiz Paulo Costa e Márcio França o cumprimentaram e o levaram para um canto, onde havia algumas cadeiras.

Costa, então, fez uma sugestão: "O Lula deveria elogiar o Plano Real no palanque e se comprometer a manter a estabilidade econômica se for eleito. É a última chance que a gente tem para chegar ao segundo turno." Dirceu desdenhou. E recusou-se a apresentar a ideia ao candidato: "Isso é uma bobagem. Esse plano não dura nem mais três meses."[106]

Os socialistas saíram de perto e foram conversar com Aloizio Mercadante, candidato a vice de Lula e principal economista do PT, que também desdenhava do plano de estabilização. Dirceu voltou a observar a plateia.

O clima de euforia da multidão contrastava com o quadro eleitoral. A uma semana da eleição, Fernando Henrique Cardoso, do PSDB, liderava a pesquisa do Datafolha com 47% das intenções de voto, contra 22% de Lula. A dúvida era sobre se liquidaria a fatura em 3 de outubro ou se haveria segundo turno. Lula passara toda a campanha, iniciada logo após a queda de Collor, na frente. Mas fora ultrapassado por Fernando Henrique em julho, quatro meses após o anúncio do Plano Real, que colocou fim à hiperinflação, que chegara a 46% mensais naquele ano. Ministro da Fazenda de Itamar Franco, FHC fora um dos mentores do plano, cujo sucesso tornou natural sua candidatura à Presidência. O lançamento da nova moeda, o real, em julho, representou o marco que tornaria a vitória do tucano inevitável.

No ano anterior, a candidatura de FHC mal era cogitada. Sem um nome viável, os tucanos discutiam uma aliança com o PT. Em dezembro, o ministro da Fazenda chamara Lula e Dirceu a seu gabinete para convencê-los a apoiar no Congresso as medidas econômicas que seriam lançadas. Os dois convidados argumentaram que o plano prejudicaria os trabalhadores e que, por isso, o partido era contra. FHC discordou: "Pelo contrário. O acerto dos salários com o fim da inflação será muito vantajoso aos trabalhadores." Dirceu mudou de assunto e passou a falar de eleição. Perguntou se o anfitrião via alguma possibilidade de PT e PSDB estarem em lados opostos no segundo

---

[106]Segundo Luiz Paulo Costa, em entrevista ao autor.

turno. "É quase impossível" — responderia FHC, que ainda não identificava qualquer viabilidade em uma candidatura de seu partido.[107]

As conversas entre tucanos e petistas prosseguiriam no ano seguinte. Em fevereiro, Lula e o prefeito de Porto Alegre, Tarso Genro, reuniram-se com Tasso Jereissati em Brasília. O presidenciável fez uma proposta ousada: o PT apoiaria Mario Covas ao governo de São Paulo e o PSDB indicaria Tasso a vice na chapa petista à presidência. O tucano foi consultar a cúpula do PSDB, que, no entanto, preferiria apostar na candidatura de FHC. Dirceu, que estava no Congresso e não fora convidado para o encontro, ficaria furioso ao saber que Lula tentara acabar com sua candidatura a governador pelas costas.

Em 1º de maio, afinal sem conseguir atrair os tucanos, o PT lançaria as candidaturas de Lula e Dirceu. Neste dia, o presidenciável petista liderava com 40%, contra 17% do tucano, mas o candidato a governador tinha apenas 4% das intenções de votos dos paulistas. A estratégia nacional definida consistia em seguir criticando a atuação do governo Itamar na economia e prometendo o calote na dívida externa como solução para o país. Na eleição em São Paulo, a tática de Dirceu seria colar em Lula para captar, por osmose, sua popularidade. As peças de campanha, produzidas mais uma vez por Paulo de Tarso Santos, já que o PT vetara a contratação do publicitário Duda Mendonça, traziam as fotos dos dois e a frase: "Zé Dirceu, o candidato de Lula." Em dois meses, o Plano Real destruiria todas as estratégias petistas. E os dois acabariam derrotados no primeiro turno.

Além das derrotas, a campanha produziria dívidas, já que os financiadores foram os primeiros a apostar em FHC. As doações de militantes e as vendas de broches, bonés e camisetas eram insufi-

---

[107]Cardoso, Fernando Henrique; *A arte da política*. Civilização Brasileira, 2006.

cientes para bancar as despesas, principalmente as de governador, já que o candidato jamais se mostrara competitivo. Dirceu, no final da corrida eleitoral, resolveu rasgar a cartilha do PT e passou a aceitar dinheiro de empreiteiras contratadas pelo governo federal. Levado pelo deputado Hélio Bicudo, encontrou-se com Emílio Odebrecht, dono da maior construtora do país, batizada com seu sobrenome. Emílio comprometeu-se a ajudar o PT e introduziu o candidato a dirigentes de outras empreiteiras.

Dois meses após a eleição, o PT apresentaria sua prestação de contas. Dos R$ 1,1 milhão gastos em São Paulo, R$ 810 mil vieram de construtoras, o correspondente a 73%. A Odebrecht e o grupo OAS, juntos, financiaram mais de 60% da campanha. A revelação dos gastos gerou uma crise, que se estenderia por oito meses. Para agravar o quadro, Dirceu e seu tesoureiro de campanha, Silvio Pereira, foram acusados de desviar recursos. Pereira orientava artistas a cobrarem por participação em comícios, mesmo quando abriam mão do cachê. O dinheiro saía do caixa do partido, mas não chegava aos artistas — e sim à Instalson, empresa de um amigo de Pereira. A denúncia foi feita por Valter Pomar, dirigente da esquerda petista, desde então rompido com Dirceu.

As duas acusações acirraram o clima no partido e resultaram em pedidos de investigação sobre a vida política de Dirceu. Ele jamais aceitou ser questionado e ameaçou abandonar o PT e a política caso investigado pelos próprios pares. Sentindo que Lula o abandonava, resolveu atacar. Foi à casa dele, em São Bernardo do Campo, e disse que não aceitaria pagar sozinho pelos erros da campanha. E lembrou que boa parte da candidatura presidencial do partido fora financiada pelas mesmas empreiteiras, mas através de caixa dois, sem registro na Justiça Eleitoral. A conversa, sem testemunhas, foi tensa. Dirceu e Lula caminhavam juntos havia catorze anos. Sabiam segredos mútuos — não só políticos como pessoais. Dirceu, para ficar no partido e se manter em silêncio, exigiu a presidência do PT, com plenos poderes. Lula não quis pagar para ver. Aceitou. E articulou a candidatura de Dirceu a presidente do partido.

Em 20 de agosto de 1995, o PT fez seu congresso nacional em Guarapari, no litoral do Espírito Santo. O primeiro orador foi o cientista político César Benjamin, irmão de Cid Benjamin, um dos sequestradores de Charles Elbrick. Com seu carregado sotaque carioca, relembrou as denúncias da campanha e argumentou que o partido não podia eleger presidente alguém que, ao aceitar dinheiro de empresas que recebiam verba pública, desrespeitara seu regimento. O tempo fechou. César, vaiado e xingado, quase foi agredido por aliados de Dirceu. No mesmo dia, sairia do partido.

Lula pegou o microfone e defendeu seu candidato. Declarou que colocava "a mão no fogo" por ele. Dirceu o sucedeu no palanque e chorou: "Nunca pensei que fosse ser acusado dentro do PT."[108] Mesmo com o apoio de Lula e da máquina do partido, a eleição seria disputada. Dirceu foi eleito com 54% dos votos, contra 46% de Hamilton Pereira. Passaria a comandar 110 mil filiados, uma bancada de cinquenta deputados federais, cinco senadores e dois governadores.

A eleição interna encerrara a crise entre Dirceu e Lula. Sobraram, porém, cicatrizes. No início de 1996, ele se casaria com a socióloga Maria Rita, com quem começara a namorar durante a CPI de Collor, e foi morar na casa dela. Para o jantar que festejaria a união, o casal convidou os amigos Paulo de Tarso Venceslau, Paulo Vannuchi, Reinaldo Moreno e Celso Horta, com as mulheres.

---

[108]Publicado na *Folha de S. Paulo* de 21 de agosto de 1995.

Lula ficara de fora, mas seria o nome mais pronunciado da noite. No início da madrugada, meia dúzia de garrafas de vinho derrubadas, Dirceu começaria a berrar: "O Lula é o maior atraso da esquerda brasileira!" Ante o espanto dos convidados, passou a enumerar seus motivos: "Ele não tem formação política de esquerda. Ele é oportunista, só se cerca de pessoas que pode controlar. O Lula tem resistência à esquerda tradicional, à esquerda que militou na luta armada." O jantar acabaria em constrangimento.[109]

No mesmo ano, Dirceu comandaria sua primeira eleição como presidente do PT. Como sempre, marcada por crises. Ele não conseguiu evitar as prévias que definiriam os candidatos petistas a prefeito de São Paulo e Salvador, e que racharam o partido. Os candidatos da cúpula — Aloizio Mercadante e Jaques Wagner — seriam derrotados pelos que representavam as bases, Luiza Erundina e Nelson Pelegrino. Os perdedores saíram reclamando de que o presidente do partido não os ajudara como deveria. Nas duas cidades, o PT foi derrotado.

No Rio, o problema seria maior. A direção nacional tentara impor a aliança com Miro Teixeira, do PDT, visando ao apoio de Leonel Brizola a Lula dois anos depois. Mas os cariocas resistiram e impuseram o nome do vereador Chico Alencar. "Minha candidatura foi totalmente boicotada pela cúpula do PT. Não recebi nenhum centavo, não consegui declaração de apoio de nenhum dirigente do partido. Lula e Dirceu nem chegaram perto do Rio. Fui tratado a pão e água" — relembra Chico.

Apesar do boicote, cairia no gosto da classe média da Zona Sul e subiria nas pesquisas no último mês, chegando à reta final com chance de ir ao segundo turno — enquanto Miro Teixeira, o preferido da cúpula, definhava. Dez dias antes da eleição, Dirceu e Lula

---

[109] Segundo relato de dois convidados presentes no jantar.

desembarcaram no Rio. Fizeram um *mea culpa* e se integraram à campanha. Gravaram programas de TV, e Lula subiu no palanque do último comício. Mesmo com o empenho final, Chico ficaria fora do segundo turno por três pontos percentuais. Na rodada final, entre Sérgio Cabral, então no PSDB, e Luiz Paulo Conde, do PFL, que acabaria vencendo, o PT preferiu a neutralidade.

Passado o pleito, os dois se desculparam e admitiram a avaliação política equivocada. Lula voltou a frequentar a casa do velho amigo carioca, um dos fundadores do PT. Em meados de 1997, Chico o receberia para jantar em Santa Teresa. Moqueca de peixe, cerveja e cachaça dominaram a noite. Antes de ir embora, degustando mais uma dose, Lula desabafaria: "Cansei de rodar minha bolsinha esfarrapada por aí. Para ganhar eleição, vou precisar de aliança e de grana. Dei todo o poder para o Zé Dirceu arrumar isso. Falei: 'Zé, articula e faz. Pode até contratar o Duda Mendonça. Não quero saber como você fez, só quero que a gente ganhe a Presidência.'"[110]

Pela primeira vez, Lula concordava em contratar Duda Mendonça, então o marqueteiro mais caro do país e associado a adversários políticos seus, como Paulo Maluf. No ano anterior, Duda comandara a campanha de Celso Pitta, ex-secretário de Maluf, que derrotara Luiza Erundina e se elegera prefeito de São Paulo. Até então, a associação do marqueteiro ao PT parecia um devaneio de uma noite regada a cachaça.

Na eleição presidencial de 1998, ao contrário da anterior, Lula sempre figuraria como azarão. FHC fazia um governo de sucesso na economia, com amplo apoio no Congresso e na sociedade. Modernizara o Estado brasileiro ao privatizar empresas estatais que funcionavam mal e que serviam como cabides de emprego para apadrinhados políticos.

---

[110]Conforme relato de Chico Alencar ao autor.

Criara as agências reguladoras e a Lei de Responsabilidade Fiscal, que acabava com os gastos desmedidos e impunes de governantes. O PT, desde o primeiro dia, fizera-lhe oposição ferrenha, negando-se a apoiar qualquer medida enviada pelo presidente ao Congresso.

A única esperança petista, portanto, repousava em que Fernando Henrique não tinha um sucessor natural e na possibilidade de que a disputa pela candidatura governista rachasse os três principais partidos de sua base: PSDB, PFL e PMDB. Esse alento, contudo, acabaria em outubro de 1996, quando o deputado Mendonça Filho, do PFL de Pernambuco, apresentou uma emenda constitucional que permitia a reeleição de prefeitos, governadores e presidente, aprovada com facilidade no ano seguinte. O PT então sentiu que perderia mais uma vez. "Reeleição já para FHC é golpe" — discursou Dirceu,[111] que era favorável em tese à reeleição, desde que começasse a valer apenas para o governo seguinte, e não para Fernando Henrique, que patrocinara a medida em benefício próprio.

Dirceu, como presidente do PT, decidiu lançar campanhas contra a reeleição e a privatização da Vale, a maior mineradora do país. Colheria o apoio apenas dos que já estavam ao seu lado, sem atrair novos eleitores. É verdade que denúncias de fraudes na privatização das empresas de telecomunicações e de compra de deputados para a aprovação da emenda da reeleição desgastaram FHC e deram um fio de esperança ao PT. Minoritário, porém, o partido não conseguiria instalar uma CPI, como fizera com Collor, e ficaria restrito ao discurso para enfraquecer o adversário. O PT radicalizou, apoiando greves e invasões de terras promovidas pelo MST. Nesse cenário desfavorável, Dirceu deixaria de insistir na contratação de Duda Mendonça, enquanto Lula começava a dar sinais de que poderia desistir de uma nova candidatura. Em maio de 1997, no Chile,

---
[111]Como publicado pela *Folha de S. Paulo* de 19 de outubro de 1996.

defendeu, em reunião de partidos de esquerda sul-americanos, que Tarso Genro fosse o candidato à Presidência.

A situação política desfavorável ainda pioraria em 25 de maio, quando Paulo de Tarso Venceslau fez uma grave denúncia: afirmou que Lula e Dirceu eram coniventes com um esquema de corrupção para favorecer a empresa Consultoria para Empresas e Municípios, a CPEM, em prefeituras administradas pelo partido. Segundo Paulo de Tarso, que fora secretário municipal em Campinas e em São José dos Campos, no interior de São Paulo, as duas prefeituras haviam firmado contratos superfaturados com a CPEM. A empresa pertencia a Roberto Teixeira, amigo e compadre de Lula e dono da casa onde ele morava em São Bernardo do Campo. O dinheiro dos contratos era usado para financiar campanhas do PT. Paulo de Tarso declarou que, em 1995, recusara-se a assinar um contrato entre a prefeitura de São José dos Campos e a CPEM, pois achara o montante excessivo — cerca de US$ 16 milhões, em valores da época. Falou ainda que contara o episódio a Lula e Dirceu, mas que nada fizeram. "Registrei em cartório uma carta endereçada ao Lula. O Dirceu acompanhou tudo e ninguém fez nada" — disse Venceslau.

O PT abriu uma comissão de sindicância para apurar as denúncias, cujos três membros foram escolhidos por Dirceu: o deputado Hélio Bicudo, o vereador paulistano José Eduardo Cardozo e o economista Paul Singer. Lula, dizendo-se indignado, afastara-se da direção do partido. Quarenta dias depois, após ouvir 35 pessoas, a comissão apresentaria seu relatório, que inocentava a cúpula do partido e abria uma investigação contra Paulo de Tarso por denunciação caluniosa. Antes, porém, de responder ao processo interno, o homem que sequestrara o embaixador para libertar Dirceu e que o abrigara quando na clandestinidade deixaria o PT.

No ano seguinte, reeleito presidente do partido, Dirceu novamente promoveria uma intervenção no PT do Rio. Dessa vez, para impedir a candidatura de um de seus mais históricos aliados: Vladimir

Palmeira, com quem dividira o comando das manifestações dos estudantes em 1968. Palmeira fora escolhido — por mais de 70% do diretório regional do partido — para concorrer ao governo do estado. Mas a orientação da cúpula nacional era aliar-se ao PDT e apoiar a candidatura de Anthony Garotinho. A aliança integrava o acordo para que Leonel Brizola fosse vice na chapa a presidente encabeçada por Lula, que desistira de desistir da candidatura.

Dois petistas ligados a Dirceu, Benedita da Silva e Jorge Bittar, recorreram ao diretório nacional contra o lançamento de Palmeira. Em uma tumultuada reunião em São Paulo, a direção do partido decretaria a intervenção no diretório do Rio, a retirada da candidatura de Palmeira e a aliança com Garotinho, tendo Benedita como vice. Dirceu procuraria Palmeira insistentemente ao longo do encontro, mas este não quis conversa. Companheiros de movimento estudantil, de cadeia e de exílio em Cuba, deram início, naquele fim de semana, a um afastamento que se aprofundaria com o correr dos anos.

Na semana seguinte ao episódio, uma crise de estresse levaria Dirceu à UTI do Instituto do Coração. Nada grave, apenas um susto. Aquela intervenção o apartara de Palmeira. Em vários desabafos, contudo, repete que ainda o considera seu melhor amigo.

Com Brizola de vice, Lula teria uma breve reação entre maio e junho. Jamais, porém, chegou a ultrapassar FHC nas pesquisas, e seria de novo derrotado no primeiro turno. Assim que terminou a campanha, disse a Dirceu que registraria em cartório um documento se comprometendo a nunca mais disputar uma eleição para presidente. Foi convencido de que era precipitado tomar tal atitude ainda na ressaca da derrota. "O Zé Dirceu me pediu para esperar para ver como ficaria a conjuntura econômica" — revelaria Lula três anos depois.[112]

---

[112]Em depoimento publicado na *Folha de S. Paulo* de 17 de junho de 2001.

Na mesma eleição, Dirceu fora novamente eleito deputado federal, com 113.659 votos. Voltaria a Brasília após quatro anos sem mandato. Mas não pôde nem comemorar. No dia seguinte à votação, 5 de outubro, seu Castorino morreria de câncer, após três anos de tratamento. "Ele esperou eu ser eleito deputado de novo para morrer."[113]

Na véspera da missa de um mês da morte de Castorino, Dirceu foi convidado para jantar com Lula na casa de Luís Costa Pinto, o jornalista que entrevistara Pedro Collor. Costa Pinto morava em Higienópolis, em São Paulo, para onde se mudara no ano anterior, a fim de ser editor de política da revista *Época*. Ele preparou um frango com funghi para os convidados petistas, sua mulher, Patrícia, e os pais dela, dona Zildinha e Paes de Andrade, deputado federal pelo PMDB do Ceará e que ocupara a Presidência da República interinamente por diversas vezes em 1989 e 1990, no governo Sarney, quando comandava a Câmara. Pernambucano e batizado de Luís como Luiz Inácio, Costa Pinto é chamado pelo mesmo apelido: Lula. Ou Lulinha, para os mais íntimos.

No começo da madrugada, entre cálices de vinho de sobremesa italiano e baforadas de charuto cubano, o Lula petista falaria ao xará jornalista: "Lulinha, tenho uma coisa inacreditável para te contar!"[114] E contou que, uma semana antes do primeiro turno de 1998, Paulo Maluf o procurara para falar de algo, uma bomba, que poderia mudar o resultado da eleição presidencial.

No dia seguinte, portanto, foi com Dirceu e José Genoino ao hangar da TAM no Aeroporto de Congonhas, em São Paulo, onde se encontrou com Lafaiete Coutinho, presidente do Banco do Brasil no governo Collor e sogro do filho de Maluf. Ouviu que ele tinha documentos que comprovariam a existência de uma empresa nas Ilhas Cayman, no Caribe, pertencente a Fernando Henrique, Mario

---

[113]Ventura, Zuenir; *1968 — o que fizemos de nós*. Planeta, 2008.
[114]Segundo o relato de Luís Costa Pinto ao autor.

Covas e Sergio Motta, ministro das Comunicações do primeiro governo tucano. Na conta, estariam depositados US$ 368 milhões. Mais um dia e Lula, Dirceu e Márcio Thomaz Bastos foram conferir a documentação na casa do senador Gilberto Miranda. O candidato chegou a se empolgar, mas seus acompanhantes o desaconselhariam a embarcar naquela história. "Sai dessa, é fria!" — alertou Thomaz Bastos.[115] Dirceu, em missão diplomática, procurou FHC para relatar-lhe o que acontecera, e o tucano ficou grato pelo fato de o PT não ter usado a papelada falsa, que depois, na campanha, ficaria notabilizada como Dossiê Cayman. E se reaproximou do presidente do PT.

Reaproximação que seria importante em seu segundo mandato, quando o real passou por uma forte desvalorização e a economia se deteriorou, derretendo a popularidade do presidente. Pragmático, Dirceu avaliara que ataques raivosos e inconsequentes do PT ao governo em épocas de crise não haviam rendido benefícios eleitorais. O caminho agora deveria ser outro. Não que o partido tivesse aderido ao governo — longe disso. Mas passara a fazer uma oposição mais responsável. Em maio de 1999, no auge da crise, um diálogo entre Dirceu e Brizola seria um bom exemplo da mudança de tom: "Vamos tirar o Fernando Henrique?" — sugeriu Brizola. "Para botar quem no lugar?" — questionou Dirceu. "A Constituição diz que é o vice. Então é o Marco Maciel" — respondeu o pedetista. "Se é para botar o Marco Maciel, deixa o FHC mesmo" — encerrou a conversa o presidente do PT.[116]

Os militantes do PT e a bancada federal, por sua vez, acirraram o discurso e incomodaram o governo. Uma passeata pedindo a saída do presidente reunira 100 mil pessoas em Brasília. Greves de servidores públicos proliferavam. Pedidos de CPI eram seguidamente apresentados e arquivados. Em momentos cruciais, entretanto, a cúpula pe-

---
[115]Segundo relato de Márcio Thomaz Bastos ao autor.
[116]Conforme reportou a *Folha de S. Paulo* de 6 de maio de 1999.

tista brecava movimentos mais concretos. O deputado Milton Temer, do PT do Rio, não conseguiria, por exemplo, apoio institucional do partido para seu pedido de *impeachment* do presidente, em maio.

Seis meses depois, Dirceu seria reeleito presidente do PT. Seu primeiro ato após a recondução foi rejeitar uma campanha nacional pelo "Fora, FHC". Seu discurso da vitória já era um aperitivo do tom que o partido usaria na campanha seguinte de Lula, contra reestatizações de empresas e o calote da dívida: "O PT não nasceu ortodoxo nem doutrinário. Se a esquerda insistir em apresentar um programa socialista, não vamos derrotar Fernando Henrique Cardoso."[117]

Para chegar ao poder valia tudo, até se aproximar de antigos desafetos, como José Sarney e Antonio Carlos Magalhães, que se tornariam seus interlocutores frequentes.

No final de 2000, após a eleição de Marta Suplicy à prefeitura de São Paulo, Dirceu finalmente convenceu Lula a contratar Duda Mendonça, que cuidaria da comunicação do PT e de sua quarta campanha à Presidência da República. O acordo foi selado em um almoço entre os três, no sítio que Lula tem às margens da represa Billings, o Rancho Los Fubangos. O próprio Lula preparou sua especialidade, o Coelho a Los Fubangos.

---

[117]Como publicado pela edição de 21 de novembro de 1999 da *Folha de S. Paulo*.

13 | O partido operário vai ao paraíso

> *"Tá acabando, Zé!"*
> Duda Mendonça, assim que anunciada
> a vitória de Lula em 2002.

> *"Não, Duda, tá só começando."*
> Dirceu, respondendo ao publicitário.

A Adega Leone é o mais premiado restaurante de Ribeirão Preto, no interior de São Paulo. Desde sua fundação, em 1998, a casa comandada pelo italiano Leone Ruffino nunca deixou de receber uma estrela no *Guia Quatro Rodas*, a mais conceituada avaliação gastronômica do país. Ruffino é um sujeito metódico. Um de seus dogmas é que o restaurante jamais funcione às segundas-feiras, dia sagrado de folga para ele, sua mulher, a portuguesa Anabela, e os quinze funcionários. Naquele dia 6 de maio de 2002, no entanto, pela primeira vez abriria uma exceção, graças à insistência do prefeito da cidade, o médico Antonio Palocci Filho, do PT.

Pontualmente à uma tarde, receberia na adega o prefeito e seus convidados: José Dirceu, os deputados Aloizio Mercadante e José Genoino, o economista Guido Mantega, o governador de Mato

Grosso do Sul José Orcírio dos Santos (o Zeca do PT) e Luiz Inácio Lula da Silva, virtual candidato do PT à Presidência da República pela quarta vez. Anabela, responsável pela cozinha, caprichou nas especialidades da casa: bacalhau assado à moda do Minho, arroz de mariscos e chanfrana de cabrito. Para acompanhar, o refrescante vinho verde português Alvarinho Deu la Deu, escolhido a dedo para aplacar o calor ribeirão-pretano. De sobremesa, toucinho do céu, tradicional doce português à base de gemas de ovos.

A comitiva petista encerrara naquela manhã uma caravana pelas principais feiras agropecuárias do país, em busca de apoio de produtores rurais.

Sentados a uma mesa no fundo do salão, os comensais pouco falaram sobre a qualidade da comida ou a hospitalidade de Ruffino e Anabela. O assunto que dominou o almoço foi a crise econômica que o país atravessava. Mais especificamente, o que o PT deveria fazer para mostrar aos investidores nacionais e estrangeiros que Lula era um candidato confiável, que honraria os compromissos e colocaria o Brasil de volta nos trilhos do crescimento. A primeira sugestão viria de Mercadante, economista de formação e principal conselheiro de Lula sobre o tema: "Por que não antecipamos os nomes da equipe econômica? Seria uma maneira de acalmar o mercado." Ideia rejeitada por todos. A corrida eleitoral ainda estava no começo e alianças vinham sendo formadas. Não era hora de amarrar a campanha a compromissos que não poderiam ser revogados.

Palocci pediu a palavra: "Então nós podemos antecipar o programa de governo. Colocar no papel nossos compromissos." A proposta teve boa acolhida, mas Dirceu fez uma ponderação importante: "A convenção é apenas em julho. Lula ainda não é candidato oficialmente. Não dá para divulgar um programa de uma candidatura que não existe. E não dá para lançar só um plano econômico, sem falar sobre o que vamos fazer nas outras áreas." O próprio Dirceu, em seguida, faria uma nova sugestão: "Podemos soltar uma carta com nossos compromissos para a economia, mostrando que seremos responsáveis, para acalmar o mercado."[118]

A ideia foi aceita por todos, e Palocci, coordenador do programa de governo de Lula, o encarregado de redigir o documento. Para auxiliá-lo, convidou o economista Glauco Arbix e o jornalista Edmundo Oliveira, editor de economia de *O Estado de S. Paulo*, além do franco-argentino Luis Favre, namorado da prefeita de São Paulo, Marta Suplicy, desde o ano anterior, quando ela desfizera o casamento de 36 anos com o senador Eduardo Suplicy.

A *Carta ao Povo Brasileiro* seria divulgada a 22 de junho de 2002, em um hotel de São Paulo. No texto de três páginas e meia, Lula se comprometia a cumprir os contratos, pagar a dívida pública, manter o superávit primário e controlar a inflação. Falava em "mudanças cuidadosas" e "cautela na condução da economia". Tudo o que o mercado queria ouvir.

Foi a maior demonstração da metamorfose pela qual o PT passava para chegar ao poder. Dirceu, que se metamorfoseara em comandante Daniel, no argentino Hoffmann, no comerciante Carlos Henrique e no conquistador Pedro Caroço, era quem conduzia a conversão de um partido radical e intransigente em uma máquina eleitoral com o objetivo de conquistar o poder. Ele tinha plenos poderes naquela campanha. Ordenava despesas, comandava a arrecadação e dava a palavra final sobre cada assessor contratado pelo partido. O candidato era Lula, mas o chefe da máquina era Dirceu.

Além da guinada política, havia uma transformação estética. A *Carta ao Povo Brasileiro* foi lida por um Lula mais magro, com a barba aparada, voz menos raivosa e vestido com um terno feito por Ricardo Almeida, o mais renomado estilista brasileiro, que não cobrava menos de R$ 5 mil por um traje completo. O artífice dessa

---

[118] A partir do livro *Sobre formigas e cigarras*, de Antonio Palocci [Objetiva, 2007], e de entrevistas do autor com participantes do almoço.

mudança era Duda Mendonça, o publicitário que Dirceu finalmente convencera o PT a contratar.

A estreia pública de Duda acontecera ainda em 11 de maio de 2001, quando apresentou à imprensa a campanha publicitária do PT que entraria no ar na semana seguinte. Os comerciais de trinta segundos, marcantes, mostravam ratos roendo a bandeira nacional. Não havia palavras. No final, com as patas e os dentes, carregavam o pano todo esburacado para uma toca. A propaganda terminava com a seguinte frase, lida por um locutor, "Ou a gente acaba com eles ou eles acabam com o Brasil", enquanto era exibido o logotipo da campanha "Xô, corrupção".

Naquele primeiro semestre de 2001, o PT encabeçava a mobilização pela abertura de uma CPI que investigasse uma série de denúncias de corrupção envolvendo o governo de Fernando Henrique Cardoso. O principal alvo era Eduardo Jorge Caldas Pereira, ex-secretário-geral da Presidência, acusado de usar sua influência no Palácio do Planalto para facilitar a liberação de verbas para a obra do Fórum Trabalhista de São Paulo, que teve R$ 170 milhões desviados pelo juiz Nicolau dos Santos Neto e pelo senador cassado Luiz Estevão, do PMDB do Distrito Federal. O envolvimento de Eduardo Jorge com os desvios jamais foi comprovado.

Dois dias depois da apresentação da campanha de Duda para os jornalistas, Dirceu embarcaria com Maria Rita em uma viagem oficial do PT à China, para restabelecer relações formais com o Partido Comunista Chinês, rompidas desde o massacre da praça da Paz Celestial, em 1989. Integravam a comitiva, além do casal, Lula, Palocci, os deputados Paulo Delgado e Jaques Wagner e o governador do Acre, Jorge Viana — todos acompanhados das mulheres. Nos doze dias que passaram em território chinês, o que menos contou foi a diplomacia. Os petistas fizeram muito turismo — já no primeiro dia foram conhecer a Muralha da China. Comeram bem — o restaurante favorito era o Leonardo's, no hotel Hilton Shanghai. E discutiram muita política. Oficialmente, Lula ainda não assumira sua candidatura, já que precisava disputar as prévias contra Eduardo Suplicy. Mas as conversas todas giraram em torno da campanha e de um eventual governo.

O diagnóstico feito na China era de que Lula precisaria ser mais propositivo, apontando meios de o Brasil superar a crise econômica, o que o tornaria mais confiável. As críticas ao governo de Fernando Henrique Cardoso, que enfrentava as denúncias de corrupção e uma crise no fornecimento de energia, deveriam partir dos dirigentes do PT, raramente de Lula. Na viagem, ouviu-se pela primeira vez o termo "Lulinha paz e amor", para definir a nova fase do candidato, que depois seria seu mantra de campanha.

Em um jantar no Leonardo's, Dirceu e Palocci conversaram muito sobre política e economia. Os petistas e suas mulheres comeram um pato laqueado, tomaram vinho e deram boas risadas. A partir daquela noite, ficariam próximos, discutindo ao menos uma vez por semana os rumos do partido e da candidatura de Lula, que foi assumida por ele pela primeira vez na volta da China, em uma reportagem de Ricardo Kotscho na *Folha de S. Paulo*.

Dirceu e Palocci não eram íntimos até então. Conviviam no partido, encontravam-se em reuniões, mas jamais tiveram relação de amizade. A aproximação iniciada na China se aprofundaria no ano seguinte em decorrência de um incidente que marcaria a história do PT: o assassinato de Celso Daniel, prefeito de Santo André e coordenador do programa de governo de Lula. Na noite de 18 de janeiro de 2002, ele foi sequestrado quando voltava para o ABC depois de jantar no restaurante Rubaiyat, nos Jardins. Dois dias depois, seu corpo seria encontrado em um terreno às margens da rodovia Régis Bittencourt, na Grande São Paulo, com sete tiros e o rosto desfigurado. Quatro meses antes, o prefeito de Campinas, Toninho do PT, também fora assassinado, o que levantou a suspeita inicial de uma onda de crimes contra petistas. "Depois de terem assassinado dois prefeitos do PT, se eu não encarar como questão política sou um irresponsável" — declarou Dirceu, eleito dois meses antes presidente do partido pela quarta vez, a primeira em eleição direta dos filiados.[119]

A investigação, porém, descartaria ligações entre os dois crimes e concluiria que Celso Daniel fora morto a mando do empresário Sérgio Gomes da Silva, o Sombra, seu antigo segurança e que o acompanhava na noite do crime. Segundo o Ministério Público de São Paulo, Sombra comandava um esquema de desvio de recursos da Prefeitura de Santo André para o caixa dois do PT, com o consentimento do prefeito. O esquema funcionava bem até Daniel descobrir que parte do dinheiro era embolsada por participantes da trama. O prefeito reclamou e quis dar um fim no caso. Sombra não aceitou e contratou um grupo para matá-lo. Seis réus já foram condenados a penas que variam de dezoito a 24 anos de prisão. Sombra tem julgamento previsto para 2013.

Dias depois da morte, um irmão de Celso, o médico João Francisco Daniel, procurou o Ministério Público para afirmar que Dirceu teria recebido R$ 1,2 milhão do dinheiro desviado de Santo André para campanhas políticas do PT. Os procuradores queriam aprofundar as investigações da denúncia contra Dirceu, que, como deputado, tinha foro especial. O procurador-geral da República, Geraldo Brindeiro, pediu ao Supremo Tribunal Federal a abertura de um inquérito contra o petista, mas — a 2 de julho de 2002, bem no meio da campanha eleitoral — o presidente da corte, Nelson Jobim, negaria o pedido. Dirceu escapava de ser investigado. O fantasma de Celso Daniel, porém, jamais deixaria de assombrar.

Com a morte do prefeito de Santo André, Palocci assumiu a coordenação do programa de governo. E formou uma dupla afinada com Dirceu. Em um jantar no restaurante Massimo, em São Paulo, no

---

[119]Conforme publicado pela *Folha de S. Paulo* na edição de 21 de janeiro de 2002.

início de março, firmaram um pacto: Dirceu teria total autonomia para cuidar da parte política da campanha, da formação de alianças com outros partidos e das relações internas do PT; já Palocci concentrar-se-ia nas propostas do candidato e na sua aproximação com os empresários e com os veículos de comunicação. O acordo deu certo. Lula nada fazia sem consultar a dupla.

A *Carta ao Povo Brasileiro* e as intervenções de Duda Mendonça já davam resultado. Lula liderava as pesquisas. Sua presença no segundo turno era tida como certa, mas sua rejeição continuava alta. Para torná-lo ainda mais palatável aos empresários e à classe média era fundamental a escolha certa do candidato a vice. O alvo, desde o ano anterior, era José Alencar, senador por Minas Gerais e dono da Coteminas, maior indústria têxtil do país. A história de vida de Alencar era tocante. Vindo de uma família pobre do interior mineiro, saíra sozinho da roça para a cidade de Caratinga e, com muito trabalho, construíra um império. Entrou na política, foi presidente da Federação das Indústrias de Minas Gerais e elegeu-se senador. Um perfil complementar ao de Lula — enquanto um seduzia os trabalhadores de renda mais baixa, o outro estava próximo dos patrões.

O plano inicial de Dirceu e Lula era ter Alencar como vice no PMDB, partido pelo qual se elegera. Mas os peemedebistas, bem aquinhoados com cargos e verbas por Fernando Henrique, preferiram ficar no governo e apoiar a candidatura do ministro da Saúde, José Serra. Alencar, seguindo orientação de Dirceu, filiou-se ao Partido Liberal, pequena agremiação fisiológica presidida pelo deputado federal paulista Valdemar Costa Neto e que abrigava a ala política da Igreja Universal do Reino de Deus, de Edir Macedo — que, nas eleições anteriores, comparara Lula ao demônio.

No processo de convencimento, Dirceu e Lula passaram três dias visitando as unidades da Coteminas em Minas, Rio Grande do Norte e Paraíba. Em 27 de fevereiro, jantaram, em Brasília, na casa do deputado bispo Carlos Rodrigues, principal dirigente político da Universal. Lá, receberam autorização da igreja para a coligação. E fizeram o convite oficial para Alencar. O senador topou na hora, mas o PL ainda não estava decidido a fechar acordo. Uma ala do partido, majoritária no Nordeste, preferia o acerto com a governadora do Maranhão, Roseana Sarney, do PFL, que aparecia nas pesquisas como uma alternativa viável. Mas, em 1º de março, a Polícia Federal invadiu a sede da Lunus, empresa da família de Roseana em São Luís, e apreendeu R$ 1,3 milhão. A falta de explicações convincentes sobre a origem do dinheiro inviabilizou a candidatura da governadora, que desistiria em 14 de abril.

Quando o acordo PT-PL estava prestes a ser fechado, surgiu outro problema: o Tribunal Superior Eleitoral instituiu a verticalização das coligações eleitorais, pela qual os partidos teriam de manter nos estados as mesmas alianças da campanha presidencial. Assim, se o PL apoiasse Lula, estaria obrigado a andar de mãos dadas com o PT em todos os estados. Várias seções estaduais do PL ficaram contra a aliança, porque adversárias locais dos petistas, como na Bahia, onde os liberais representavam uma força auxiliar do PFL de Antonio Carlos Magalhães. Além disso, a cúpula do PL considerava que seria mais difícil eleger deputados se o acordo fosse fechado.

Valdemar Costa Neto, então, encontrou uma maneira de compensar os prejuízos: pediu a Dirceu R$ 20 milhões para que o PL se aliasse ao PT e para que Alencar fosse vice de Lula. "Tivemos muitas reuniões, em Brasília, na casa do José Dirceu. Sempre participavam o João Paulo Cunha, quase sempre o Silvio Pereira, sempre o Delúbio Soares, além do José Alencar. Estava tudo indo bem até que a Justiça aprovou a verticalização. Daí fui ao Zé Dirceu e avisei: 'Tudo mudou'" — contaria Valdemar três anos depois. "Falei para o Zé: 'Para isso, preciso de uma estrutura maior para segurar meu pessoal.' Ele falou: 'Mas quanto?' Eu falei: 'R$ 15 milhões, R$ 20 milhões.'"[120]

---

[120]Conforme publicado na edição de 15 de agosto de 2005 da revista *Época*.

Em 18 de junho, Dirceu chamou Valdemar à sua casa, disse que não tinha conseguido o dinheiro e que desistia da negociação. Os dois escreviam uma nota oficial quando José Alencar telefonou. Valdemar explicou-lhe o que acontecera e o senador pediu para que não divulgassem a nota. Nova reunião foi convocada para aquela noite, na casa do deputado Paulo Rocha, do PT do Pará. Estavam lá, além dos presidentes dos dois partidos, Lula, Alencar e Delúbio Soares, tesoureiro do PT. Dirceu propôs negociar apenas cargos no futuro governo, mas Valdemar foi intransigente: era dinheiro ou nada. Nesse momento, Lula falaria a Alencar: "Vamos sair porque essa conversa é entre partidos, não entre candidatos."[121]

Os dois ficariam na sala, enquanto Dirceu, Valdemar e Delúbio seguiram ao quarto de Paulo Rocha. "Eu comecei pedindo R$ 20 milhões para levar uns R$ 15 milhões" — revelaria Valdemar.[122] A discussão duraria mais de uma hora. Lula, impaciente, chegou a telefonar para o ex-prefeito de Belo Horizonte, Patrus Ananias, dizendo que, se não houvesse acordo, ele seria o vice. Dirceu, irritado, retornou à sala. Ameaçava ir embora com Lula. De volta ao quarto, Valdemar reduziria seu pedido: "Vamos acertar por R$ 10 milhões" — disse. "Está fechado" — concordou o presidente do PT, que voltou à sala e deu a notícia para Lula e Alencar. Selariam a aliança com uma dose de cachaça da cidade mineira de Salinas.[123]

Dirceu comemoraria o acerto no Feitiço Mineiro, restaurante de Jorge Ferreira, um de seus melhores amigos em Brasília. Também o acompanhavam Maria Rita e os advogados Antonio Carlos de Almeida Castro, o Kakay, amigo desde os tempos da CPI do Collor, e Hélio Madalena, de quem se aproximou naquele ano, uma vez que este o representara no processo em que seria declarado anistiado

---

[121]Idem.
[122]Idem.
[123]Idem.

político pelo Ministério da Justiça, recebendo R$ 59.400,00 — o equivalente a 330 salários mínimos. Dirceu usaria o dinheiro para começar a construir uma casa no terreno que comprara, alguns anos antes, com Maria Rita, em um condomínio de Vinhedo, no interior de São Paulo. O casal estava em harmonia — Dirceu costumava dizer que a campanha de 2002 era a primeira da qual participava sem enfrentar uma crise conjugal. Ficaram até tarde, ouvindo chorinho, bebendo cachaça Havana e champanhe Dom Pérignon, e fumando charutos cubanos Trinidad Fundadores.

A aliança do PT com o PL definira o quadro daquela disputa presidencial. Lula e Alencar concorreriam contra o candidato do governo, o ex-ministro da Saúde José Serra, que tinha a deputada capixaba Rita Camata, do PMDB, como vice, e outros dois nomes de oposição: o ex-governador do Rio Anthony Garotinho, do PSB, e o ex-governador do Ceará, Ciro Gomes, pelo PPS. Em São Paulo, o PT disputaria o governo com José Genoino e o Senado com Aloizio Mercadante. Dirceu, dedicado à campanha de Lula, decidira tentar mais um mandato de deputado federal.

Consolidado o quadro oficial, Dirceu passaria a procurar apoios de dissidentes governistas. José Sarney foi o primeiro. O ex-presidente, que teve seu governo bombardeado pelo PT, rompera com FHC após o caso Lunus enterrar a candidatura de sua filha. Ele culpava o presidente e Serra pela ação e insistia que o dinheiro era legal. Seu filho caçula, Zequinha Sarney, pedira demissão do Ministério do Meio Ambiente e a família declarara guerra aos tucanos. O PMDB do patriarca, apesar disso, ficou com Serra. O PFL de Roseana e Zequinha preferiu a neutralidade.

Em 27 de junho, Dirceu entrou pela primeira vez na mansão de Sarney, no Lago Sul, em Brasília. Em duas horas de conversa em torno de uma mesa repleta de queijos e de garrafas do tinto chileno

Almaviva, conseguiria o apoio de Sarney e de outros dissidentes do PMDB, como o senador gaúcho Pedro Simon, o governador do Paraná, Roberto Requião, e o ex-governador de São Paulo Orestes Quércia — o mesmo que, quinze anos antes, tivera em Dirceu seu principal opositor na Assembleia Legislativa. Em 2002, ele concorreria ao Senado com o apoio informal do PT. E pediria votos para Lula. Em gratidão a Sarney, Lula não subiria no palanque do candidato do PT ao governo do Maranhão, Raimundo Monteiro. O pragmatismo, mais uma vez, estava acima das convicções.

Um mês antes das eleições, Dirceu pegou um jatinho no Aeroporto de Congonhas, em São Paulo, junto com o advogado Márcio Thomaz Bastos. Voaram até Salvador, de onde um Omega preto blindado os levou a uma casa em um condomínio em Interlagos, no litoral norte baiano. Lá, os esperava o ex-senador Antonio Carlos Magalhães, que renunciara no ano anterior para escapar de perder o mandato após ter violado o painel de votações do Senado, a fim de saber como os colegas haviam votado no processo de cassação de Luiz Estêvão. No processo, ACM também rompera com FHC e Serra, e desde então liderava uma ala do PFL que apoiava Ciro Gomes.

Naquele início de setembro, entretanto, ACM já não tinha mais esperanças na vitória de Ciro. E avaliava que sua sobrevivência política seria mais fácil ao lado de seus históricos inimigos do PT do que em um eventual governo de Serra. Foi por isso que convidou o presidente do PT para aquela reunião na mansão de um amigo empresário, com uma vista privilegiada para o verde mar baiano e com uma cozinheira com vestimenta típica da região, que os abastecia de caipirinhas e iguarias da culinária local.

"Quero propor um acordo. Eu continuo falando que estou com o Ciro, mas mando meu pessoal todo votar no Lula. E no segundo turno entro de cabeça na campanha" — falou ACM, que naquele ano disputava a eleição para voltar ao Senado. "E o que você quer em troca?" — perguntou o convidado. "Agora nada. Mas, quando vocês estiverem no governo, quero que me deixem em paz e que tratem bem do meu pessoal" — respondeu o anfitrião. Negócio fechado. Na mesma noite, Dirceu voltaria a São Paulo e daria a boa nova ao candidato.

Mesmo em uma campanha acirrada, marcada pelos ataques de Serra ao "Lulinha paz e amor", Dirceu conseguiria manter uma relação próxima e amistosa com FHC. As conversas telefônicas eram semanais. E por pelo menos quatro vezes se encontrariam pessoalmente no ano eleitoral. A primeira, no final de março, após o Movimento dos Trabalhadores Sem-Terra (MST) invadir a fazenda Córrego da Ponte, em Buritis, Minas Gerais, de propriedade dos filhos de Fernando Henrique. O MST sempre fora próximo ao PT e apoiava a candidatura de Lula. Dirceu, porém, conseguira costurar uma trégua entre o governo e o movimento pelo menos até a eleição. E o PT, pragmaticamente, começara a se afastar dos sem-terra.

O encontro seguinte aconteceu na noite de 14 de junho. Dirceu chegou ao Palácio do Planalto para uma conversa com FHC sobre a crise econômica, levado por Silvano Gianni, secretário executivo da Casa Civil. O presidente expôs a situação do país, admitiu o favoritismo de Lula e prometeu não criar dificuldades para o próximo governo. Mostrou também a necessidade de os candidatos respeitarem os contratos, comprometerem-se com as renegociações de dívidas em andamento, assegurarem superávits primários e seguirem a Lei de Responsabilidade Fiscal. Para surpresa do anfitrião, Dirceu concordaria com a maioria dos argumentos. A conversa acabou em um jantar feito por Roberta Sudbrack, a chef oficial da Presidência: um cordeiro com risoto degustado por Dirceu, FHC e Ruth Cardoso.

No início de agosto, o presidente do PT voltaria a se encontrar com FHC para discutir os termos do acordo que o Brasil assinaria com o Fundo Monetário Internacional. Saiu de lá com a certeza de que, em um eventual segundo turno entre Lula e Ciro Gomes, cenário considerado possível naquela ocasião, FHC apoiaria o petista. Considerava aquilo, contudo, uma armadilha. É verdade que não seria simpático aos empresários e investidores que aderiam à candidatura do PT recusar o apoio do presidente da República. Por outro lado, a popularidade em queda do governo poderia tirar votos de Lula caso aparecesse ao lado de FHC. Naquele agosto, as pesquisas apontavam que apenas 25% da população aprovava o governo. Dirceu, que até então achava mais fácil derrotar Ciro Gomes, passaria a torcer por um segundo turno entre Lula e Serra. Duas semanas depois, intermediaria um encontro de Lula com FHC, no qual o petista se comprometeu a cumprir o acordo com o FMI se fosse eleito.

Mesmo após a *Carta ao Povo Brasileiro*, o risco de uma vitória de Lula ainda assustava o mercado e fazia o dólar disparar. Dirceu esteve pessoalmente na Fiesp e nos Estados Unidos, onde, com a ajuda do empresário Mario Garnero, próximo ao então presidente George W. Bush, encontrou-se com Stanley Fischer, ex-FMI, e com David Rockefeller, herdeiro de uma família cujo sobrenome é sinônimo do capitalismo. Em Wall Street, propôs uma trégua com o FMI — historicamente atacado pelo PT —, garantiu que seu partido estava mudado e prometeu que Lula honraria os compromissos e governaria com os empresários e em parceria com a Casa Branca.

Apesar do esforço, Lula ainda era colocado em dúvida por alguns empresários importantes, como o megainvestidor George Soros, que declararia em junho: "É Serra ou o caos." Dirceu, em resposta, o chamaria de chantagista. E contou com o apoio da maior parte dos investidores brasileiros, que saíra em defesa de Lula.

Em 3 de outubro, o Datafolha divulgou sua penúltima pesquisa antes do primeiro turno, que aconteceria três dias depois. Lula tinha 49%, contra 22% de Serra e 19% de Garotinho. Havia duas dúvidas: se o petista ganharia na primeira votação e, se não vencesse, quem seria seu adversário. Dirceu, para animar a militância, mandara uma carta a todos os filiados do PT pedindo um esforço final para a vitória. Na mesma noite, a Rede Globo apresentou o último debate da campanha. Lula manteve o *script* de candidato responsável, que não caía em provocações. Seu desempenho foi comemorado. A certeza da vitória era tão grande que a cúpula da campanha foi jantar em um restaurante italiano em Ipanema, onde Duda Mendonça daria de presente a Lula uma garrafa de vinho Romanée-Conti, safra de 1997, comprada por R$ 6 mil. A garrafa vazia foi exibida como um troféu de campeonato de futebol na saída do restaurante pelo candidato.

Dinheiro parecia não ser mais problema para o PT. As campanhas improvisadas tinham ficado para trás. Em 2002, era tudo profissional. Vendo a vitória de Lula como inevitável, empresários começaram a procurar Dirceu e Delúbio Soares, tesoureiro do PT, para fazer doações. A dois dias das eleições, os dois promoveram um jantar na casa de Antonio Carlos Camanho, conselheiro da Bovespa. Participaram David Feffer (Suzano), Raymundo Magliano (Bovespa), Otávio Azevedo (Andrade Gutierrez), Luiz Eulálio de Bueno Vidigal Filho e Roberto Almeida (El Paso). Dirceu afirmou que não haveria caça às bruxas nem revisão de privatizações no governo Lula. Disse que a prioridade do PT seria o empresariado nacional. Elogiou FHC. E passou a sacolinha. Saiu do jantar com mais de R$ 1 milhão.

Em 6 de outubro, Dirceu acompanharia Lula à escola onde votou, em São Bernardo do Campo. Passariam o dia juntos, certos da vitória. Que não veio por pouco. O petista teve 39 milhões de votos — 46,44% do total. Dirceu fora eleito para seu terceiro mandato de deputado federal com 556.768 votos — a segunda maior votação do país, atrás apenas do folclórico barbudo Enéas Carneiro, do Prona.

Nas três semanas de campanha antes do segundo turno, Dirceu costuraria os apoios de Ciro e Garotinho a Lula, isolando Serra. As negociações de cargos no governo já eram feitas abertamente, tamanha a convicção da vitória. Em 27 de outubro, Lula seria eleito presidente da República, com 52,7 milhões de votos — 61% do total. Dirceu estava ao lado do candidato, de Marisa Letícia, de Antonio Palocci, de Aloizio Mercadante, de Duda Mendonça e de Gilberto Carvalho, no Hotel Meliá, nos Jardins, em São Paulo, quando a TV anunciou a vitória. Enquanto todos choravam, ele sorria. "Tá acabando, Zé!" — berrou Duda, às lágrimas. "Não, Duda, tá só começando" — respondeu, com ar preocupado.[124]

Na festa da posse, na avenida Paulista, Lula soltou uma frase que se tornaria célebre: "A esperança venceu o medo." Aos 22 anos de vida, o PT chegava ao poder. José Dirceu finalmente comandaria sua coluna de carros oficiais.

---

[124]Diálogo extraído do filme *Entreatos*, de João Moreira Salles.

14 | Um camaleão no Palácio do Planalto

"O governo Lula será marcado pela ética e integridade."
Dirceu, na reunião ministerial preparatória para a posse.

No início da tarde de 15 de dezembro de 2002, um domingo, José Dirceu e Maria Rita foram à Granja do Torto, em Brasília, residência oficial da presidência da República cedida para Lula entre a vitória nas eleições e a posse, que aconteceria em 1º de janeiro. Tinha duas preocupações naquela tarde: a montagem do ministério e o segundo jogo da final do Campeonato Brasileiro de Futebol, que aconteceria naquela tarde e confrontaria o seu Corinthians ao Santos. Corintiano fanático, Lula programara um churrasco para assistir ao jogo. Pediu a Dirceu que viesse mais cedo, para que acertassem os ponteiros das negociações com os partidos com vistas à montagem do governo. Os outros convidados chegariam apenas na hora da partida.

Uma semana antes, no dia do primeiro jogo da final, vencido pelo Santos por 2 a 0, Dirceu se reunira com o presidente do PMDB, Michel Temer. Era uma negociação difícil, mas considerada essencial. O partido se aliara a Serra oficialmente, embora boa parte de seus líderes tivesse formado uma dissidência para apoiar Lula. Agora, com a vitória do petista, o PMDB queria aderir em peso, prometendo em troca os votos da maioria de seus 75 deputados e 24 senadores para as reformas tributária, previdenciária e política propostas por Lula. O apetite do partido, porém, era voraz. Dirceu, depois de muito regatear, fez a oferta final: os ministérios da Integração Nacional e de Minas e Energia. Temer aceitou, desde que pudesse indicar não só os ministros, mas os principais cargos de segundo escalão e o comando das estatais subordinadas às pastas. Dirceu não tinha autonomia para fechar o pacote sem a aprovação de Lula, e a negociação ficou pendente.

Dirceu não conseguira ter outra conversa privada com Lula desde então. No dia seguinte à reunião, os dois embarcaram para os Estados Unidos e o México, na primeira viagem do ex-líder sindical como presidente eleito. A agenda internacional repleta de compromissos deixou a negociação de cargos em segundo plano. O celular de Dirceu não pararia de tocar nos cinco dias em que esteve no exterior. Seu e-mail fora entupido por listas de pretendentes a ministérios e autarquias, mas ele nada podia resolver. Por isso, logo ao chegar ao Torto, pediu meia hora a sós com o futuro presidente. Com a cigarrilha numa mão e um copo de cerveja na outra, Lula levou o convidado à edícula atrás da piscina.

"Lula, precisamos resolver o problema do PMDB. Sem eles, nossa vida no Congresso vai ser complicada. A gente tem que fazer como o Fernando Henrique e dar os dois ministérios de porteira fechada para eles" — falou Dirceu.[125]

"Porteira fechada", uma expressão cunhada por Eduardo Graeff, assessor de FHC responsável pela distribuição de cargos nos oito anos dos tucanos no Palácio do Planalto. Os ministérios eram distribuídos

---

[125]Conforme relataram ao autor dois interlocutores a quem Dirceu detalhou a conversa.

aos partidos aliados de acordo com o tamanho de suas bancadas no Congresso. As legendas se tornavam verdadeiras inquilinas das pastas, podendo nomear do ministro ao ascensorista. A qualquer problema, no entanto, todos eram substituídos. E a conta ia para o partido, não para o presidente. O PMDB, nos anos FHC, teve os ministérios dos Transportes, da Integração Nacional e a Secretaria de Desenvolvimento Urbano de porteira fechada. Votou sempre com os interesses do governo, mesmo em temas polêmicos, como o fim do monopólio estatal das telecomunicações e a emenda da reeleição. O sistema era tão sofisticado que Graeff desenvolveu um *software* para listar todos os cargos de confiança e seus padrinhos.

"Não sei, não, Zé. Tenho medo desse PMDB nos dar dor de cabeça. Não tem outro jeito de fazer a maioria no Congresso?" — questionou Lula a respeito. Dirceu insistiu na importância do aliado cobiçado, na impossibilidade de apoio sem cargos e na conveniência da porteira fechada. Lula acabaria aceitando: "Pode fechar o acordo, mas são só os dois ministérios. E a gente tem que aprovar os ministros."[126]

Problema resolvido, voltaram à companhia das mulheres. José Genoino, também corintiano, chegou pouco antes das quatro da tarde, ainda em tempo de se servir de picanha e linguiça antes de o jogo começar no Morumbi. Os outros dois convidados — os santistas Aloizio Mercadante e Eduardo Suplicy — preferiram assistir ao jogo no estádio, em São Paulo. O Corinthians precisaria ganhar por dois gols de diferença, para reverter a desvantagem da derrota na semana anterior. Começou atrás, com um gol de pênalti de Robinho, derrubado depois de dar oito pedaladas em um zagueiro rival. O Corinthians chegaria a fazer 2 a 1, enchendo Lula e Dirceu de esperança. Mas dois gols nos últimos minutos deram o título ao

---

[126] Idem.

Santos de Robinho e Diego, para tristeza do anfitrião. "Tudo bem. Perdemos o campeonato, mas ganhamos a eleição. Estamos no lucro" — consolou Dirceu.[127]

Chegando ao apartamento funcional onde morava, na Asa Norte, ligou para Temer e marcou uma reunião para o dia seguinte, em uma suíte do hotel Blue Tree que servia como seu escritório durante a transição. A conversa seria rápida. O presidente do PMDB aceitou a proposta e o petista concordou com os nomes sugeridos: o deputado Eunício Oliveira, do Ceará, para a Integração, e o senador gaúcho Pedro Simon para Minas e Energia. Ainda havia a possibilidade da troca de Simon pelo mineiro Hélio Costa, que também contava com o apoio do PT. O anúncio oficial foi feito três dias depois, após reunião entre as cúpulas dos partidos no Congresso. "O presidente do PMDB e eu, em nome da montagem do governo, chegamos a uma proposta comum" — anunciou Dirceu aos jornalistas, no início da noite de quinta-feira, 19 de dezembro.[128]

O acordo não chegaria ao dia seguinte. Às dez da noite, Lula ligou para Dirceu e pediu que fosse ao Blue Tree, onde também despachava. Foi direto ao assunto: "Você precisa desfazer esse acerto com o PMDB. Eu não vou entregar nenhum ministério para eles."[129] Ante a incredulidade do interlocutor, o presidente eleito explicou que fora muito pressionado pelo PT e por antigos aliados desde o anúncio do acordo. E que acabara convencido de que o PMDB, com sua fama de corrupto e fisiológico, mancharia seu ministério e jamais o apoiaria por inteiro, pois vivia em uma guerra interna de tendências. Revelou, por fim, que já fizera dois convites para os ministérios que seriam dos peemedebistas. Ciro Gomes iria para a Integração e Dilma Rousseff,

---
[127]Idem.
[128]Como publicado pela edição de 21 de dezembro de 2012 da *Folha de S. Paulo*.
[129]Relatado por um interlocutor a quem José Dirceu contou o episódio.

ex-secretária de Energia do Rio Grande do Sul e responsável pelo setor na transição, seria a ministra de Minas e Energia. Dirceu, indignado, reagiu: "Sem o PMDB vai ser impossível aprovar as reformas no Congresso. Isso é uma loucura!" Lula argumentou que seus 53 milhões de votos e a boa vontade da oposição compensariam a defecção dos peemedebistas. E cortou ainda mais as asas do auxiliar: "Não tem porteira fechada para ninguém. Os partidos escolhem os ministros. O resto é outra negociação." Dirceu, então, fez um alerta: "Isso não vai dar certo. Você acha que o PTB, o PL e o PMDB vão apoiar o governo por ideologia ou por causa de seus belos olhos?" O presidente eleito encerrou o assunto: "Isso você resolve."[130]

Dirceu foi para seu apartamento. Chegou bufando e precisou tomar duas doses de uísque para conseguir dormir. Só teve coragem de ligar para Temer ao meio-dia da sexta-feira, que, com sua polidez característica, reclamaria: "Isso é lamentável. Não dá mesmo para confiar no PT."[131]

Horas mais tarde, Dirceu voou para São Paulo, onde participaria de um churrasco no Instituto Cidadania em comemoração à chegada do PT ao poder. Mal cumprimentou Lula. No final da festa, relatou tudo o que acontecera ao advogado Márcio Thomaz Bastos, futuro ministro da Justiça, e a Gilberto Carvalho, futuro chefe de gabinete da Presidência. E despediu-se deles com uma previsão: "Isso vai dar merda."[132]

Aquele não fora o primeiro nem o mais grave desentendimento entre Lula e Dirceu. O equilíbrio entre o líder popular, que tinha votos e carisma, e o burocrata pragmático, que tomava conta da máquina partidária, foi o segredo da transformação de um amontoado de ten-

---

[130]Idem.
[131]Idem.
[132]Conforme relato de um dos presentes ao autor.

dências em um partido capaz de chegar à Presidência da República. Muitas vezes, porém, essa receita desandava. Nesses casos, a opinião de Lula costumava prevalecer. E as divergências ficavam entre as quatro paredes do partido. O veto ao PMDB, contudo, representou a maior demonstração explícita de problemas entre as duas mais expressivas lideranças petistas, e consistiu também na primeira vez em que Lula desautorizou Dirceu publicamente.

Como o futuro ministro da Casa Civil previra na conversa com Duda Mendonça no dia da vitória, os problemas estavam apenas começando. Já na primeira tarde como presidente eleito, Lula chamaria seus três principais assessores para uma reunião, no comitê central da campanha, na Vila Mariana. Pediu para que Dirceu, Palocci e Mercadante se acomodassem ao redor da enorme mesa de madeira escura e avisou: "Eu ainda não decidi o nome dos ministros, mas vocês três têm que se preparar. Entre vocês, eu quero o ministro da Fazenda e o chefe da Casa Civil. Ou o Zé Dirceu fica no Congresso e o Mercadante vem para o governo ou será o contrário. Teremos que decidir. Se o Zé ficar no Congresso, o Palocci irá para a Casa Civil e o Mercadante fica na Fazenda. Se o Mercadante ficar no Senado, então o Palocci será o ministro da Fazenda e, nesse caso, o Zé assumirá a Casa Civil. Não vamos decidir agora. Quero apenas que vocês pensem nisso e se preparem."[133]

Mercadante, no ato, pediria para ficar no Senado. Tinha um plano definido na cabeça: queria disputar o governo de São Paulo em 2006 e, quatro ou oito anos depois, a Presidência da República. E considerava que, para o plano dar certo, precisaria cumprir pelo menos a metade do mandato de senador concedido pelo eleitorado paulista, com 10,5 milhões de votos. Dirceu preferia ir para o Executivo, mas queria a Fazenda, cargo que também era cobiçado por Palocci. Na campanha, alimentara a certeza de que iria para o cargo,

---

[133]Palocci, Antonio; *Sobre formigas e cigarras*. Objetiva, 2007.

principalmente após os encontros em Wall Street e na Casa Branca. Mas, com aquela frase de Lula, passou a desconfiar de que seria preterido. Começaria a ruir ali o pacto de convivência firmado com Palocci na mesa do Massimo, oito meses antes.

Já no dia seguinte à conversa, Lula começaria a dar sinais de sua preferência na disputa: anunciou Palocci como chefe do inédito governo de transição, formado por quinze indicados por Fernando Henrique e quinze pelo presidente eleito. Dirceu chegou a participar da reunião de Lula e FHC que marcaria a criação do grupo — era um dos quatro representantes do novo governo, ao lado de Palocci, Gushiken e José Alencar. Mas não ganhou um gabinete no Centro Cultural Banco do Brasil, prédio próximo ao Lago Paranoá escolhido como sede da transição.

Lula preferira nomeá-lo chefe do conselho político, que reuniria representantes dos partidos aliados para definir o espaço de cada um no futuro governo. Dirceu fez de uma suíte no Hotel Blue Tree, vizinho ao Palácio da Alvorada, seu *bunker* político. Num andar abaixo, alugou duas suítes para seus principais assessores: o tesoureiro do PT, Delúbio Soares, e o secretário de organização, Silvio Pereira, o mesmo que ocupara a tesouraria de sua campanha ao governo paulista em 1994, quando acusado de desvio de verbas para a empresa de som de um amigo.

Os líderes políticos levavam seus pleitos a Delúbio e Silvio, que faziam a triagem. Quando autorizavam, o aliado subia ao quarto de Dirceu. Lula, que ocupava uma suíte no outro prédio do complexo hoteleiro, só era incomodado em casos mais sensíveis. Já as negociações que não envolviam cargos nem verbas, como os convites a notáveis para ministérios, eram feitas diretamente pelo presidente eleito.

O clima no Blue Tree era de festa e deslumbramento, misturado com muita cobrança e desconfiança. Lula delegava poder a Dirceu, mas queria saber de todos os seus passos. Já Dirceu temia que negociações ocorressem à sua revelia. Por isso, escalou um antigo assessor dos tempos de CPI do Collor, Waldomiro Diniz, com quem chegara a dividir um apartamento, para ficar no térreo do prédio em que Lula despachava e assim conferir quem se encontrava com ele.

No início da transição, o eleito convidara Márcio Thomaz Bastos para um café. Queria saber se tinha disposição de fechar seu escritório, um dos de maior faturamento do país, e assumir o Ministério da Justiça. Conversaram por uma hora e Thomaz Bastos ficou de consultar os sócios e dar uma resposta mais adiante. Quando ia embora, acompanhado de Gilberto Carvalho, foi abordado por Waldomiro, que o levaria ao encontro de Dirceu. Lula, ao saber da história por Gilberto, ironizaria: "O Zé, como sempre, montou uma estrutura cinco vezes maior do que a nossa."[134]

No comando do conselho político, Dirceu teria de controlar a cobiça dos aliados sedentos por espaço no governo e administrar antigas dívidas assumidas pelo partido — políticas e financeiras. As alas mais à esquerda do PT, descontentes desde o anúncio da *Carta ao Povo Brasileiro*, exigiam o rompimento com o FMI e repudiavam a reforma da Previdência. A senadora alagoana Heloísa Helena era a principal porta-voz dos descontentes. Em 25 de novembro, ela foi ao Blue Tree, acompanhada dos deputados Lindbergh Farias (RJ) e Babá (PA), para uma audiência com Dirceu, que se recusaria a recebê-los — alegou que fora chamado por Lula com urgência e os deixou com Silvio Pereira. Atitude que só serviria para aumentar o descontentamento do grupo.

No dia seguinte, o primeiro compromisso da agenda era um encontro com Valdemar Costa Neto. Ao entrar na suíte, o presidente

---

[134]Depoimento de uma testemunha ao autor.

do PL entregou uma lista com 29 nomes do partido para cargos em ministérios. E cobrou, pela primeira vez, o atraso no pagamento dos R$ 10 milhões prometidos pelo apoio a Lula. "Zé, meu dinheiro está vindo pingado, em conta-gotas" — reclamou. "Eu quero receber tudo de uma vez." Dirceu tentou acalmá-lo: "Calma que o Delúbio está providenciando dinheiro para te pagar. Ele vai arrumar o dinheiro e resolver tudo."[135]

Essa era a função de Delúbio Soares, o tesoureiro do PT: arrumar dinheiro. Já fora assim na campanha e continuava na transição. O PT gastara demais para eleger Lula — e continuava gastando. A única estrutura sustentada por dinheiro público era o governo de transição, no Centro Cultural Banco do Brasil. As despesas no Blue Tree corriam por conta do partido. A prestação de contas oficial, apresentada à Justiça Eleitoral duas semanas após o pleito, mostrara um buraco de R$ 10 milhões a tapar: os gastos somavam R$ 48 milhões, mas as doações arrecadadas até então chegaram a R$ 38 milhões. Para Dirceu, entretanto, a situação se encontrava sob controle, pois o empresariado brasileiro estaria sempre disposto a colaborar com o governo, qualquer que fosse o partido. Não seria diferente com o PT.

Delúbio tinha uma lista de empresários a procurar. Alguns demonstraram sua generosidade de cara, como o empreiteiro Marcelo Odebrecht. Outros, porém, não gostaram da abordagem, considerada semelhante a um achaque. O primeiro a reclamar seria Jorge Gerdau Johannpeter, dono da Gerdau, maior produtora de aço do Brasil, que pediu uma audiência com Lula para relatar a insistência de Delúbio em conseguir R$ 1 milhão para o PT. Gerdau interpretara o diálogo como uma chantagem: se não ajudasse o partido, não seria ajudado pelo governo Lula.

---

[135]Como publicado pela revista *Época* de 15 de agosto de 2005.

O futuro presidente demonstrou contrariedade. E cobrou Dirceu no voo que os levaria a Washington, em 9 de dezembro: "Segura o Delúbio. O Gerdau veio reclamar que ele está pegando pesado."[136] Dirceu prometeu advertir o subordinado, mas nada fez.

A viagem aos Estados Unidos seria o momento mais importante da transição. Já no primeiro dia em solo americano, em reunião com investidores, Lula anunciou a escolha de Palocci para o Ministério da Fazenda. A decisão foi interpretada como um sinal de moderação do novo governo, acalmou o mercado e segurou a disparada do dólar. Mas deixou Dirceu contrariado. Na mesma entrevista, anunciou-se que Marina Silva seria a ministra do Meio Ambiente. Senadora pelo PT do Acre e ambientalista respeitada mundialmente, Marina servia como uma demonstração de que Lula valorizaria a defesa da Floresta Amazônica. Antes do fim da viagem, revelar-se-ia também que o eleito escolhera Henrique Meirelles para presidir o Banco Central. Deputado eleito pelo PSDB de Goiás e ex-presidente mundial do Bank Boston, Meirelles era a sexta opção e só chegou ao cargo porque todos os demais recusaram o convite.

Lula voltou ao Brasil, em 12 de dezembro, com Dirceu insatisfeito e o PT conflagrado, pois as escolhas anunciadas nos Estados Unidos deixavam claro que o futuro governo manteria a ortodoxia na condução da economia. Para tentar aliviar o clima, confirmou o que já era sabido por todos: Dirceu seria o ministro-chefe da Casa Civil, responsável pela condução política de seu governo. No mesmo dia, ele comandaria sua primeira reunião como ministro escolhido, com a bancada de deputados eleitos pelo PT. O que seria uma comemoração se tornou um martírio: foi cobrado, quatro horas a fio,

---

[136]Conforme relatado ao autor por dois interlocutores de José Dirceu.

Dirceu na sala de entrevistas da ocupação da Faculdade de Filosofia da USP, à rua Maria Antônia, em agosto de 1968. (Fotos Abril)

Dirceu apresenta à imprensa Heloísa Helena Magalhães, a Maçã Dourada, agente do Dops que se passou por estudante para seduzi-lo e conseguir informações sobre o movimento estudantil, em agosto de 1968. (Fotos Abril)

Protesto contra a morte do estudante José Guimarães, no confronto entre alunos da USP e do Mackenzie, em 3 de outubro de 1968. (Fotos Abril)

Dirceu discursa segurando a camisa ensanguentada usada por Guimarães quando foi baleado no confronto entre USP e Mackenzie. (Fotos Abril)

Dirceu em passeata contra a ditadura em São Paulo, em outubro de 1968. (Fotos Abril)

Dirceu, de cima de um táxi, comanda passeata contra a ditadura, em São Paulo, 1968. (Fotos Abril)

Ao lado de Luís Travassos, Dirceu comanda manifestação contra a ditadura no centro de São Paulo, em outubro de 1968. (Fotos Abril)

Com um megafone na mão, discursa para multidão de estudantes em São Paulo, em outubro de 1968. (Fotos Abril)

Com Luís Travassos. São Paulo, outubro de 1968. (Fotos Abril)

Estudantes presos no congresso da UNE em Ibiúna, em 12 de outubro de 1968.
(Fotos Abril)

Dirceu no congresso da UNE em Ibiúna, em 12 de outubro de 1968.
(Fotos Abril)

Dirceu deixa o congresso da UNE em camburão da Polícia Militar. Ibiúna (SP), 12 de outubro de 1968. (Fotos Abril)

Foto da ficha policial de Dirceu no Dops de São Paulo, em outubro de 1968, após ser preso no congresso da UNE.
(Agência Estado)

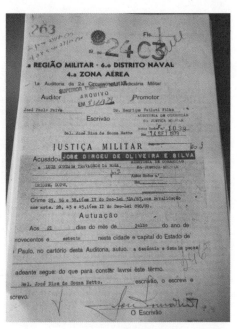

Capa do prontuário de José Dirceu no Superior Tribunal Militar, em Brasília.
(STM)

Qualificação e impressões digitais de Dirceu no prontuário do Superior Tribunal Militar.
(STM)

Mandado de prisão contra Dirceu, em maio de 1979, por ter sido condenado pelo sequestro de um rival do movimento estudantil.
(STM)

Dirceu com o nariz modificado pela plástica feita em Cuba, com Clara Becker e o filho Zeca, em Cruzeiro do Oeste, em 1979.
(Fotos Abril)

José Dirceu com o nariz remodelado pela plástica, com Zeca no colo.
Cruzeiro do Oeste, 1979.
(Fotos Abril)

Dirceu, Delúbio Soares e Lula no Sindicato dos Bancários de São Paulo,
em 27 de junho de 2001. (Orlando Brito)

Lula, o vice-presidente José Alencar e Dirceu no lançamento do programa Luz para Todos, em 11 de novembro de 2003. (Orlando Brito)

Dirceu participa do ato de criação do Conselho Superior do Cinema, presidido por ele, em 11 de fevereiro de 2004. (Orlando Brito)

Dirceu cumprimenta seu desafeto Eduardo Suplicy ao chegar ao Congresso para prestar esclarecimentos sobre o caso Waldomiro Diniz, em Brasília, em 16 de fevereiro de 2004. (Orlando Brito)

Dirceu abraça o senador Antonio Carlos Magalhães, oposicionista que ele aproximara do governo. Em 16 de fevereiro de 2004, antes de depor sobre o caso Waldomiro. (Orlando Brito)

Lula cochicha ao ouvido de Dirceu durante o desfile de 7 de setembro, em 2004, em Brasília. (Orlando Brito)

Dirceu assiste ao desfile no dia da Independência, em Brasília, em 7 de setembro de 2004. (Orlando Brito)

Dirceu e Lula em um evento sobre educação no Palácio do Planalto, em 15 de junho de 2005, mesmo dia do depoimento de Roberto Jefferson ao Conselho de Ética da Câmara. (Orlando Brito)

Dirceu, a primeira-dama Marisa Letícia e Lula no mesmo evento. (Orlando Brito)

Dirceu, Lula e Palocci durante o lançamento de pacote tributário no Palácio do Planalto, em 15 de junho de 2005, véspera da queda do ministro da Casa Civil. (Orlando Brito)

Dirceu, ao lado de Lula e Renan Calheiros, em seu último evento como chefe da Casa Civil, em 16 de junho de 2005. (Orlando Brito)

Dirceu momentos antes de seu discurso de despedida da Casa Civil da Presidência, em 16 de junho de 2005. (Orlando Brito)

Dirceu após seu discurso de despedida da Casa Civil, em 16 de junho de 2005. (Orlando Brito)

Dirceu e Lula se abraçam na cerimônia de posse de Dilma Rousseff como nova ministra da Casa Civil, em 21 de junho de 2005. (Orlando Brito)

Tumulto durante discurso de Dirceu na sessão que marcou sua volta à Câmara dos Deputados, em 22 de junho de 2005. (Orlando Brito)

Jornalistas e funcionários do Senado acompanham depoimento de Dirceu ao Conselho de Ética da Câmara, em 2 de agosto de 2005. (Orlando Brito)

Dirceu em depoimento ao Conselho de Ética da Câmara, em 2 de agosto de 2005. (Orlando Brito)

Dirceu e João Paulo Cunha em votação sobre o aumento do salário mínimo no Congresso, em 17 de agosto de 2005. (Orlando Brito)

Delúbio Soares, então tesoureiro do PT, chega ao Congresso para depor na CPI dos Correios, em 18 de agosto de 2005. (Orlando Brito)

Dirceu faz uma pausa no cafezinho do plenário da Câmara dos Deputados, em 24 de agosto de 2005. (Orlando Brito)

Dirceu discute com jornalistas na saída do plenário da Câmara, em 24 de agosto de 2005. (Orlando Brito)

Dirceu vota na sessão que cassou o mandato de Roberto Jefferson na Câmara, em 14 de setembro de 2005.
(Orlando Brito)

Dirceu e o relator de seu processo de cassação, Julio Delgado, na sessão que aprovou o relatório que recomendava a perda do mandato, em 18 de outubro de 2005.
(Orlando Brito)

Manifestação contra a corrupção em Brasília, durante o processo do mensalão.
(Orlando Brito)

Dirceu, com o rascunho do discurso que faria nas mãos, horas antes da sessão da Câmara que definiu a cassação de seu mandato, em 30 de novembro de 2005.
(Orlando Brito)

Dirceu discursa na sessão que cassou seu mandato de deputado, em 30 de novembro de 2005.
(Orlando Brito)

Dirceu vota na sessão que definiu a cassação de seu mandato de deputado, em 30 de novembro de 2005.
(Orlando Brito)

Dirceu e seu advogado, José Luis de Oliveira Lima, em um intervalo da sessão que definiu a cassação de seu mandato, em 30 de novembro de 2005.
(Orlando Brito)

Dirceu em entrevista coletiva no dia seguinte à cassação de seu mandato, em 1º de dezembro de 2005.
(Orlando Brito)

A presidente Dilma Rousseff e o presidente do Supremo Joaquim Barbosa na abertura do ano judiciário, em 1º de fevereiro de 2013. (Orlando Brito)

Plenário do Supremo Tribunal Federal durante sessão do julgamento do mensalão. (Orlando Brito)

O procurador-geral da República Roberto Gurgel lê a denúncia do mensalão na primeira sessão do julgamento. (Orlando Brito)

Dirceu e o ministro da Justiça Márcio Thomaz Bastos no evento de balanço do primeiro ano do governo Lula.
(Orlando Brito)

pelas escolhas e decisões de Lula. Mas não vendeu ilusões: disse que a transição econômica duraria de seis a dezoito meses, período em que o país dificilmente cresceria.

Com seu cargo definido e as cobranças cada vez maiores, Dirceu embarcou com Maria Rita para seu único fim de semana de folga na transição, no litoral de São Paulo. A vida conjugal continuava estável, o convívio com os filhos e as ex-mulheres era tranquilo, mas as tentações do poder já começavam a aparecer. Belas garotas de programa frequentavam o Blue Tree, agenciadas por Jeany Mary Corner, a mais famosa cafetina da capital. Em uma das primeiras noites no hotel, Silvio Pereira fez uma festa com três garotas em sua suíte. Convidou Dirceu, que lhe passaria uma descompostura: "Você é maluco. Fazer isso aqui, cheio de político e jornalista, é procurar escândalo."[137]

Fora de lá, continuava frequentando os bares de Jorge Ferreira e jantando com o advogado Kakay, que o aproximaria de seus clientes que integravam partidos de oposição ao PT, como o governador de Goiás Marconi Perillo (PSDB) e os senadores Demóstenes Torres (PFL-GO) e Eduardo Siqueira Campos (PSDB-TO), além de José Sarney e Antonio Carlos Magalhães, que já apoiavam Lula.

ACM, aliás, fora um dos primeiros a cobrar a fatura pelo apoio. Dez dias depois da eleição, seria levado, novamente por Márcio Thomaz Bastos, ao hotel Naoum, usado por Lula, Dirceu e Palocci para encontros secretos. Em uma ampla suíte reservada do 14º andar, o pefelista cumprimentou Dirceu e mostrou os dados da apuração em sua terra: Lula recebera 66% dos votos na Bahia e 89% em Salvador, capital em que teve a maior votação. E pediu dois favores em pagamento: que o novo governo não desenterrasse seus esqueletos e que seu grupo político mantivesse os cargos que ocupava em ministérios

---

[137]Idem.

e estatais. Dirceu topou a primeira parte, prometendo que a Polícia Federal não se debruçaria sobre denúncias antigas contra ACM. Quanto à segunda, impôs uma condição: os deputados ligados a Antonio Carlos teriam de mudar de partido para continuar com seus postos. Em crise com a cúpula do PFL, o baiano aceitou a condição e dividiu sua tropa entre o PL e o PTB.

No meio da conversa, uma surpresa: Lula chegou, acompanhado de José Sarney e sua filha, Roseana, eleita senadora pelo PFL do Maranhão. E a imprensa toda apareceu junto e ocupou o *lobby* do hotel. Dirceu se desesperou: "E agora, o que eu faço? Ninguém pode saber que eu estou aqui com o senhor" — disse. "Não tem problema. Eu saio daqui e falo para os jornalistas que estava reunido com o doutor Márcio, o meu advogado. Eu não preciso aparecer ao lado do PT, só não quero que o PT me foda" — reagiu ACM, já se despedindo e chamando o elevador.[138]

ACM e Thomaz Bastos seguiram ao térreo e encararam a imprensa. Dirceu, por sua vez, pararia no andar em que Lula se encontrava com Sarney. Nessa reunião, o novo governo se comprometeria a apoiá-lo à presidência do Senado. Já o comando da Câmara teria como candidato único o líder do PT na Casa, o paulista João Paulo Cunha.

Acordo semelhante ao fechado com o senador baiano seria firmado com Fernando Henrique, mas sem envolver cargos. Em novo jantar no Palácio da Alvorada, em 3 de dezembro, Dirceu pediu a ajuda do presidente em final do mandato para que fosse aprovado o orçamento da União para 2003. Pediu ainda para que o governo editasse uma medida provisória que equacionasse a dívida de Minas Gerais, estado governado por Itamar Franco, que apoiara Lula desde o primeiro turno. E sinalizou que, em reconhecimento à atuação isenta de FHC na campanha e na transição, barraria quaisquer tentativas de investigar casos antigos de corrupção ou de rever as privatizações que surgissem no PT.

---

[138]Conforme relato de Márcio Thomaz Bastos ao autor.

Três dias depois, deixaria de presidir o partido, passando o cargo para José Genoino. Manteve, porém, toda a sua influência. A escolha de Genoino para comandar o PT, aliás, fora uma vitória de Dirceu, que precisou argumentar muito até convencer Lula. O presidente queria escalá-lo na Secretaria Geral da Presidência, dividindo a articulação política com a Casa Civil. Dirceu, entretanto, temia perder poder com tal divisão, já que Genoino era deputado havia vinte anos e conhecia todos os caminhos do Congresso. Acabou bancando, assim, sua escolha à presidência do partido, e trabalhou para que o ex-deputado mineiro Luiz Dulci, sem nenhum traquejo político, fosse para a Secretaria Geral.

Sem Genoino e sem o PMDB, Lula apresentou seu ministério em 23 de dezembro, no Blue Tree. Também ficariam de fora alguns políticos notáveis, que chegaram a ser sondados, como Itamar Franco e Leonel Brizola. Lula contou na época ter seguido um conselho dado por Dirceu, que repetira uma frase de Tancredo Neves: "Jamais nomeie alguém que você não possa demitir."

Para compensar a ausência do PMDB no Congresso, Dirceu deu aos partidos aliados a orientação de atrair deputados eleitos pela oposição. E os autorizou a prometer que os novos governistas manteriam seus cargos e seriam bem tratados com verbas públicas. Com essa estratégia, PSDB, PFL, PPB e PMDB perderiam 28 deputados entre a eleição e a posse. O PTB, que ficaria com o Ministério do Turismo, foi o que mais se beneficiou, subindo de 26 para 41 deputados. O presidente do partido era Roberto Jefferson, principal rival de Dirceu na CPI do Collor e agora seu aliado na montagem do governo.

Ao final do encontro em que se anunciara a composição do ministério, Dirceu chamou Thomaz Bastos para uma conversa a sós. Queria saber se pretendia nomear o antropólogo Luiz Eduardo Soares para a Secretaria Nacional de Segurança Pública. Diante da confirmação, fez um pedido, valendo-se de um tom que mais parecia uma ordem: "Não nomeie. O Garotinho vai para a oposição se o Soares for nomeado." O futuro ministro da Justiça não mudou de ideia: "Vou nomear, sim. Lula me deu carta branca." O advogado saiu de lá e foi se reunir com Lula e a governadora do Rio, Benedita da Silva, na Granja do Torto. E contou que Dirceu era contra a nomeação de Soares. Irritado, Lula ordenaria que a escolha fosse mantida. E atacaria: "Foda-se o Zé Dirceu. Ele precisa entender que quem ganhou a eleição fui eu!"[139]

Da apresentação do ministério, Dirceu voou para São Paulo, onde se encontrou com Maria Rita. Passariam o Natal na casa de Vinhedo, recém-inaugurada. Um dia depois, voltou a Brasília e jantou com Pedro Parente, chefe da Casa Civil de FHC, no Feitiço Mineiro. Ouviu dicas sobre o funcionamento da pasta e sobre as intrigas palacianas. No dia seguinte, foi com ele conhecer a residência oficial do ministro da Casa Civil, no Lago Sul, para onde se mudaria no início de janeiro. Já na primeira visita, afeiçoou-se ao labrador Nego, que Parente deixaria como herança.

Além de Nego, Dirceu ganhou de Parente um exemplar do Código de Ética do Governo Federal. Na reunião ministerial preparatória para a posse, em 27 de dezembro, daria a todos os futuros colegas uma cópia do livro. "O governo Lula será marcado pela ética e integridade" — discursou. Em seguida, apresentou sua equipe na Casa Civil, toda formada por militantes petistas: Swedenberger Barbosa, Marcelo Sereno, Vicente Trevas, Luiz Alberto dos Santos e os até então desconhecidos Waldomiro Diniz e José Antonio Dias Toffoli.

À noite, em um jantar no apartamento de João Paulo Cunha, foi apresentado ao publicitário mineiro Marcos Valério, dono das agências DNA e SMP&B, que coordenava a campanha do anfitrião à presidência da Câmara. Valério era amigo de infância do deputado

---

[139]Idem.

Virgílio Guimarães — ambos nasceram em Curvelo, no centro de Minas. Ele já trabalhara com políticos do PSDB, como o ex-governador de Minas Eduardo Azeredo, e, com a mudança de governo, pedira ajuda ao amigo para se aproximar de dirigentes petistas. A publicidade da candidatura de João Paulo seria o seu primeiro trabalho com a nova turma do poder.

Os preparativos para a posse, que seria em 1º de janeiro, dominaram os últimos dias do ano. Mesmo endividado, o PT não economizava. Gastou mais de R$ 1,5 milhão na festa, preparada pela equipe de Duda Mendonça. Mais de 100 mil petistas do Brasil inteiro se deslocaram para Brasília. Doze presidentes, entre os quais o cubano Fidel Castro, e representantes de 120 países confirmaram presença. Na véspera, Lula fizera sua última reunião antes de empossado, na qual deu a Dirceu o cargo simbólico de coordenador da área social do governo.

Dirceu comemorou a entrada de 2003 e a chegada do PT ao poder no restaurante Piantella, mais tradicional ponto de encontro de autoridades em Brasília, do qual seu amigo Kakay era um dos sócios. Dividiu a mesa com Maria Rita e com o empresário Fernando Moura e sua mulher. Ao lado, a família de Duda Mendonça, Gilberto Gil e sua mulher Flora, Marta Suplicy e Luis Favre, a atriz Lucélia Santos, o escritor Zuenir Ventura, o músico Wagner Tiso e a jornalista Ilze Scamparini. Comeu galeto e bebeu o tinto italiano Brunello di Montalcino. Enquanto o prato esfriava, conversou com amigos e agendou encontros já como ministro. O primeiro compromisso fechado era uma audiência com um dos principais dirigentes da Rede Globo, João Roberto Marinho, com quem falara por telefone já na madrugada do dia 1º. Foi embora às três da manhã. Cinco horas depois, já estava em pé, pronto para o dia de glória do PT.

Acompanhou de dentro do Palácio do Planalto a passagem da faixa presidencial de FHC para Lula, que quebraria o protocolo e discursaria no meio da multidão, antes de iniciar o desfile no carro oficial. No segundo ato da posse, no Congresso, serviu de tradutor do juramento do novo presidente para o amigo Fidel Castro. "Ele só entende português com sotaque de Angola, por isso precisou da minha ajuda" — ironizou.[140] Com a festa encerrada, comemorou tomando chope no Bar Brasília, do amigo Jorge Ferreira.

Em 2 de janeiro, José Dirceu de Oliveira e Silva foi empossado por Lula como ministro-chefe da Casa Civil. O filho de dona Olga e seu Castorino finalmente chegara ao poder — ainda não ao gabinete de presidente, como prometera à mãe, mas apenas um andar acima. Emocionado, agradeceu a Fidel o período que vivera em Cuba, homenageou os mortos e desaparecidos da ditadura, enfatizou que não teria divergências com Palocci e defendeu a necessidade de uma revolução social para o Brasil se afirmar. Ao encerrar o discurso e abraçar Maria Rita, chorou. Foi a primeira vez que a mulher viu lágrimas em seus olhos.

Na Casa Civil, sua primeira missão seria cuidar de todas as nomeações do novo governo: passara a controlar 17.851 vagas de primeiro, segundo e terceiro escalões. O primeiro ato que assinou, entretanto, nada tinha a ver com essas nomeações: uma portaria que mudava a ordem de entrada dos ministros nas solenidades oficiais. Historicamente, o ministro da Justiça era o primeiro a entrar, logo depois do presidente, por representar o ministério mais antigo. Os demais seguiam o critério da idade do órgão. José Dirceu mudava isso. No governo Lula, depois do presidente entraria o chefe da Casa Civil. Que também passaria a ter a primazia no uso de carros oficiais e de aviões da Força Aérea Brasileira. Mais importante do que ter poder era saber demonstrá-lo.

---

[140]Como publicado pela *Folha de S. Paulo* de 3 de janeiro de 2003.

15 | De capitão do time a bedel de luxo

> *"Presidente, este aqui é o Marcos Valério,
> um publicitário lá de Minas que está ajudando
> a gente naquele negócio das dívidas do PT."*
>
> José Dirceu, ao apresentar Lula a Valério,
> em 14 de janeiro de 2003.

Luiz Inácio Lula da Silva tinha dificuldade para se concentrar no texto que precisava ler na tela do computador em seu gabinete, no Palácio do Planalto, naquela tarde de terça-feira, 14 de janeiro de 2003. Acabara de chegar do Palácio do Itamaraty, onde havia almoçado com o presidente argentino, Eduardo Duhalde, na primeira reunião de cúpula entre os dois países em sua gestão. O cardápio foi caprichado: risoto de carne-seca na moranga, acompanhado de um Chardonnay brasileiro. De sobremesa, goiabada com queijo e champanhe. Lula exagerara na comida e precisava dar uma cochilada, costume que tinha desde os tempos de metalúrgico no ABC. Mas, naquela segunda semana de governo, a agenda era intensa e sem tempo para descanso. O toque do telefone o despertou do torpor. Era a secretária avisando que José Dirceu queria entrar no gabinete com um visitante.

Lula pediu para que esperasse um minuto. Foi ao banheiro, lavou o rosto e mandou as visitas entrarem. O ministro da Casa Civil estava acompanhado de um homem magro, alto e careca. "Presidente, este aqui é o Marcos Valério, um publicitário lá de Minas que está ajudando a gente naquele negócio das dívidas do PT" — falou Dirceu, apresentando o convidado.[141]

Os três nem chegaram a se sentar. Conversaram em pé mesmo, por dois ou três minutos. Dirceu relatou resumidamente o que acontecera na reunião com Valério e o tesoureiro do PT, Delúbio Soares, em seu gabinete, no quarto andar do Palácio do Planalto — um acima do de Lula. O publicitário disse que era amigo dos donos de dois bancos em Minas, o BMG e o Rural, que poderiam emprestar dinheiro para que o PT pagasse suas dívidas de campanhas, com partidos e fornecedores. Disse ainda que usara o mesmo esquema para ajudar o PSDB de Minas, no governo de Eduardo Azeredo. Em troca do auxílio ao partido, queria facilidades para conseguir contratos com o governo federal. Dirceu, segundo assegurou, falava em nome de Lula e o autorizara a pegar até R$ 10 milhões em empréstimos para o PT.

Lula ouviu a tudo sem interromper o interlocutor. Ao final, respondeu com um seco "Ok", despediu-se e voltou ao computador.

Em 21 de janeiro, R$ 10 milhões cairiam na conta do PT, depositados pelo Banco Rural. No mesmo dia, Valério depositaria R$ 98.500 na conta da empresa Caso Comércio e Serviço Ltda., pertencente ao segurança pessoal de Lula, Freud Godoy. O dinheiro seria usado para cobrir despesas que o presidente tivera na posse, para transportar parentes e amigos a Brasília e hospedá-los em hotéis na cidade.

No início do mês seguinte, Dirceu e Delúbio se reuniriam novamente, no Planalto, com Valério, dessa vez sem a presença de Lula,

---

[141]Conforme o depoimento de Marcos Valério ao Ministério Público Federal e o relato de uma testemunha ao autor.

quando acertaram um novo e mais vultoso empréstimo, de R$ 15 milhões. Em 20 de fevereiro, Valério voltou ao palácio acompanhado do presidente do BMG, Flávio Guimarães, que, três dias antes, emprestara R$ 2,4 milhões ao PT. O publicitário e o banqueiro insinuaram que, dependendo dos favores que recebessem, os empréstimos nem precisariam ser pagos. Lula seria informado do teor da conversa por Dirceu, mas não chegaria a se encontrar com os dois convidados, pois estava em um compromisso, fora do Planalto, no mesmo horário.

Em 17 de setembro, Lula assinaria a medida provisória de número 130, que dava ao BMG a exclusividade, por três meses, na concessão de empréstimos consignados com descontos em folha de pagamento para servidores públicos federais. No período, o banco concedeu 1,4 milhão de empréstimos, somando R$ 3 bilhões — o que faria seu faturamento crescer 205%.

Os empréstimos foram a maneira encontrada por Dirceu para acertar as contas do PT e quitar os compromissos da campanha, inclusive com o PL de Valdemar Costa Neto e José Alencar. Aos poucos, cumpria as ordens dadas por Lula após a eleição: continuar cuidando do partido e montar uma base de apoio que garantisse a maioria no Congresso, mesmo sem a adesão do PMDB. Não estava mais formalmente ligado ao comando do PT, mas seguia acompanhando tudo que acontecia no partido. Nada era feito sem o seu consentimento. E era o principal negociador político do governo.

Aliados históricos, como PSB e PCdoB, e antigos adversários, como PPS e PTB, eram contemplados com ministérios e estatais, além de promessas de verbas do orçamento. Esse era o preço a pagar pela necessária maioria. A cada novo acordo comunicado a Lula, Dirceu ouvia sempre a mesma resposta: "Resolva como você achar melhor, só não me crie problemas."[142]

---

[142]Conforme relataram ao autor dois ministros do governo Lula.

A relação com Lula voltara à normalidade depois do episódio do PMDB. O presidente delegava poderes ao chefe da Casa Civil, mas cobrava e, às vezes, tentava lhe cortar as asas. No primeiro mês de governo, Lula quis dividir a responsabilidade pela coordenação política entre a Casa Civil e a Secretaria-Geral da Presidência, comandada por Luiz Dulci. Dirceu não aceitava perder poder e ameaçou entregar o cargo: "Se o Dulci ficar eu saio!" O presidente pagaria para ver: "Então saia!"[143]

Não saiu, mas Lula tampouco dividiu a articulação política. Pelo contrário, daria ainda mais poder à Casa Civil. Em 23 de janeiro, assinou um decreto que centralizava todas as nomeações do governo nas mãos de Dirceu — os ministros não podiam sequer contratar assessores de terceiro escalão sem a assinatura dele. Também era responsável por definir o espaço físico ocupado pelos ministérios criados no novo governo, e passou a comandar, apenas no primeiro mês, 22 grupos de trabalho interministeriais. Com tanto poder, chegava a atropelar o próprio chefe, que reclamava: "O problema do Zé é que às vezes ele quer mandar mais do que o presidente" — desabafava. Mas o próprio Lula alimentava esse poder ao chamá-lo em público de "primeiro-ministro" e "capitão do time".[144]

No ministério, Dirceu desenvolveria uma relação tensa com a imprensa. Não dava entrevistas e barrava o acesso de jornalistas ao corredor de seu gabinete. Nos eventos da Presidência, os repórteres, por sua determinação, passaram a ficar isolados em um cercadinho gradeado. Costumava reclamar de reportagens e mandar cartas às redações. A *Folha de S. Paulo*, que tinha a cobertura mais crítica ao início de governo petista, era seu principal alvo. Principalmente depois que começou a chamá-lo de "Sombra".

---

[143]Como publicado pela revista *Veja* em 23 de abril de 2003.
[144]Idem.

Em fevereiro, foi a um jantar na casa de um amigo empresário, em São Paulo, onde encontraria José Serra e Octavio Frias de Oliveira, dono da *Folha*. Dirceu os cumprimentou e, no meio dos convidados, reclamou do tratamento: "Seu Frias, fui eleito presidente do centro acadêmico em eleição direta com bomba de gás lacrimogêneo e cavalaria em cima de nós, fui deputado estadual e federal. Como é que a *Folha* diz que eu sou um sombra?" Frias ouviu e nada respondeu. "A *Folha* nunca mais me chamou de Sombra" — afirmou Dirceu.[145]

De fato, havia dois lados de Dirceu. Se, no discurso, atacava PSDB e PFL, nos bastidores trabalhava para impedir que o PT instalasse uma CPI que investigasse a denúncia de que ACM mandara grampear os telefones de rivais políticos na Bahia. Em público, elogiava a condução da economia por Meirelles e Palocci. Em privado, atacava o ministro da Fazenda e o presidente do Banco Central, condenando a alta taxa de juros e a manutenção do conservadorismo dos anos FHC.

Em 1º de fevereiro, licenciou-se da Casa Civil por um dia. Tomaria posse como deputado federal e votaria em João Paulo Cunha para presidente da Câmara. Candidato único, João Paulo se tornou o primeiro petista a presidir a Casa. A festa da vitória, no restaurante Feitiço Mineiro, vararia a madrugada. Dirceu passou mais de uma hora conversando, em uma mesa ao ar livre, com Marcos Valério, nessa altura já com livre trânsito no PT e disputando as contas de publicidade da Caixa Econômica Federal, do Banco do Brasil e dos Correios.

Um dos primeiros atos de João Paulo, ao assumir o cargo, consistiu em lançar um edital de licitação para a contratação de uma agência de publicidade, que seria vencida dois meses depois pela SMP&B.

No final do mês, Dirceu tirou sua primeira folga e foi passar o carnaval em Cuba com Maria Rita. Desembarcaram em Havana,

---

[145]Ventura, Zuenir; *1968 — o que fizemos de nós*. Planeta, 2008.

onde se encontraram com Fidel, Raúl e Alfredo Guevara. De lá, seguiram à ilha de Cayo Largo del Sur, paraíso ecológico famoso pelas areias que jamais esquentam e pelos pontos de mergulho. Voltaram com um estoque do charuto preferido do ministro, o Cohiba Siglo I, presenteado por Guevara. Na volta, Maria Rita assumiu o cargo de assessora da presidência da Escola Nacional de Administração Pública, com salário mensal de R$ 7 mil. Em São Paulo, já recebia R$ 2 mil a menos, na Secretaria de Estado da Educação.

O casamento tinha altos e baixos. A mudança da mulher a Brasília os reaproximara, após uma temporada de crise, durante a montagem do governo, quando ele chegou a sair de casa. Maria Rita contava com muitos amigos no PT e no comitê de campanha, que acompanhavam todos os passos de seu marido — muitos deles por caminhos diferentes do habitual. A reaproximação não sossegara Dirceu, que, na volta ao Brasil, começou a sair com uma assessora do Ministério dos Transportes, Evanise Santos.

Também na política Dirceu começara a andar com novas companhias. O PTB virou o partido preferido do governo para acomodar deputados que deixavam a oposição. Em 25 de março, tanta gratidão seria retribuída em um jantar na casa do presidente do partido, José Carlos Martinez, que lhe deu um relógio Rolex. Dirceu sempre gostou de relógio e tinha uma coleção com mais de dez, sempre adquiridos em suas viagens ao exterior, mas jamais tivera dinheiro ou coragem para comprar um Rolex. Quis ficar com o presente, mas foi avisado por assessores de que o código de ética proibia mimos de valor elevado. Resolveu, então, doá-lo ao Fome Zero, programa que era a principal peça de marketing do início do governo. Meses depois, a decepção. A Caixa, que leiloaria o relógio, descobrira que era uma falsificação: "Martinez, te enganaram. O

Rolex que você me deu de presente é falso" — avisou por telefone, ao receber a notícia.[146]

O vexame não mudaria a relação com o PTB. Em maio, três deputados do PSDB foram avisados pelo então presidente do partido, José Aníbal, de que poderiam ser expulsos, uma vez que vinham votando com o governo. Os três pediram socorro a Dirceu, em audiência na Casa Civil. No mês seguinte, procuraram Aníbal e lhe disseram que topariam ficar no partido e não votar mais com o governo caso recebessem o mesmo que lhes fora oferecido para se bandear ao PTB: R$ 30 mil por mês, mais um bônus de R$ 300 a 500 mil para que pagassem algumas dívidas, além de um cargo na hidrelétrica de Furnas. O tucano não quis conversa. Os três deputados se filiaram ao PTB.

Na mesma época, o Partido Progressista decidira aderir formalmente ao governo, para não correr riscos de perder deputados. A adesão era simbólica, pois o PP é herdeiro direto da Arena, partido que deu sustentação ao regime militar contra o qual Dirceu pegara em armas. O anúncio da aliança seria feito pelo presidente do PP, Pedro Corrêa, após uma reunião com Dirceu na Casa Civil, com uma frase célebre: "Há três coisas que só ficam bem nos outros: óculos escuros à noite, sapato branco e ser oposição. O PP está acostumado a ser governo e precisa aderir."[147]

O PMDB, como Dirceu sempre apostou, voltaria a se aproximar do governo. No Senado, Sarney e o líder do partido, Renan Calheiros, foram os primeiros a aderir. Na Câmara, Eunício Oliveira assumira a liderança e, mesmo tendo perdido o ministério, manteve-se leal ao governo e próximo de Dirceu. Por pelo menos três vezes o ministro usaria o jatinho do deputado cearense, dono de uma das maiores empresas de transporte de valores e terceirização de mão de obra do

---

[146]Como noticiado pela *Folha de S. Paulo* em 21 de agosto de 2003.
[147]Conforme publicado pela *Folha de S. Paulo* de 16 de maio de 2003.

país. As conversas sobre a entrada do partido no ministério voltavam à pauta do Palácio do Planalto. E o assédio a deputados peemedebistas por outros partidos aliados fora proibido pela Casa Civil.

A estratégia de transferir parlamentares oposicionistas para a base governista resultara num sucesso. Em junho, os partidos aliados somavam 370 deputados e 53 senadores — na eleição, eram 228 e 31, respectivamente. Além dos cargos e das verbas oficiais do orçamento, havia a promessa de pagamento em dinheiro para quem aderisse ao governo, em valores semelhantes aos oferecidos aos três deputados que trocaram o PSDB pelo PTB.

Na teoria, o governo tinha tranquilidade numérica para aprovar qualquer projeto no Congresso, inclusive a contestada reforma da Previdência, que mudaria o modelo de aposentadoria dos servidores públicos, categoria com *lobby* poderoso no Legislativo e, principalmente, no PT. Logo no primeiro mês, a senadora alagoana Heloísa Helena, que já se opusera à nomeação de Henrique Meirelles para a presidência do Banco Central, lideraria uma rebelião da esquerda do PT contra a reforma. Dirceu comandou a ação para enquadrar os dissidentes. O partido fechara questão pelo apoio ao projeto do governo e quem votasse contra seria punido. A ameaça fez alguns desistirem, como o jovem deputado Lindbergh Farias, do Rio de Janeiro. "Você é novo e tem uma carreira inteira pela frente. Acha que tem mais chance de sucesso comigo e com o Lula ou com a maluca da Heloísa Helena?" — questionou o ministro em audiência na Casa Civil.[148]

Lindbergh escolheria a primeira opção.

Em maio, o PT abriu processo contra três dissidentes: Heloísa Helena e os deputados Babá, do Pará, e Luciana Genro, do Rio Grande do Sul. Eduardo Suplicy se oferecera para testemunhar a favor de Heloísa. Dirceu, ao saber, saiu da Casa Civil a pé e foi ao

---

[148] Conforme entrevista de Lindbergh Farias ao autor.

gabinete do senador. Colocou o dedo em riste em seu rosto e o ameaçou: "Você será meu inimigo para o resto da vida se testemunhar a favor da Heloísa Helena no conselho de ética. Eu não deixo você se candidatar a mais nada enquanto mandar no PT."[149]

Suplicy não testemunharia.

No final do mês, Dirceu foi vaiado por servidores quando chegava a um evento na Assembleia Legislativa de São Paulo. Ao fim, saiu para fugir dos manifestantes. "Foi a primeira vez na minha vida que tive que sair pela porta dos fundos" — desabafaria.[150]

Mesmo antes do julgamento interno, a certeza da expulsão era tamanha que os radicais já organizavam um novo partido. Em agosto, a reforma seria aprovada, com o apoio do PMDB e com o boicote da ala à esquerda do PT, que seria punida com suspensão. Em 14 de dezembro de 2003, mesmo dia da captura de Saddam Hussein pelos Estados Unidos no Iraque, Heloísa, Babá, Luciana e o deputado João Fontes, de Sergipe, foram expulsos do PT. No dia seguinte, anunciaram a criação do Partido Socialismo e Liberdade, o PSOL.

Outros cinco deputados seguiram os expulsos e se transferiram para o novo partido. "Na reforma da Previdência, o Zé Dirceu foi implacável. Retirou os dissidentes das comissões, tirou relatorias, suspendeu a filiação partidária... Nos estrangulou até que não restasse outra opção a não ser deixar o partido e fundar o PSOL. Nosso crime foi defender as bandeiras históricas do partido, foi ser fiel ao ideário do PT" — relembra Chico Alencar.[151]

Dirceu, no poder, transformara-se. Passou a ostentar hábitos caros, como charutos cubanos e vinhos renomados, como o Almaviva chileno, de R$ 800 a garrafa. Viajava em jatinhos de empresários e,

---

[149] Como relatado ao autor por um senador petista que presenciou a cena.
[150] De acordo com o relato de um assessor de José Dirceu na Casa Civil ao autor.
[151] Em entrevista de Chico Alencar ao autor.

em voos internacionais, sempre na primeira classe. Deixara de lado os restaurantes baratos dos tempos de deputado, como o Retiro do Pescador, e se tornara *habitué* de locais caros e estrelados — em Brasília, o preferido era o Piantella e, em São Paulo, o Gero.

Na política, trocara os velhos petistas pelos novos aliados do governo. Além dos fundadores do PSOL, Fernando Gabeira também deixaria o PT após se desentender com Dirceu. As divergências entre os dois começaram logo no primeiro mês de governo, quando autorizada a importação de pneus usados, causa que desagradava aos ambientalistas, que tinham em Gabeira seu principal porta-voz. O *lobby* pela liberação dos pneus era comandado pelo empresário Francisco Simeão, dono da BS Colway e amigo de Dirceu. Simeão fizera doações à campanha presidencial de Lula, à candidatura de Zeca, filho de Dirceu, a deputado no Paraná, e franqueara o uso de seu jatinho pelo ministro e sua família nas viagens entre o Paraná e Brasília. "Foi o primeiro exemplo concreto da comercialização das bandeiras que se tornou a prática do PT" — avalia Gabeira.[152]

Meses depois, haveria a discussão sobre a liberação da venda de alimentos transgênicos, à qual Gabeira e os ambientalistas também se opunham. Na véspera da decisão, Lula e Dirceu viajaram a Cuba e deixaram o problema para José Alencar. "Eles foram para Cuba cantar canções dos anos 1960 e deixaram o maior pepino do governo até então nas mãos do vice. Era muito descaso com a causa ambiental."[153] Coincidência ou não, a Monsanto, multinacional do ramo de sementes, alimentos e defensivos agrícolas, principal interessada na liberação dos transgênicos, também patrocinara candidaturas de petistas.

No meio de 2003, seriam divulgados dados oficiais que mostravam o aumento do desmatamento da Amazônia. Gabeira, então, começou a avisar que deixaria o PT. Vários petistas o procuraram para demo-

---

[152]Em entrevista de Fernando Gabeira ao autor.
[153]Idem.

vê-lo da ideia, como Marta Suplicy, Luiz Dulci, Jaques Wagner e Paulo Delgado, mas nada de Dirceu. Pressionado pela bancada ambientalista, o chefe da Casa Civil cedeu e marcou uma reunião com o grupo no Palácio do Planalto, em 10 de outubro. Compareceram, além de Gabeira e Dirceu, a ministra Marina Silva, os deputados Carlos Minc e João Alfredo, e o presidente do PT, José Genoino. Gabeira iniciaria o encontro declarando que estava fora do PT. "Estou contrariado, vou sair. Nada me detém." Dirceu, então, atendeu a um telefonema e falou que precisava se ausentar. Pediu para os demais esperarem: "Tenho que ir ao Congresso resolver um problema urgente, mas já volto."[154] Demoraria quase duas horas e, ao regressar, já não mais encontraria Gabeira. Que partira, da reunião e do PT.

A briga que mais demandou energia de Dirceu não foi com a esquerda petista, tampouco com os ambientalistas, mas com Palocci. Os dois iniciaram o governo com a mesma ideia fixa: suceder Lula em 2010. O ministro da Fazenda, para isso, organizara-se com o grande empresariado e os donos dos veículos de comunicação, com quem tinha canal direto. Já o da Casa Civil apostava no domínio do PT e na boa relação com os partidos aliados. Cada um montou seu esquema de arrecadação paralelo. O de Dirceu, comandado por Delúbio e Valério. E também seus exércitos de parlamentares, ministros e jornalistas amigos. Na tramitação da reforma tributária, Lula chegou a chamar os dois para reclamar das divergências que travavam o projeto: "O presidente aqui sou eu e vocês são ministros do mesmo governo. A eleição é só daqui a quatro anos, não dá pra um ficar jogando contra o outro. Se vocês não se entenderem vão sair" — ameaçou.[155] As rusgas, porém, só aumentariam nos anos seguintes.

---

[154]Idem.
[155]Conforme o relato de uma testemunha ao autor.

Ambos também tentavam demonstrar poder nas principais indicações do governo, como as de ministros do Supremo Tribunal Federal. Em junho de 2003, Lula fez sua primeira nomeação: seguiu a sugestão de Palocci e escolheu Cezar Peluso, desembargador do Tribunal de Justiça de São Paulo. Dirceu fizera *lobby* para outro desembargador do mesmo tribunal, seu xará Dyrceu Cintra. A segunda indicação ao STF, no mesmo mês, foi praticamente unânime: o advogado sergipano Carlos Ayres Britto, fundador do PT. Na terceira, Dirceu levaria a melhor. Fora um dos que convenceram Lula a nomear Joaquim Barbosa, o primeiro ministro negro da história do Supremo. O titular da Fazenda preferia o advogado Luís Roberto Barroso, professor da Universidade do Estado do Rio de Janeiro.

No início de 2003, Joaquim soube que Lula tinha a intenção de escolher um negro para o STF — e ele tinha grande ambição de ocupar o cargo. Seu primeiro passo seria procurar Aristides Junqueira, ex-procurador-geral da República e amigo de vários dirigentes petistas. Este o aconselhou a procurar Kakay e pedir uma ajuda para conhecer Dirceu. Kakay fez a ponte e marcou um jantar entre os dois para 16 de abril, uma quarta-feira, no restaurante Piantella. "Os dois são muito formais, então o encontro foi protocolar. O Zé falou para o Barbosa: 'Se o currículo do senhor for bom, o senhor será indicado. E quem indica é o presidente Lula.' E ainda criticou o atual sistema de indicação para o STF, em que os potenciais indicados têm de procurar ministros de Estado para pedir ajuda."[156]

Em 7 de maio, Dirceu assinaria a mensagem de nomeação de Barbosa enviada ao Senado:

---

[156] Como relatou Antonio Carlos de Almeida Castro, o Kakay, em entrevista ao autor.

> A sua excelência, o senhor senador Romeu Tuma, primeiro-secretário do Senado.
>
> Encaminho a essa secretaria mensagem na qual o excelentíssimo senhor presidente da República submete à consideração dessa casa o nome do senhor Joaquim Benedito Barbosa Gomes para exercer o cargo de ministro do Supremo Tribunal Federal.
>
> Atenciosamente,
> José Dirceu de Oliveira e Silva
> Ministro-chefe da Casa Civil
> Presidência da República.

Joaquim, sabatinado e aprovado pelo Senado, tomaria posse em 25 de junho.

Dirceu tinha trabalho para conter seus novos e velhos aliados. Em maio, Silvio Pereira organizou uma festa para comemorar seus 42 anos. Reservou a suíte presidencial do Grand Bittar Hotel, em Brasília, encomendou quinze garotas de programa a Jeanne Mary Corner e convidou catorze amigos, entre os quais Delúbio e Dirceu. Um dos primeiros convidados a chegar sentiria o perigo de confusão e avisaria o ministro, que fugiu da festa e ligou para passar uma descompostura no aniversariante: "Sacanagem a gente faz sozinho ou num grupo pequeno. Vocês estão deslumbrados demais com o poder, vão acabar se fodendo."[157]

Estava certo.

A foto de um deputado petista nu, com um charuto na mão, tirada nessa ocasião, seria utilizada para chantageá-lo nos meses seguintes.

---

[157] Segundo o relato de uma testemunha ao autor.

Delúbio, por sua vez, começava a dar sinais exteriores de riqueza e a abandonar a discrição necessária a um tesoureiro que administrava um caixa dois que movimentaria mais de R$ 300 milhões. Comprou um Omega blindado, viajou com a mulher para Nova York e Paris, e levantou um empréstimo de R$ 20 milhões no Banco do Brasil para montar uma rede de computadores interligando os 7 mil diretórios do PT. Duda Mendonça passara a circular por Brasília cobrando uma dívida de R$ 15 milhões da campanha presidencial. Por duas vezes esteve no gabinete de Dirceu: "Pode deixar, o Delúbio vai resolver seu problema."[158]

Se alguns aliados criavam problemas, outros apresentavam soluções. Em uma conversa com Delúbio, Dirceu relatou que Ângela Saragoça andava reclamando da falta de dinheiro e exigindo que aumentasse a pensão que pagava a Joana, sua filha mais velha. O tesoureiro disse que daria um jeito e procurou Valério e os seus amigos banqueiros. Em novembro, o BMG contrataria Ângela para trabalhar como secretária. Jamais foi vista dando expediente no banco, mas recebia R$ 10 mil em sua conta mensalmente. No mês seguinte, o Rural emprestaria R$ 42 mil para a ex-mulher de Dirceu comprar um apartamento em São Paulo. Para fechar o negócio, ela também precisou vender um imóvel — e o comprador foi Rogério Tolentino, advogado e sócio de Valério.

As movimentações nada discretas da turma de Dirceu começaram a incomodar Lula, que decidiu, mais uma vez, cortar seus poderes. Bem a seu estilo, o presidente primeiro afagou para depois bater. Chamou o ministro ao seu gabinete e falou que finalmente colocaria o PMDB no governo: "Você tinha razão, não dá para governar sem eles."[159]

---

[158] Idem.
[159] Segundo relato ao autor de um ministro que presenciou a cena.

Os escolhidos foram Eunício para o Ministério das Comunicações e o senador Amir Lando, de Rondônia, para a Previdência. Na sequência, revelou que a Casa Civil seria dividida. Dirceu ficaria com a gestão da máquina do governo, e o deputado Aldo Rebelo, do PCdoB de São Paulo, com a nova Secretaria de Coordenação Política e Relações Institucionais, responsável pelas negociações com os partidos e o Congresso.

Dirceu ficou possesso e novamente esboçou entregar o cargo. Convencido a ficar, ameaçou: "Você sabe que o Aldo vai ser uma rainha da Inglaterra. Quem vai continuar mandando sou eu."[160] Na saída da cerimônia de posse dos novos ministros, em 23 de janeiro de 2004, ironizaria a perda de poder: "Uma parte vai ficar com o Zé e a outra com o Dirceu."[161]

A Casa Civil boicotaria desde o início o trabalho do novo ministério. Aldo não conseguia ter acesso à lista de cargos e seus padrinhos, tampouco à relação das emendas parlamentares que deveriam ser pagas. Para uma simples agenda com os telefones de deputados e senadores, teve de pedir pessoalmente à secretária de Dirceu. Parlamentares e líderes de partidos continuaram despachando na Casa Civil, ignorando o novo ministro.

Em um dos primeiros dias no cargo, Aldo encontrou o líder do PP na Câmara, José Janene, em um corredor no Palácio do Planalto, a caminho do gabinete de Dirceu, e perguntou por que não ia à sua sala, já que as negociações políticas eram agora sua atribuição: "Meus acordos foram fechados com o Zé Dirceu, é ele que tem que cumpri-los" — respondeu.[162] Aldo jamais saberia o teor exato desses acordos.

Vinte dias depois da reforma ministerial, Dirceu teria motivos mais sérios para se preocupar do que em fustigar Aldo Rebelo.

---

[160] Idem.
[161] Segundo publicou a revista *Veja* em 21 de abril de 2004.
[162] Como relatado ao autor por um assessor de Aldo Rebelo que testemunhou o episódio.

A cúpula do PT estava reunida no Hotel Glória, no Rio de Janeiro, para comemorar o aniversário de 24 anos do partido. A festa refletia os novos tempos: hotel de luxo, decoração digna de casamento, bufê com uísque e champanhe e uma atriz como mestre de cerimônias. Os gastos chegariam a R$ 166 mil. Nos primeiros minutos da festa, naquela sexta-feira, 13 de fevereiro de 2004, a revista *Época* chegaria às bancas, um dia antes do normal, com uma reportagem bombástica: um vídeo mostrava Waldomiro Diniz, importante assessor de Dirceu, recebendo propina do bicheiro Carlos Augusto Ramos, o Carlinhos Cachoeira. A fita fora gravada em 2002, quando Waldomiro trabalhava no governo de Benedita da Silva, no Rio. Ele pedia propina para si mesmo e dinheiro para a campanha eleitoral do PT. Em troca, prometia beneficiar Cachoeira em uma concorrência pública. A festa virou um velório.

Na segunda-feira seguinte, Dirceu colocaria o cargo à disposição em uma reunião com Lula e seus principais ministros: "Se for a melhor solução, eu saio do governo. Estou disponível."[163] No final de semana, a equipe de Duda Mendonça fizera uma pesquisa telefônica que mostrava que a maioria dos entrevistados achava importante uma CPI que investigasse o caso Waldomiro. Luiz Gushiken, que lera a pesquisa no começo da reunião, foi o primeiro a romper o silêncio constrangedor que se seguiu à fala de Dirceu e defender sua permanência. Palocci, surpreendentemente, também quis que o adversário ficasse. Lula deu a palavra final: "Você fica."[164]

Dias depois, o presidente defenderia o ministro em entrevista à *Veja*. "Sofri pelo Zé Dirceu. Ele foi chamado de ladrão por ter conhecido um ladrão. Não se pode acusar alguém com base no comportamento de um amigo, de um conhecido, de um funcionário

---

[163]Conforme publicado pela *Folha de S. Paulo* em 19 de dezembro de 2010.
[164]Idem.

e até de um parente. José Dirceu também sofreu mais do que devia porque ele é honesto" — declarou Lula ao diretor de redação da revista, Eurípedes Alcântara.[165]

Ele manteve o cargo, mas saiu menor da crise. De "capitão do time", passara a uma espécie de bedel de ministros. Dirceu, no dia em que fora mantido no cargo por Lula, saiu do Palácio do Planalto direto para a casa de José Sarney, onde também estava Antonio Carlos Magalhães. Implorou ajuda para impedir a criação de uma CPI. Mais do que chamuscar o governo, sabia que uma investigação séria no Congresso poderia incinerá-lo.

---

[165]Publicado na *Veja* de 7 de abril de 2004.

16 | Um presente entre duas crises

> *"Seu presente chegou. Está na suíte presidencial do Naoum. É só chegar lá e bater na porta."*
>
> De um ministro para Dirceu, avisando que uma modelo contratada para passar a noite com ele já estava em Brasília.

José Dirceu recebeu um telefonema inesperado naquele final de tarde em seu gabinete na Casa Civil. Do outro lado da linha, um ministro. Mas o assunto não tinha nada a ver com o governo: "Zé, você vai ficar em Brasília amanhã à noite? Tenho que te entregar aquele presente que prometi."[166]

Dirceu respondeu que sim. Sua agenda andava carregada naquele início de setembro de 2004. Além dos problemas do governo Lula, preocupava-se com as principais candidaturas do PT a prefeito nas eleições daquele ano, como a de Marta Suplicy, que enfrentaria José Serra em São Paulo. Na noite seguinte, porém, não tinha compromissos marcados, excepcionalmente.

O colega de ministério vinha prometendo o tal presente havia alguns meses, desde que fora nomeado graças à insistência de Dirceu

---

[166]Conforme relatado ao autor por este ministro.

junto ao presidente. Ganhou um ministério de "porteira fechada", podendo indicar os principais assessores e os comandantes de autarquias e estatais com orçamentos generosos. Ele, que já era um homem rico, também se tornava poderoso e sonhava em governar seu estado dali a dois anos. Para demonstrar sua satisfação, queria dar um presente marcante ao chefe da Casa Civil. Soube que gostava de vinhos e gravatas, mas achou lembranças muito simples. Pensara em um relógio, só que se lembrou da confusão com o Rolex de Martinez e desistiu. Um assessor, então, lhe deu uma ideia: "Conheço uma moça em São Paulo que agencia as melhores mulheres do Brasil. Coisa de primeira, tem até Miss Brasil e atriz da Globo."[167]

O ministro gostou da sugestão e telefonou para a cafetina. Perguntou pelo que tinha de melhor a oferecer. "A novidade é uma garota que participou do Big Brother Brasil e posou nua para uma revista. É imperdível" — respondeu a agenciadora.[168] O preço era salgado: R$ 30 mil, livres de despesas, por uma noite de programa. Dinheiro, contudo, não era problema. Após conferir a disponibilidade do colega, acertou o negócio para a noite seguinte.

No final da tarde de uma quarta-feira, um jatinho enviado pelo ministro decolou do aeroporto do Campo de Marte, na zona norte de São Paulo, com a modelo a bordo. Duas horas depois, a mulher desembarcava no aeroporto de Brasília, em seguida levada por um motorista a uma suíte presidencial do Hotel Naoum Plaza, no 14º andar. Com a oferenda instalada, o ministro voltaria a telefonar para o celular de Dirceu: "Seu presente chegou. Está na suíte presidencial do Hotel Naoum. É só chegar lá e bater na porta."[169]

Dirceu seguiu as instruções e encontrou a inesquecível lembrança deitada na cama. Passaria as duas horas seguintes na suíte. Na

---

[167] Idem.
[168] Idem.
[169] Idem.

saída, enquanto esperava seu motorista, telefonou ao ministro para agradecer: "Cara, você é maluco! Que presente foi esse? Foi a melhor coisa que eu ganhei na minha vida!"[170]

Nos dias seguintes, a história se espalharia por Brasília. O chefe da Casa Civil não se esforçava para manter segredo. Passar uma noite com mulher tão cobiçada era um orgulho para um homem vaidoso e namorador. E receber um presente tão heterodoxo era uma demonstração de que recuperara grande parte do poder e do prestígio perdidos com o caso Waldomiro Diniz, sete meses antes.

Foram sete meses tensos e difíceis, ao longo dos quais correra o risco de ser demitido e investigado por uma CPI. No entanto, sua força dentro do PT e suas amizades em outros partidos, como com o ministro mão aberta, fizeram com que Lula decidisse mantê-lo no cargo. Com menos poder, mas ainda assim bastante poderoso.

A possibilidade de instalação de uma CPI para investigar as denúncias contra Waldomiro Diniz representara uma janela de oportunidade para aliados descontentes com os rumos do governo e com a atuação de Dirceu. A esquerda do PT — ou o que sobrou dela após a criação do PSOL — ameaçaria apoiar a investigação caso não houvesse inflexões na política econômica. Lula chamou pessoalmente o grupo, encabeçado pelo deputado baiano Walter Pinheiro, ao Palácio do Planalto, para reforçar a atuação de Palocci e repetir que nada mudaria. E afirmou que expulsaria do partido quem assinasse o pedido de criação da comissão. Nenhum petista manteve seu nome.

O PMDB, que acabara de receber dois ministérios, exigiu e levou a presidência dos Correios para ajudar a enterrar a CPI. Vendo a porteira aberta, PTB, PP e PL também conseguiriam cargos e verbas.

---

[170] Idem.

Mesmo com os aliados sob controle, ainda havia risco para Dirceu, pois a instalação de uma CPI dependia do apoio de um terço dos parlamentares, número que a oposição alcançaria com facilidade. Então, ele próprio entrou em campo para negociar com seus amigos oposicionistas.

Na noite de 18 de março, uma quinta-feira, o presidente do Senado, José Sarney, a pedido de Dirceu, fez um coquetel em sua casa com os senadores Antonio Carlos Magalhães, Rodolpho Tourinho (PFL-BA), Roseana Sarney (PFL-MA) e Eduardo Siqueira Campos (PSDB-TO). Na ocasião, ouviria conselhos para evitar a CPI a todo custo e para se manter no cargo, já que fora dele o poder de barganha ficaria menor. Em troca, prometeu tratar esses oposicionistas amigos como aliados — teriam suas emendas orçamentárias pagas na íntegra e poderiam indicar afilhados políticos para cargos federais em seus estados. Na semana seguinte, com a oposição dividida por Dirceu, a CPI seria enterrada. Seus problemas, contudo, não acabavam ali. Longe disso.

As cúpulas dos partidos estavam satisfeitas com os acordos fechados para arquivar a CPI, mas seus deputados seguiam indóceis. Waldomiro era o subchefe da Casa Civil para Assuntos Parlamentares, responsável pelas negociações de deputados e senadores com o governo. Conhecia os pleitos de cada um, os cargos que apadrinhavam e, mais que isso, os acertos envolvendo pagamento de mesada por Delúbio Soares e Marcos Valério, com o aval de Dirceu. Com sua queda, os credores perderam o canal de comunicação com o Planalto. Passariam, portanto, a cobrar de Miro Teixeira, veterano deputado do PDT do Rio de Janeiro, que, em fevereiro, fora deslocado do Ministério das Comunicações para a liderança do governo na Câmara.

Às quatro da tarde de 25 de fevereiro, Miro foi reclamar a Lula que, em função da saída de Waldomiro, os deputados entraram em polvorosa com a falta de dinheiro. Na semana anterior, recebera várias cobranças. Numa delas, na manhã de 17 de fevereiro, fora pressionado por uma comitiva formada pelos deputados Valdemar Costa Neto (PL-SP), Sandro Mabel (PL-GO) e Pedro Henry (PP-MT). Queriam saber a quem deveriam recorrer para receber a mesada, ou o "mensalão" — termo usado por Valdemar. "Presidente, eu fui nomeado para ser líder do governo, não para comprar deputado" — reclamou Miro.[171] Lula demonstrou surpresa, disse que nunca ouvira falar naquilo e prometeu encarregar Dirceu de apurar a denúncia. Em 31 de março, Miro voltaria ao palácio e, como nada tivesse sido feito, entregaria seu cargo. Em 6 de abril, foi substituído pelo deputado Professor Luizinho (PT-SP).

Lula dera plenos poderes para Dirceu montar a base de apoio do governo no Congresso, desconfiava de que poderia haver dinheiro envolvido, mas não imaginava que o esquema pudesse ter ido tão longe, com cobranças em público. Já que não podia se livrar de Dirceu, por toda a influência que tinha no PT, no governo e até na oposição, o presidente pensou em afastá-lo da articulação política. No mesmo dia em que Miro apresentou sua carta de demissão, ele convocou o chefe da Casa Civil e Aldo Rebelo para um jantar no Palácio da Alvorada. Antes de a comida ser servida, com um copo de uísque doze anos na mão, Lula relatou o que ouvira de Miro, reclamou do preço político que teve de pagar para evitar a CPI e avisou que, dali em diante, a coordenação política ficaria de fato com Aldo. Dirceu passaria a cuidar apenas da administração do dia a dia do governo.

Dirceu fechou a cara, mal tocou no salmão grelhado que fora servido e deixou o Alvorada antes da sobremesa. Estava mais irritado com a descompostura que levara na frente de um ministro rival do que com a possível perda de poder, da qual continuava desdenhando, pois tinha certeza de que Lula não conseguiria governar sem ele.

---

[171] Como relataram ao autor um deputado e um ministro que presenciaram a conversa.

Dois dias depois, porém, o presidente daria outra demonstração de que pretendia mesmo mudar as coisas: não convidou a Casa Civil para a reunião entre as cúpulas do PT e do PMDB no Palácio do Planalto. Aldo fora o único ministro presente. Na mesma noite, Dirceu promoveria um jantar com líderes aliados na casa do presidente da Câmara, João Paulo Cunha. Reclamou de Lula, de Aldo e de Palocci. E disse que não entregaria o poder tão facilmente como o presidente imaginava: "O Lula não aprova nada no Congresso se me tirar da política."[172]

A irritação de Lula com Dirceu só crescia naquele começo de 2004. Em 5 de abril, por volta das onze horas da manhã, o presidente e o governador de Goiás, Marconi Perillo, embarcaram no Omega oficial do governo do estado para um trajeto de vinte minutos entre uma cooperativa do MST e uma fábrica da Perdigão na cidade de Rio Verde. No caminho, Marconi faria uma grave denúncia: o governo estava pagando a deputados para que trocassem de partido e dando uma mesada para que votassem de acordo com os interesses do Palácio do Planalto. E ilustraria a acusação com dois casos concretos. A deputada federal Professora Raquel Teixeira, do PSDB, recusara uma proposta para se filiar ao PL em que receberia R$ 1 milhão à vista e uma mesada de R$ 30 mil. O convite fora feito pelo deputado Sandro Mabel, que dizia ter o aval de Dirceu. O outro caso era o do deputado Enio Tatico, que trocara o PSC pelo PL após aceitar os argumentos de Mabel.

Lula, assim como fizera com Miro, prometeu apurar, mas nada fez. Naquela tarde, quando chegava a Goiânia para pegar o avião que o levaria a Brasília, recebeu outra péssima notícia: o Senado acabara de rejeitar a medida provisória que proibia o bingo no Brasil. A medida

---

[172] Relato ao autor de um deputado presente no jantar.

fora editada pelo presidente como uma resposta às denúncias contra Waldomiro Diniz. No começo do governo, a Casa Civil criara um grupo para discutir a regulamentação do jogo. Mas, ante a revelação da proximidade do principal assessor de Dirceu com um bicheiro, a única solução seria rever a estratégia e banir definitivamente as casas de bingo. Dirceu, desde o início, se opusera à medida provisória. Lula desconfiava de que estivesse por trás daquela derrota. Ainda mais porque os oposicionistas que o apoiavam, como ACM, Siqueira Campos e Roseana, haviam votado contra o governo.

A derrota na votação do Senado e a nova denúncia apresentada por Marconi deixavam Lula entre a cruz e a espada. O chefe da Casa Civil se revelara um fator de instabilidade para o governo — por isso, talvez fosse melhor demiti-lo. Por outro lado, mostrava-se essencial para controlar o PT e aprovar projetos no Legislativo — por isso, sua demissão poderia ser pior do que a permanência. Com essa dúvida na cabeça, chamou Palocci para um café da manhã no Alvorada. Conversaram muito e descartaram a demissão. O ministro da Fazenda defendeu que a melhor saída era convencer Dirceu a tirar uma licença do ministério para voltar ao Congresso e liderar o governo de lá. Lula até gostou da ideia, mas jamais teve coragem de executá-la.

Dirceu ficou. E foi para o ataque. Admirador do futebol ofensivo e crítico das retrancas, utilizaria a mesma lógica na política: a melhor defesa é o ataque. E passaria a fustigar aqueles que considerava seus principais adversários no governo: Palocci e Aldo.

O alvo privado de sua raiva, porém, era principalmente Lula, a quem não poupava nas conversas com os mais próximos: "É conservador. Esse pessoal do sindicalismo do ABC sempre teve casa, carro. Não é como o pessoal que viveu clandestino na ditadura. O Lula fala cada coisa. Quando fala em família, fico me controlando para não rir. Já disse para o presidente que fiz a minha parte. Já tive três famílias" — afirmou em um jantar na casa de João Paulo.[173] Pragmático, sabia que a briga com Lula não valia a pena ser comprada. Melhor escolher alvos derrotáveis.

Em um encontro do PT, em maio, Dirceu estimularia a divulgação de um documento com críticas à redução em 0,2% do produto interno bruto no primeiro ano do governo petista — três meses depois, esse número seria revisado para 1,1% de crescimento. Na ocasião, os principais dirigentes do partido pediriam a volta da articulação política para a Casa Civil. Na mesma época, convidou o vice José Alencar para jantar em sua casa e passou a noite atacando a política de "juros altos, investimentos baixos e crescimento pífio" de Palocci. Alencar, que também era crítico à Fazenda e ao Banco Central, sentiu-se autorizado para aumentar o tom de suas reclamações. Por orientação do vice, seu partido, o PL, soltaria uma nota cobrando de Lula a demissão do ministro da Fazenda.

A derrubada de Aldo, contudo, era seu principal objetivo. Tamanha raiva faria até com que se aliasse momentaneamente a Palocci. Em 19 de junho, um sábado, o ministro da Fazenda abriu sua casa para os principais dirigentes do PT paulista: Dirceu, José Genoino, o ministro Luiz Gushiken, os deputados Professor Luizinho e Arlindo Chinaglia e o senador Aloizio Mercadante. Enquanto comiam um cordeiro assado e bebiam vinho tinto chileno, tomaram três decisões: pressionar Lula a tirar Aldo da coordenação política, apoiar a emenda que permitiria a reeleição de João Paulo e Sarney no comando do Congresso e definir logo os candidatos do partido ao governo e ao Senado em São Paulo.

A pressão organizada do PT e a dificuldade de Aldo em conduzir o governo nas votações mais importantes no Congresso foram devolvendo a força a Dirceu.

---

[173] Conforme publicou a *Folha de S. Paulo* em 19 de dezembro de 2010.

A gota d'água para o desgaste de Aldo seria a derrota no Senado da medida que elevava o salário mínimo a R$ 260 — em uma manobra da oposição, o valor fora aumentado para R$ 275, o que provocaria um rombo nas contas do governo. Palocci desconfiava de Dirceu, pedira sua cabeça, mas Lula resolveu lhe dar um crédito. Chamou-o a seu gabinete e pediu que ajudasse Aldo a reverter a derrota em nova votação na Câmara, na semana seguinte. "Se a gente perder de novo, vou ter de mudar tudo na política. Tiro você e o Aldo" — ameaçou o presidente.[174] Com a base unida e com o apoio de parte da oposição, o governo venceria. Ponto para Dirceu.

Revigorado com a retomada de algo do antigo poder, Dirceu embarcaria para mais um período de férias em Cuba, em 24 de julho, com Maria Rita. Uma viagem tensa. A mulher desconfiava de que tivesse uma amante. As escapadas eventuais eram toleradas — o que ela não admitia era que tivesse um caso fixo com outra. E os comentários que ouvia eram de que seu marido saía com Evanise Santos, que trocara uma assessoria no Ministério dos Transportes pelo cerimonial do Palácio do Planalto. No novo cargo, organizava as viagens internacionais de Lula e Dirceu, com quem já fora aos Estados Unidos, Egito, Portugal e Espanha. Mas ele negava que ela fosse sua amante.

Na mesma viagem, Dirceu conheceu o que consideraria outra maravilha cubana, além dos charutos e do rum: voltou ao Brasil com um estoque de um creme contra rugas, feito de placenta, indicado pela bailarina e coreógrafa Alicia Alonso, que lhe fora apresentada por Alfredo Guevara. Nunca mais deixaria de usar o produto, que, em sua definição, tinha o mesmo efeito do botox, sem a dor e o incômodo das aplicações. Na volta, esteve em Passa Quatro, onde compraria uma casa para dona Olga — a primeira residência própria que ela

---

[174]Conforme relatou ao autor um ministro que presenciou a conversa.

teve na vida. E ainda participaria de um dos primeiros comícios do filho Zeca, que disputava a prefeitura de Cruzeiro do Oeste.

Chegando a Brasília, matriculou-se em um curso de tiro ao alvo, para amainar o estresse. Seus alvos preferenciais, entretanto, continuavam os mesmos: Aldo e Palocci, além da imprensa. Desde o início do governo, incomodava-se com as críticas a ele, a Lula e ao PT. Na oposição, acostumara-se à boa vontade dos jornalistas com suas fontes, que os abasteciam de informações contra o governo. Imaginou que, do outro lado do balcão, a relação seria a mesma. Ledo engano. A imprensa séria continuara crítica, à caça de irregularidades do novo governo. A única diferença era o partido que estava no poder, para revolta de Dirceu.

Irritado com o tratamento recebido, isolou-se. Falava com pouquíssimos jornalistas — apenas com os mais próximos, como Tereza Cruvinel, de *O Globo*, e Franklin Martins, da Rede Globo. "Errei também na minha relação com a imprensa. Na Casa Civil parei de falar com jornalista" — admitiria.[175] Pouco antes das férias em Cuba, aliás, conversara longamente com Franklin e Breno Altman, com quem tinha uma relação histórica e que já lhe servira de porta-voz em momentos delicados, como no sequestro de Abilio Diniz. Discutiram as críticas que recebia e, sobretudo, um episódio específico: a reportagem de Larry Rohter, correspondente do *The New York Times* no Brasil, revelando que Lula bebia em excesso.

Dirceu queria conselhos de como agir naquele caso. Afinal, defenderia a mesma posição de Lula: a expulsão de Rohter do país. A medida teve péssima repercussão no Brasil e no exterior, o que levaria a um recuo do governo. "O governo agiu certinho, na medida exata. Pressionamos até o limite e forçamos a um recuo do jornalista" — argumentaria Dirceu em um jantar na casa da empresária paulista Cosette Alves, na presença dos empresários Roger Agnelli (Vale),

---

[175] Ventura, Zuenir; *1968 — o que fizemos de nós*. Planeta, 2008.

Josué Gomes da Silva (Coteminas), Eugênio Staub (Gradiente), Fernando Xavier (Telefônica) e David Feffer (Suzano).[176]

Era a versão que o governo tentava fazer prosperar para justificar seu próprio recuo.

Quanto às críticas ao governo, não havia solução, na opinião de Franklin Martins. "Os patrões não gostam do PT, a gente não tem como mudar isso" — avaliava.[177] A sugestão apresentada consistia em criar um grupo de comunicação próximo ao partido. "Sou totalmente favorável à liberdade de imprensa, só lamento que não tenhamos uma imprensa também. Eu gostaria de ter uma revista, um jornal, uma rádio, uma televisão" — afirmou Dirceu a Zuenir Ventura.[178] Ele não demorou a perceber que, no entanto, seria difícil mudar esse quadro no Brasil, onde os órgãos de imprensa mais sérios e influentes são sólidos e não dependem de verbas oficiais para sobreviver.

Aconselhado por amigos, afinal adotaria outra estratégia: financiar uma rede de blogueiros simpáticos ao governo para servir de contraponto às críticas da grande imprensa. Franklin, entusiasta do poder de influência das redes sociais, argumentava que a circulação de jornais e revistas era cada vez menor, principalmente entre os mais jovens, e que os blogs, repercutindo nas redes, teriam como ocupar esse espaço. Logo, verbas da Caixa Econômica Federal, do Banco do Brasil, da Petrobras e da Eletrobrás passariam a financiar páginas de jornalistas que escreviam análises e reportagens elogiosas ao governo e atacavam os colegas mais críticos e a oposição.

A dificuldade em conviver com uma imprensa minimamente independente também provocaria uma crise no governo. Em 15 de junho, Dirceu mandou um bilhete a Gushiken, chefe da Secretaria

---

[176] Segundo publicado na edição de 18 de maio de 2004 da *Folha de S. Paulo*.
[177] Conforme relatou ao autor um jornalista que presenciou a conversa.
[178] Ventura, Zuenir; *1968 — o que fizemos de nós*. Planeta, 2008.

de Comunicação, à qual estava subordinada a Radiobrás, empresa que controlava todas as emissoras do governo federal:

> Prezado ministro Gushiken,
> Sou total e radicalmente contrário à proposta do Bucci de não obrigatoriedade de transmissão da *Voz do Brasil*. Só faltava essa.
> Já não basta a Radiobrás e sua "objetividade", que na maioria das vezes significa um misto de ingenuidade e na prática mais uma emissora de oposição.
> Cordialmente,
> José Dirceu de Oliveira e Silva
> Ministro de Estado Chefe da Casa Civil da Presidência da República.[179]

O Bucci em questão era Eugênio Bucci, presidente da Radiobrás desde a posse de Lula e autor da reportagem em *Playboy* que revelara as cirurgias plásticas de Dirceu e sua vida como Pedro Caroço em Cruzeiro do Oeste. Ao assumir o cargo, propusera a flexibilização do horário da *Voz do Brasil*, noticiário oficial do governo, transmitido de segunda a sexta, obrigatoriamente das 19h às 20h. A proposta desagradava boa parte do governo e jamais seria implementada. "O que me atingiu foi o tom ríspido do bilhete. Não era naqueles termos que conversávamos quando nos encontrávamos" — escreveu Bucci em seu livro *Em Brasília, 19 horas*.[180]

Duas semanas depois, Dirceu voltaria a cobrar Gushiken pelo noticiário pouco chapa-branca da Radiobrás e pela insistência em mudar a *Voz do Brasil*. Bucci recusava-se a modificar a linha da emissora. Escanteado por Dirceu, por Gushiken e pelos petistas do setor, perderia força progressivamente, até deixar o cargo, em 2007.

---

[179] Bucci, Eugênio; *Em Brasília, 19 horas*. Record, 2008.
[180] Record, 2008.

No meio de todas as confusões do turbulento ano de 2004, Dirceu encontraria espaço na agenda para se aproximar do presidente da Confederação Brasileira de Futebol, Ricardo Teixeira. Personagem contestado, Teixeira se apegava aos bons resultados da seleção, que já ganhara duas Copas do Mundo em sua gestão, para encobrir as denúncias de corrupção e de enriquecimento ilícito. Queria ter acesso a Lula, mas o presidente lhe fechava as portas. Decidiu, então, buscar uma aproximação de Dirceu.

Em março de 2003, o cartola pedira a Kakay — seu advogado — que organizasse um jantar em Brasília para conhecer o chefe da Casa Civil. O encontro seria agradável. Fã de futebol, Dirceu se encantou com as histórias contadas pelo dirigente sobre os bastidores da seleção e detalhes da vida privada dos jogadores. No meio da conversa, Teixeira fez uma proposta: queria o apoio do governo para levar a seleção brasileira a um amistoso no Haiti, nação mais pobre do mundo, que, naquela época, passava por uma grave crise política e econômica. Uma força de paz da Organização das Nações Unidas, liderada pelo Brasil, tentava conter a violência entre as gangues que dominavam o país. Por isso, a imagem dos brasileiros era boa entre os haitianos.

Dirceu topou na hora. O jogo poderia reforçar a imagem externa positiva do Brasil. E serviria para desviar o foco dos problemas que ele e o governo enfrentavam. Ele fez a ponte e, no dia seguinte, levou Teixeira ao Palácio do Planalto para apresentá-lo a Lula. O amistoso internacional tornar-se-ia uma questão de Estado. Havia, porém, uma série de problemas à execução do projeto. O Ministério da Defesa exigia que fossem colocados ao menos dez telões nas ruas de Porto Príncipe, capital do Haiti, para evitar tumultos na entrada do Estádio Nacional. Só que não havia equipamentos no país e as seguradoras internacionais cobravam uma fortuna para transportá-los até lá. Os seguranças do presidente também receavam que fosse a um evento público em um território conflagrado.

Em uma reunião tensa no início de junho, Dirceu ignorou as ponderações e bancou o jogo. "Os haitianos amam o futebol brasileiro. E amam o Brasil. As forças de segurança jamais tiveram problemas. Não vai precisar de tanta segurança, vai ser o dia mais feliz da história do Haiti. A única segurança é o amor ao Brasil." Em 17 de agosto de 2004, uma comitiva liderada por Lula e Dirceu, com Kakay e seu filho entre os convidados, embarcaria no avião presidencial rumo a Santo Domingo, na República Dominicana. Pernoitariam lá e, no dia seguinte, voariam para Porto Príncipe.

No início da tarde, tomaram o rumo do Estádio Nacional em um caminhão dos bombeiros, junto com os astros do futebol brasileiro, como Roberto Carlos, Ronaldinho Gaúcho e Ronaldo Fenômeno. Dirceu tirou fotos com todos antes de entrar no veículo. No caminho, seriam aclamados pelos eufóricos haitianos. A entrada no estádio foi tensa, mas sem incidentes mais sérios. Às quatro da tarde, o Hino Nacional brasileiro foi tocado e Dirceu chorou. Sua aposta dera certo.

Dentro de campo, os brasileiros golearam os haitianos por 6 a 0, com três gols de Ronaldinho Gaúcho, dois de Roger e um de Nilmar. Na metade do segundo tempo, o técnico Carlos Alberto Parreira trocou o goleiro Júlio César por Fernando Henrique, do Fluminense. Assim que viu o homônimo do ex-presidente entrando em campo, Dirceu virou-se para Kakay e ironizou: "Bem que esse Fernando Henrique podia tomar um gol. Aí a festa vai ser perfeita." O arqueiro sairia de campo invicto.

Mesmo assim, no voo que trouxe a delegação de volta ao Brasil, a festa foi considerada perfeita.

De volta ao Brasil, com a situação no governo sob relativo controle, apesar das divergências persistentes com Aldo e Palocci, Dirceu investiria nas eleições municipais para demonstrar sua capacidade de articulação e seu domínio sobre o PT. Após a vitória de Lula dois anos antes, virara regra no partido que, para disputar eleição com chance de vitória, era necessária uma aliança poderosa, que garantisse mais espaço na propaganda de TV, além de um marqueteiro renomado, contratado a peso de ouro. E foi a repetição dessa receita em São Paulo, na campanha da prefeita Marta Suplicy à reeleição, a prioridade de Dirceu.

Alguns partidos da base, como o PCdoB e o PL, aderiram a Marta como uma consequência natural do que já recebiam do governo federal. Divergências locais, porém, retirariam PSB e PMDB do palanque da prefeita. Preferiram lançar a candidatura da socialista Luiza Erundina, com o peemedebista Michel Temer como vice. Para compensar, Dirceu patrocinou uma coligação com o PTB. Mas, como já acontecera com o PL de José Alencar em 2002, a direção do PTB considerava mais difícil eleger vereadores se aliado ao PT. E cobrou um preço alto pelo acordo.

Em meados de junho, Dirceu comandou uma reunião em seu gabinete na Casa Civil, com José Genoino, Roberto Jefferson e Delúbio Soares. Depois de duas horas de propostas e contrapropostas, chegou-se ao acerto. O PT se comprometia a dar R$ 150 mil a cada um dos 52 deputados petebistas — o que somaria quase R$ 8 milhões. Além disso, repassaria outros R$ 2 milhões para duas campanhas a prefeito de capital em que o PTB tinha chance de vencer: em Recife, com Joaquim Francisco, e em Salvador, com Benito Gama. O aliado também levaria a superintendência do Instituto Nacional do Seguro Social em São Paulo e Goiânia, e uma diretoria da Empresa Brasileira de Turismo. Em troca, apoiaria Marta em São Paulo, o candidato do PT a prefeito do Rio, Jorge Bittar, Fernando Pimentel em Belo Horizonte e outros dez petistas em cidades menores pelo país.

Negócio fechado, Dirceu telefonou para Lula, que receberia Jefferson e lhe agradeceria o apoio. Ainda antes da eleição, Dirceu e Lula jantariam no apartamento de Roberto Jefferson, na Asa Norte de Brasília, encontro ao qual também compareceram o ministro do

Turismo, Walfrido dos Mares Guia, quarenta deputados do PTB, a professora de canto Denise Tavares e a pianista Katia Almeida. Depois de comerem codorna recheada de arroz arbóreo e molho de vinho do Porto, os convidados se revezariam ao microfone para acompanhar a pianista. Lula cantou músicas de Altemar Dutra, como *Sentimental demais*, em dueto com Jefferson.

Resolvida a aliança com o PTB, Dirceu teve de contornar outro problema para Marta: Duda Mendonça ameaçava abandonar a campanha se não recebesse R$ 10 milhões que o PT lhe devia, ainda da vitória de Lula. Em uma noite no final de agosto, foi a Brasília e se reuniu com Dirceu em sua casa, no Lago Sul, para fazer a cobrança. Saiu de lá com a garantia de que Delúbio e Valério providenciariam o pagamento, em uma conta que o publicitário abrira nas Bahamas, paraíso fiscal no Caribe. Duda confiou na promessa, seguiu na campanha e, antes da eleição, a dívida foi saldada.

Sem novos sustos no Congresso e com a campanha bem encaminhada, o Palácio do Planalto vivia um período de relativa calma. Dirceu, por sua vez, tanto insistiu que convenceu o presidente a se encontrar com a oposição. Em 13 de setembro, na residência oficial da Casa Civil, Lula seria o último a chegar, com uma hora e meia de atraso, a um jantar com a bancada do PFL no Senado e o tucano Eduardo Siqueira Campos. E chegaria, para surpresa do anfitrião, acompanhado de Aldo. Passou quase três horas no local, comendo camarão ao molho de maracujá preparado por Maria Rita. Nem tocou no vinho chileno ou no uísque escocês, bebendo apenas guaraná diet — depois da reportagem de Larry Rohter, o presidente passara a evitar beber em público.

Lula falou o tempo todo. Pediu apoio da oposição para uma reforma política que instituísse o financiamento público de campanha e mandatos de seis anos, sem direito a reeleição. Ouviu sugestões dos adversários e marcou uma reunião no Planalto com os presidentes dos partidos de oposição. Saiu aplaudido. E Dirceu foi dormir convencido de que recuperara o poder.

A calmaria, porém, duraria pouco. Delúbio abandonara de vez a discrição recomendada a um tesoureiro e logo ficou marcado. Promoveu, por exemplo, um show da dupla Zezé di Camargo & Luciano na churrascaria Porcão, em Brasília, a fim de arrecadar dinheiro para o PT. Como os ingressos encalharam, convenceria o Banco do Brasil a comprar setenta mesas, a R$ 1 mil cada. O mesmo Banco do Brasil que já fechara um contrato para a DNA, de Marcos Valério, produzir uma campanha publicitária dos cartões Visanet, que nunca sairia do papel. O mesmo Delúbio que rejeitara a proposta de prestação de contas em tempo real dos candidatos do partido a prefeito: "Transparência demais é burrice" — justificaria em entrevista coletiva na sede do PT. Com Delúbio marcado, empresários que financiavam o partido passaram a se esconder, para fugir de escândalos. Compromissos deixaram de ser honrados. Resultado: o PTB se rebelara e passara a votar contra o governo.

Dos R$ 10 milhões prometidos, apenas R$ 4 milhões tinham sido pagos. Logo após o acordo firmado, Emerson Palmieri, tesoureiro do PTB, pegara o dinheiro com Valério, levara-o à sala do líder do partido na Câmara, o pernambucano José Múcio Monteiro, e o dividira entre alguns deputados. Depois, a torneira secou. Os parlamentares não contemplados se revoltaram — achavam que Jefferson, Múcio e Palmieri tinham embolsado o restante dos recursos, principalmente porque colegas do PP e do PL comentavam nos corredores que continuavam a receber, regiamente, os R$ 30 mil mensais combinados.

Para piorar a situação de Dirceu, Marta seria derrotada por Serra em São Paulo, e Bittar no Rio, por Cesar Maia, do PFL, seu antigo colega de movimento estudantil. As suas apostas e acordos passaram a ser contestados. A rebelião ganhou intensidade: se o PT não pagara antes da eleição, por que pagaria depois, com seus candidatos vencidos? Duas medidas provisórias sem grande importância foram derrubadas na Câmara pela própria base do governo, apenas como um recado de insatisfação.

No início de dezembro, o deputado José Eduardo Martins Cardozo, do PT de São Paulo, finalmente conseguiria uma audiência reservada com Lula, que tentava havia mais de dois meses. Assim que entrou no gabinete, foi direto: "O Paulo Rocha está comprando deputados por R$ 30 mil por mês. Essa rebelião é porque a fonte secou, os pagamentos não estão mais saindo. O senhor está sabendo disso?"[181]

Cardozo não era um deputado qualquer. Com apenas 30 anos, fora secretário de governo na gestão de Luiza Erundina na prefeitura de São Paulo. Elegera-se vereador e presidira uma CPI que escancararia um esquema de corrupção na administração de Celso Pitta — o que quase levou à sua cassação, episódio que marcaria o início da decadência da carreira política de Paulo Maluf, padrinho político do então prefeito. Portanto, mesmo em primeiro mandato, era um deputado com biografia e credibilidade. Lula, sem demonstrar surpresa, disse que já recebera aquela denúncia e que resolveria o problema. E pediu que Cardozo não comentasse o assunto com mais ninguém.

O presidente estava encafifado com a tal da mesada a deputados desde a denúncia de Marconi Perillo. Mas decerto não se surpreendia. Em seu único mandato como deputado, entre 1987 e 1990, julgara o Legislativo um antro de corruptos — e definira o Congresso como um lugar com "trezentos picaretas", frase que viraria título de música dos Paralamas do Sucesso. Em tom jocoso, defendia que a maneira mais fácil de controlar o Legislativo era com dinheiro.

---

[181] Segundo relatou ao autor um assessor de Cardozo, que o acompanhara ao encontro.

Vinte dias depois da carona com Perillo, o presidente fez uma viagem oficial à China. Em um momento de folga na agenda oficial, reuniu-se com dez deputados e a primeira-dama, Marisa Letícia, para um jantar no restaurante Leonardo's, o mesmo em que Dirceu e Palocci haviam comido um pato laqueado três anos antes. Ainda no *couvert*, acompanhado por uma dose dupla de uísque doze anos escocês, Lula se viraria a Paulo Rocha e perguntaria sem rodeios: "Paulinho, você já ouviu falar em pagamento de mesada para deputados da base? Me falaram isso, mas eu não consigo acreditar."[182]

Rocha tentou demonstrar espanto e disse que jamais ouvira falar do assunto. Lula não insistiria.

A reclamação de Cardozo, meses depois da viagem à China, serviria para aumentar a convicção do presidente de que o esquema fugira ao controle. Dirceu, embora não soubesse até que ponto Lula conhecia os problemas no Congresso, sentia que voltara a perder poder para Palocci. Ainda mais depois que a economia começara a dar sinais de recuperação, no final de 2004. O presidente nem tentava mais esconder a sua predileção.

Em 22 de novembro, Lula se reuniu com os ministros do PT na Granja do Torto, a pedido de José Genoino, que queria avaliar as consequências para o governo do fracasso do partido nas eleições municipais. A economia, porém, acabaria se tornando o assunto principal. José Dirceu comandou as críticas à atuação do rival: "Estamos enxugando gelo." E o interrompeu quando tentava se defender: "Palocci, aqui não tem nenhum imbecil para aceitar essa explicação."[183] Irritado, o ministro da Fazenda virou-se para Lula, ameaçando deixar a reunião: "Assim não tenho como continuar." O presidente, no entanto, prestigiou-o: "Está dando certo, o caminho é esse mesmo." Dirceu fechou a cara e passou a acompanhar tudo

---
[182]Como publicado pela revista *Veja* de 20 de julho de 2005.
[183]Conforme publicou a *Folha de S. Paulo* em 19 de dezembro de 2010.

em silêncio. Ao final, quando Lula pediu que fizesse uma análise das dificuldades do governo para o ano seguinte, foi irônico: "Bom Natal, feliz Ano-novo e boa noite."[184]

Ao chegar em casa, revelou o teor da reunião a Maria Rita e discutiu a possibilidade de pedir demissão. A mulher o convenceu a ficar: "Eu errei em não sair do governo no final de 2004. Eu decidi que ia sair, cheguei a conversar com a Maria Rita. Eu considerava que podia ajudar mais o governo no PT ou no Parlamento" — afirmaria a respeito.[185]

A relação com a mulher era instável: mantinham ainda a amizade e a troca de conselhos, mas estavam cada vez mais distantes de uma vida de casal. Ainda passaram a virada do ano de 2004 para 2005 juntos — seria, porém, a última vez. Cansada do casamento e do emprego no governo federal, Maria Rita já negociava seu retorno profissional a São Paulo.

Dirceu começou 2005 com uma velha obsessão: tirar Aldo da coordenação política. Associava as novas reclamações que chegavam aos ouvidos de Lula ao rival de ministério — afinal, Cardozo era mais próximo do ministro da articulação política do que do da Casa Civil. Também passou a se dedicar à sucessão de João Paulo e Sarney no comando do Congresso, já que a emenda que permitiria a reeleição fora rejeitada. No Senado, a fatura seria facilmente liquidada: Sarney passou o cetro a Renan Calheiros, do PMDB alagoano. Já na Câmara a situação era mais complicada. Só o PT tinha dois pretendentes: o mineiro Virgílio Guimarães, que apresentara Marcos Valério ao partido, e o paulista Luiz Eduardo Greenhalgh. Entre os aliados, outro candidato: Severino Cavalcanti, do PP de Pernambuco.

---

[184]Idem.
[185]Ventura, Zuenir; *1968 — o que fizemos de nós*. Planeta, 2008.

Dirceu fez um jantar, no início de janeiro, para Virgílio, o seu escolhido. No evento, depois de algumas doses de uísque, declarou que se empenharia para que Paulo Rocha fosse nomeado ministro no lugar de Aldo Rebelo. Era sua aposta para que o esquema de poder que montara no Congresso permanecesse intocado.

Lula, contudo, estava decidido a destruir a estrutura erguida pelo seu chefe da Casa Civil. Ainda mais depois que, em seu primeiro dia de trabalho em 2005, 5 de janeiro, uma quarta-feira, concedeu uma audiência a Roberto Jefferson, ocasião em que ouviria pela primeira vez: "Presidente, o mensalão vai acabar com seu governo."[186] Lula tentou se fingir de desentendido, mas Jefferson detalhou o esquema, que, segundo ele, envolvia mais de cem deputados e era comandado por Dirceu e Delúbio. O presidente, sem ter o que dizer, mais uma vez prometeu apurar. Em seguida, chamou Palocci e Aldo para uma reunião, relatou o problema e pediu conselhos. Ouviu que o melhor era acabar com o mensalão antes que o mensalão acabasse com seu governo. Para isso, precisaria impedir a ascensão de Virgílio e Paulo Rocha.

Livrar-se do segundo foi mais fácil: bastaria manter Aldo. Barrar a eleição de Virgílio, no entanto, seria mais complicado, pois fora escolhido candidato pela maioria dos deputados do PT. Lula, então, resolveu assumir pessoalmente a operação. Primeiro, chamou o presidente do partido, José Genoino, para jantar no Alvorada e deixou claro que o candidato do governo tinha de ser Greenhalgh, não Virgílio. Na sequência, começaria a ter reuniões individuais com alguns deputados mais influentes, explicando por que vetava Virgílio. Para os mais próximos, abriu o jogo. Já para os mais distantes, usou subterfúgios, como o fato de Virgílio ser famoso pelo gosto por cachaça.

Virgílio entendeu que fora rifado, mas se recusaria a retirar a candidatura. E passaria a atacar Lula. Em um almoço com dois

---

[186]Segundo publicado pela *Folha de S. Paulo* em 6 de junho de 2005.

jornalistas da *Veja*, no restaurante La Torreta, em Brasília, pediu ao *maître* uma degustação às cegas de cachaças. Acertou a origem das cinco que lhe serviram. E tripudiou: "O Lula diz que eu não posso ser candidato porque sou pinguço. Eu não sou pinguço, sou cachaceiro. É diferente, eu sei apreciar uma boa cachaça. O Lula já foi cachaceiro, mas agora que é importante só bebe uísque."

Dirceu, contrariado, decidiu confrontar Lula e bancou a candidatura avulsa de Virgílio, contra o candidato oficial do PT e do Planalto, Greenhalgh. João Paulo Cunha, Professor Luizinho e Paulo Rocha também apoiariam o mineiro.

Marcos Valério continuava com trânsito livre na Casa Civil. Em 11 de janeiro, às cinco da tarde, levou ao Planalto o representante do Banco Espírito Santo no Brasil, Ricardo Espírito Santo, para uma audiência com Dirceu. Os dois visitantes disseram ao ministro que havia a possibilidade de a Portugal Telecom, empresa associada ao banco, doar € 8 milhões — equivalente, à época, a R$ 24 milhões — ao PT. Em troca, o governo teria de ajudar a empresa portuguesa a comprar a Telemig, telefônica com atuação em Minas Gerais.

Dirceu viu na oferta uma possibilidade de acalmar o PTB, cada vez mais insatisfeito pela dívida do mensalão. Procurou Roberto Jefferson e pediu que indicasse alguém do partido para ir a Portugal com Valério e Delúbio.

Em 24 de janeiro, o tesoureiro do PTB, Emerson Palmieri, embarcaria para Lisboa com os dois indicados de Dirceu. Lá, reuniram-se com Miguel Horta, presidente da Portugal Telecom e acionista do Banco Espírito Santo, que confirmou a intenção de doar o dinheiro, mas apenas quando o negócio saísse. Os brasileiros se decepcionaram, pois não contavam com a cláusula de sucesso — esperavam deixar a Europa com o dinheiro depositado em algum paraíso fiscal.

A possibilidade de dinheiro futuro não acalmaria o PTB, que se juntara a setores descontentes do PP, do PL e do PMDB para dar um susto no governo.

Em 15 de fevereiro de 2005, Dirceu foi ao jantar de despedida de José Sarney da presidência do Senado, na casa de Kakay. Horas antes, Renan Calheiros, do PMDB de Alagoas, um dos mentores da candidatura presidencial de Fernando Collor, ministro da Justiça de FHC e que se tornou aliado de Lula, assumira o posto. No mesmo horário, a Câmara escolhia seu presidente entre Virgílio Guimarães, Greenhalgh e Severino Cavalcanti. A manobra de Lula para enfraquecer Virgílio funcionara e Greenhalgh chegava à eleição como favorito, o que fez Dirceu passar a apoiá-lo publicamente.

Por volta das dez da noite, o ministro da Casa Civil pediria licença aos anfitriões: "Vou lá na Câmara dar parabéns ao Greenhalgh e já volto. Me esperem para a sobremesa." Antonio Carlos Magalhães, sempre sarcástico, ainda o provocaria: "É melhor ir lá dar os pêsames. Essa eleição vai dar merda."[187] Dito e feito. A apuração mostrou que seria necessário um segundo turno entre Greenhalgh e Severino, em eleição que vararia a madrugada. Virgílio ficara em terceiro.

Dirceu voltou para a casa de Kakay. A maioria dos convidados já partira e ele ficou vendo a segunda fase da votação pela TV, ao lado de Kakay e de ACM.

Sua confiança sumia à medida que os votos eram computados. Severino derrotou o petista no segundo turno, por trezentos votos a 95, e foi eleito presidente da Câmara. O número de votos em Severino, aliás, seria simbólico: trezentos, a mesma quantidade de picaretas apontada por Lula muitos anos atrás e que inspiraria a música dos Paralamas. O recado estava dado: o mensalão e os compromissos não honrados deixaram o Congresso em ebulição.

---

[187] Segundo relato de Antonio Carlos de Almeida Castro, o Kakay, ao autor.

Lula, em viagem oficial à Guiana, telefonou para Dirceu assim que soube da derrota e lhe passou uma descompostura. Em entrevista, culpou seu partido pela derrota: "O governo não perdeu. O governo não disputou a eleição. Quem disputou e perdeu foi o PT."[188]

Antes de ir embora da casa de seu advogado, o ministro ainda teria de ouvir em silêncio outra provocação de ACM: "Nunca vi povo tão ruim para fazer política como vocês. E olha que eu já conheci muita gente ruim de política."[189]

Severino era chamado de rei do "baixo clero", título que designava um grupo de deputados sem expressão mais preocupados com as benesses e mordomias do cargo, como viagens internacionais e contratação de assessores. Apesar de silencioso e pouco articulado politicamente, esse grupo era majoritário, e só faltava que alguém assumisse explicitamente sua defesa, como fizera Severino, para conquistar seus votos. Católico fervoroso, rejeitava o aborto e tinha aversão aos homossexuais. Baixinho, gordinho e careca, era uma imagem caricata do conservadorismo e do atraso na política. No cargo, fez o que se esperava: deu aumento aos colegas, colocou mais assessores de confiança nos gabinetes e quis trocar a frota de carros que atendia aos deputados. O fisiologismo que dominara informalmente o relacionamento entre o Executivo e o Legislativo nos dois primeiros anos de governo Lula agora era oficial.

O presidente passou a convidar líderes de partidos, sem a presença de Dirceu, para audiências em seu gabinete. Tentava encontrar uma saída para a articulação política, desacreditada desde a vitória de Severino. Em uma dessas reuniões, Roberto Jefferson foi explícito: como já avisara no ano anterior, a questão problemática original era o

---

[188]De acordo com a *Folha de S. Paulo* de 16 de fevereiro de 2005.
[189]Segundo relato de Antonio Carlos de Almeida Castro, o Kakay, ao autor.

mensalão. "Presidente, o Delúbio vai botar uma dinamite em sua cadeira. Ele continua dando mensalão aos deputados. O senhor precisa resolver isso" — insistiria o presidente do PTB no final de março.[190]

Não haveria tempo.

No sábado, 14 de maio de 2005, a revista *Veja* chegaria às bancas com uma reportagem de oito páginas, assinada pelo jornalista Policarpo Junior, na qual eram reproduzidas imagens de um vídeo onde um diretor dos Correios, Maurício Marinho, embolsava R$ 3 mil de propina para ajudar uma empresa em uma licitação da estatal. O dinheiro, segundo Marinho, destinava-se a uma caixinha do PTB, comandada por Roberto Jefferson, que, em troca do apoio do partido ao governo, era autorizado a montar esquemas de arrecadação ilegais em ministérios e estatais. "Ele me dá cobertura, fala comigo, não manda recado. Tem vez que ele vem do Rio de Janeiro só para acertar um negócio. Ele é doidão" — declarou Marinho no vídeo a respeito de Jefferson, enquanto colocava o maço de notas no bolso esquerdo do paletó.

Quinze meses depois do caso Waldomiro Diniz, outro vídeo colocava novamente uma CPI no caminho de José Dirceu.

---

[190]Como publicou a *Folha de S. Paulo* em 19 de dezembro de 2010.

17 | A primeira queda

> *"Zé Dirceu, se você não sair daí rápido, você vai fazer réu um homem inocente, que é o presidente Lula. Rápido, sai daí rápido, Zé!"*
> Roberto Jefferson, em depoimento ao Conselho de Ética da Câmara, em 14 de junho de 2005.

Era uma noite típica de segunda-feira de outono na capital federal: seca, fria, com vento forte e pouca gente circulando pelas ruas. No cerrado, como no deserto, a temperatura chega a cair quinze graus entre o sol abrasivo da tarde e a noite, sem nuvens nem chuva. Tudo normal, não fosse pela cena vista por poucos na garagem do Palácio do Planalto: um Fiat Marea preto, com placa oficial, saía do local levando lado a lado, no banco de trás, dois ministros que viviam em guerra, José Dirceu e Aldo Rebelo. Por uma causa maior, a sobrevivência do governo Lula, os ministros da Casa Civil e da Coordenação Política deixavam os quinze meses de conflito político de lado e, naquela noite de 30 de maio, selavam um armistício. Juntos, iam à casa do presidente do PTB, Roberto Jefferson, na Asa Norte, e com o mesmo objetivo: convencê-lo a retirar o apoio de seu partido à tentativa de instalar uma comissão parlamentar de inquérito para investigar as denúncias de corrupção nos Correios.

Jefferson estava irritado e não queria conversa. Atendeu ao interfone e não autorizou o porteiro a deixar que subissem ao mesmo apartamento onde, oito meses antes, Lula cantara os boleros de Altemar Dutra. Em sua avaliação, o governo queria colocar nas costas de seu partido toda a responsabilidade sobre os casos de desvios de dinheiro revelados após a divulgação do vídeo de Maurício Marinho pela *Veja*, duas semanas antes. Com isso, pretendia poupar o PT, sobretudo Dirceu e Lula. Decidira na véspera, portanto, que seu partido apoiaria a CPI. Outros dezesseis deputados petebistas já haviam assinado o pedido. Se a corrupção envolvia todos os partidos da base aliada, então que fossem todos investigados.

O temor no governo era grande, e Dirceu e Aldo não desistiriam ante a primeira porta na cara. Na manhã seguinte, voltariam a procurar Jefferson. De novo, porém, foram proibidos de entrar. Na tarde de terça-feira, a terceira tentativa: a empregada do deputado, sem saber que os ministros estavam proibidos de subir e com o patrão tomando banho, inadvertidamente deixou que os dois entrassem. Roberto Jefferson, ao deixar o banheiro, recebeu-os em sua sala e, sem mandá-los sentar, desfiou em pé e aos berros um rosário de queixas. Reclamou que fora abandonado pelo governo. Disse que Aldo, Dirceu e principalmente Lula sabiam de tudo que o PTB fazia. E que, por isso, não aceitaria calado o discurso de José Genoino, presidente do PT, segundo quem o governo precisava "requalificar" sua base de apoio. Para concluir, com o dedo no rosto de Dirceu, ameaçaria: "Na cadeira em que eu sentar na CPI também vão sentar você, o Delúbio e o Silvinho Pereira."[191]

Desacorçoados, os ministros imploraram ao deputado para que retirasse sua assinatura do pedido de CPI e orientasse seus colegas

---

[191] Segundo publicou a revista *Veja* em 1º de junho de 2005.

de partido a fazer o mesmo. Saíram de lá desolados e ainda alvos da ironia de Jefferson, que comentaria horas mais tarde com um amigo: "Só faltou eles se ajoelharem aos meus pés."[192]

A possibilidade cada vez mais concreta de CPI apavorava Dirceu. A reportagem de *Veja* abrira a tampa de uma caixa-preta que escondia como o governo loteava os ministérios e estatais entre os partidos aliados, que usavam cargos e contratos para montar uma rede clandestina de arrecadação de dinheiro. Depois dos Correios, a revista mostrou que o PTB desviava R$ 400 mil mensais do Instituto de Resseguros Brasil, confissão feita pelo próprio presidente da empresa, o economista Lídio Duarte, ali colocado por Jefferson. Em Furnas, centrais elétricas federais com sede em Minas Gerais, também havia um petebista fazendo caixa para o partido.

Esquemas como os do PTB se espalhavam pela Esplanada dos Ministérios e envolviam todos os partidos que apoiavam Lula. Esses acordos foram costurados no início do governo pelo secretário-geral do PT, Silvio Pereira, e pelo tesoureiro do partido, Delúbio Soares. Todos com o aval final do chefe da Casa Civil, que assinava as nomeações. Era esse dinheiro, entre outros, que abastecia o caixa que pagava as mesadas aos deputados. Por isso, o temor à investigação.

"É impossível que uma CPI minimamente bem-feita não pegue o Delúbio e o Silvinho" — admitiu Dirceu em jantar com o senador Delcídio Amaral, do PT de Mato Grosso do Sul, dias antes de ir à casa de Jefferson e ouvir o mesmo diagnóstico em tom de ameaça.[193]

A série de denúncias atingira uma base desarticulada após a eleição de Severino Cavalcanti à presidência da Câmara, ademais num momento em que a oposição se fortalecia, decorrência das

---

[192]Idem.
[193]De acordo com a edição de 25 de maio de 2005 da revista *Veja*.

vitórias nas principais capitais do país na disputa para prefeito no ano anterior. Também havia dúvida sobre a capacidade de o governo Lula acertar a mão na economia. Nesse quadro, na semana seguinte à divulgação do vídeo, a CPI já contava com o apoio de 236 dos 513 deputados e de 52 dos 81 senadores — número bem acima do mínimo necessário, de 171 na Câmara e 27 no Senado.

A primeira atitude do governo seria agir como uma família ameaçada: em caso de inimigo externo, todos os parentes esquecem as desavenças e passam a se proteger. Assim, Dirceu convidara Aldo Rebelo para um jantar em sua casa, na presença dos ministros do PT Luiz Dulci, Luiz Gushiken e Jaques Wagner. Os cinco fecharam um pacto de atuar em conjunto para evitar a investigação. E os petistas se comprometeram a abandonar a cruzada contra Aldo. Todos deixariam o encontro com tarefas definidas: os parlamentares do PT que assinassem a CPI seriam ameaçados de expulsão; os aliados receberiam verbas do orçamento e as nomeações que estavam represadas caso recuassem; e os oposicionistas amigos seriam procurados pelo próprio Dirceu, em estratégia que dera certo na crise causada por Waldomiro Diniz.

Em entrevistas e em discursos no Congresso, os governistas tratariam as denúncias como casos isolados de corrupção, envolvendo apenas indicados do PTB.

Lula exibia um comportamento dúbio, o que intrigava Dirceu. Num primeiro momento, desdenhou das denúncias: "Olha para minha cara pra ver se estou preocupado" — ironizaria em entrevista coletiva dois dias depois da publicação do vídeo. Sua avaliação inicial era de que uma CPI poderia ser a oportunidade para se livrar do chefe da Casa Civil sem comprometer seriamente seu governo. A reação do presidente desconcertara sua equipe. Uns, como Dirceu, tentavam evitar a investigação. Outros, como Aldo, seguiam a linha de Lula e viam no caso uma chance de afastar Dirceu — o ministro da Coordenação Política abandonaria Brasília e viajaria a Alagoas e ao Rio Grande do Sul logo no início da crise.

Como a oposição avançava na captação de apoios, logo soaria o alarme no governo. Lula percebera que não apenas Dirceu seria colocado no cadafalso em uma CPI, mas seu próprio mandato e a possibilidade de reeleição. Então, determinou que a investigação fosse enterrada a todo custo. Em 23 de maio, embarcou para a Coreia do Sul e deixou a ordem de abrir os cofres para que os deputados desistissem da CPI. Apenas no dia da viagem foram liberados mais de R$ 200 milhões a parlamentares.

Dirceu apelaria até a seus inimigos declarados, como Anthony Garotinho, a quem telefonara — seis vezes em dois dias — para pedir que recuasse: "O ministro me suplicava" — ironizaria o ex-governador do Rio de Janeiro.[194]

A manobra fracassou.

Na noite de terça-feira, 7 de junho, Dirceu receberia em seu gabinete os ministros Aldo Rebelo e Eduardo Campos, da Ciência e Tecnologia. Os dois vinham do Congresso, onde tentaram, sem sucesso, impedir a criação da CPI. "Fizemos o que era possível, mas não foi possível impedir a CPI. Vamos ter que estudar como enfrentar esse problema" — afirmou Eduardo.[195] Dirceu estava irritado. Abriu seu armário e pegou uma garrafa de rum cubano. Chamou o garçom e pediu três cálices. A copa, porém, já fechara e tiveram que beber em xícaras de café. Dirceu, após a segunda dose, desabafaria: "Essa CPI é o começo do meu fim."[196]

Tomou mais uma dose e ligou para o restaurante Piantella. Pediu que reservassem uma mesa no andar de cima para ele e os colegas de ministério. Chegou deprimido e preocupado com a CPI, mas o vinho

---

[194]Segundo publicado pela revista *Veja* de 1º de junho de 2005.
[195]Conforme relato de Eduardo Campos ao autor.
[196]Idem.

melhoraria seu humor. Começou a falar de mulheres e de política, e a traçar planos para a eleição do ano seguinte. No final da noite, viraria para Eduardo, que sonhava em disputar o governo de Pernambuco, e avisaria: "Você sabe que, em Pernambuco, o jogo do PT é com o Jarbas Vasconcelos, né? Pode desistir dessa história de ser governador."[197]

O ministro da Ciência e Tecnologia ficou indignado. Jarbas, governador em segundo mandato, era o maior adversário do grupo político de Miguel Arraes, avô de Eduardo e o mais tradicional político da esquerda pernambucana. Se o PT pretendia apoiar seu principal rival, Eduardo não tinha por que passar dias e noites no Congresso tentando salvar a pele de Dirceu. "E o meu jogo não é com o PT. Eu não preciso do PT para ser governador. A única pessoa a quem eu tenho que dar satisfação é o presidente Lula" — reagiria.[198]

O jantar terminou nesse clima de hostilidade. No ano seguinte, Eduardo Campos se elegeria governador de Pernambuco derrotando o PT e o candidato de Jarbas.

A CPI dos Correios foi instalada dois dias depois. A estratégia governista, então, seria controlar a investigação. A maioria esmagara a oposição e escolhera o presidente, senador petista Delcídio Amaral, e o relator, deputado Osmar Serraglio, do PMDB paranaense, ambos próximos a Dirceu e fiéis ao Palácio do Planalto.

O primeiro encontro dos comandantes da investigação não aconteceria no Congresso, mas no palácio, com a presença de três ministros: Dirceu, Aldo e Luiz Dulci, da Secretaria-Geral da Presidência. Ficou decidido que nada além das irregularidades nos Correios, no IRB e em Furnas seria apurado. A ordem era explodir o PTB para que o governo do PT sobrevivesse.

---

[197] Idem.
[198] Idem.

Confiando no sucesso do plano, Dirceu embarcou na sexta-feira, 3 de junho, para uma viagem oficial à Espanha e a Portugal.

No mesmo dia, enviou um assessor a Cuba para se encontrar com um representante das Forças Armadas Revolucionárias da Colômbia, as Farc, com quem trataria da concessão de refúgio para a permanência do padre colombiano Olivério Medina, representante do grupo guerrilheiro, no Brasil. Uma demonstração de que a CPI não era sua única preocupação, talvez nem a principal.

Acusado pela Colômbia de terrorismo, homicídio e sequestro, Medina fora preso em 2000 pela Polícia Federal brasileira. A Colômbia passara a pedir sua extradição, mas parte significativa do PT era contra, por reconhecer nas Farc um grupo político legítimo. Dirceu era um dos defensores de Medina e sempre trabalhou pela concessão de status de refugiado político ao padre, o que impediria sua expulsão para o país natal, onde cumpriria ao menos vinte anos de prisão.

Embora a Colômbia não fosse um Estado ditatorial ou de exceção, o governo Lula consideraria Olivério Medina refugiado político em 14 de julho de 2006. Ele continuava vivendo no Brasil até março de 2013.

Dirceu chegou a Madri no início da manhã de sábado. Passaria o dia no hotel, descansando e tentando esfriar a cabeça, que andava a mil. Sairia apenas para almoçar. Além dos problemas políticos, sua vida estava de ponta-cabeça. Ao casamento em crise com Maria Rita somaram-se as cobranças cada vez maiores de Evanise para que se separasse e passasse a viver com ela, e, nas últimas semanas, um caso ardente com uma empresária paulista, que já fora casada com um amigo seu e que namorara outro.

Descansar era quase impossível com três mulheres na cabeça. Os poucos amigos que sabiam de toda essa confusão recomendavam remédios para dormir, mas ele recusava. Argumentava que uma hora de exercício na academia pela manhã e duas doses de *bourbon* antes de dormir eram suficientes para manter seu equilíbrio e o sono.

Na primeira noite em solo espanhol, foi a um jantar com políticos e intelectuais na Sociedade Geral de Autores e Editores. Numa ponta da mesa estava o socialista Felipe González, ex-presidente da Espanha, e na outra o ministro brasileiro. "Felipe, você está à minha esquerda" — provocaria Dirceu. "Acho que não. Os governos precisam de um tempo para se consolidar. Eu antes acreditava na revolução, depois na reforma e agora na reforma épica" — responderia González. "Reforma ética?" — espantou-se o escritor português José Saramago, também presente. "Eu não acredito no Estado" — complementaria o Nobel de Literatura. "Épica, Saramago, eu disse épica" — corrigiu González, que, em seguida, perguntaria a Dirceu sobre a possibilidade de reeleição do presidente Lula. "Temos planos de governo para doze anos" — disse o ministro, sem mencionar a crise política.[199]

No dia seguinte, acordou tarde, caminhou na esteira e foi se encontrar com amigos espanhóis para um almoço. Na volta ao hotel, telefonou para seu assessor Roberto Marques, em São Paulo. Estava tão descontraído com o fim de semana longe da crise e das mulheres e com a boa *paella* que comera que sua primeira pergunta foi sobre o resultado de Brasil e Paraguai, pelas eliminatórias da Copa do Mundo de 2006. Marques falou rapidamente sobre a vitória brasileira por 4 a 1, com dois gols de Ronaldinho Gaúcho, um de Robinho e um de Zé Roberto. Logo passaria ao assunto que realmente importava: "Tem o maior boato na praça de que o Roberto Jefferson vai dar

---

[199]Diálogo conforme publicado por *O Globo* em 7 de junho de 2005.

uma entrevista e explodir tudo."²⁰⁰ A descontração acabou na hora. Dirceu passaria o resto do dia tentando confirmar se a entrevista era fato ou apenas um boato.

A confirmação só viria na manhã seguinte, com a chegada às bancas da histórica edição de 6 de junho de 2005 da *Folha de S. Paulo*, com a seguinte manchete: "PT dava mesada de R$ 30 mil a parlamentares, diz Jefferson." Na entrevista de três páginas, concedida à jornalista Renata Lo Prete na tarde anterior, em seu apartamento, o presidente do PTB detalhava como o tesoureiro do PT, Delúbio Soares, pagava um "mensalão" de R$ 30 mil a parlamentares do PP e do PL em troca de apoio no Congresso: "É mais barato pagar o exército mercenário do que dividir o poder. É mais fácil alugar um deputado do que discutir um projeto de governo. Quem é pago não pensa." Era a primeira vez que o termo mensalão, corrente no Congresso e no Planalto, ganhava conhecimento público. A partir dali, batizaria a crise e casos semelhantes de corrupção.

Jefferson afirmou que avisara o chefe da Casa Civil sobre a prática, sem resultado: "Fui ao ministro José Dirceu, ainda no início de 2004, e contei sobre o mensalão. O Zé deu um soco na mesa: 'O Delúbio está errado, isso não pode acontecer. Eu falei para não fazer.'"²⁰¹ Ainda segundo ele, os deputados de seu partido não recebiam o dinheiro. Por isso, estavam em rebelião: "Toda a pressão que recebi nesse governo, como presidente do PTB, por dinheiro, foi em função desse mensalão, que contaminou a base parlamentar."²⁰² Omitira, porém, o acordo de R$ 10 milhões para que seu partido apoiasse o PT na eleição do ano anterior.

---

[200] De acordo com o relato de um assessor de Dirceu ao autor.
[201] Segundo publicou a *Folha de S. Paulo* de 6 de junho de 2005.
[202] Idem.

Jefferson reclamou do partido do presidente da República e de José Dirceu: "Você não pode confiar no PT. O que está fechado não está fechado. Tudo o que é dito não é cumprido. Toda a palavra empenhada não é honrada."[203] E explicou que decidira falar porque sentiu que o governo queria sacrificar seu partido para sobreviver: "Eu vi que o governo agiu para isolar o PTB. Vai ter que sangrar a cabeça de alguém na guilhotina, tem que haver carne e sangue aos chacais. A *Veja* falou que sou o homem-bomba. E o que você faz com a bomba? Ou desativa ou faz explodir. Estou percebendo que estão evacuando o quarteirão e o PTB está ficando isolado para ser explodido."[204]

Com sua explosiva entrevista, Jefferson imediatamente provocaria a maior crise política em Brasília desde o governo Collor. Até os petistas mais otimistas perceberam que o governo Lula estava na berlinda. O presidente soube do agravamento da situação logo de manhã, quando Gilberto Carvalho, seu chefe de gabinete, chegou à Granja do Torto com um exemplar da *Folha*. Assim que leu a manchete, culpou o chefe da Casa Civil: "O Zé não podia ter montado uma base tão fisiológica. O PT está acabando com meu governo." Dirceu quis antecipar a volta ao Brasil, mas foi contido por Lula. Teve de ficar em Madri e embarcar na manhã seguinte a Lisboa, para uma série de reuniões sobre a venda da empresa aérea Varig, que estava perto da falência, para a portuguesa TAP.

Antes de regressar, encontrou-se com o presidente de Portugal, Jorge Sampaio, e trinta políticos e empresários portugueses no Instituto de Estudos Estratégicos Internacionais de Lisboa. No evento, respondeu a perguntas sobre economia e política externa, serviu-se de garoupa no pão, purê de tomates e vinho tinto, e criticou a política econômica de Palocci: "O Brasil não pode se dar ao luxo de ser

---

[203]Idem.
[204]Idem.

gerido por metas de inflação e política de juros. Se deixarem, fazem o superávit primário de 7% e juros de 20%. Isso é uma disputa política. Não falar isso é faltar com a verdade para a sociedade."[205]

Sobre a crise política, tentaria dar uma explicação mais de fundo, eximindo-se de responsabilidades. "Nós do PT temos 20% da Câmara e do Senado, sendo muito generoso, numa aliança de centro-esquerda. Uma centro-esquerda que é quase direita. Para formar uma maioria de 50% mais um, nós estamos pagando o preço agora, nestes dias, com essa crise política, que não é uma crise institucional nem uma crise estrutural. Mas, pelas circunstâncias, transformou-se numa crise política" — declarou no mesmo encontro. "Continuo dizendo: existem problemas? Existem. Precisam ser investigados? Precisam. Transformar isso em responsabilidade do presidente, do PT, do governo, em crise política ou institucional, aí estão razões de política eleitoral. São razões de antecipação de agenda de eleição."[206]

Um abatido José Dirceu desembarcou em Brasília na quinta-feira. Encontrou um quadro muito mais sombrio do que pintara na Europa. A crise era política e institucional. Ministros e parlamentares, como Ciro Gomes, Walfrido dos Mares Guia e Aloizio Mercadante, haviam confirmado as denúncias de Jefferson. Acuado, o PT tentava blindar Delúbio Soares, que se escondera para não ser encontrado por jornalistas. O que sobrara da esquerda do PT apoiava a CPI e se transferia para o PSOL. Lula, para tentar conter a hemorragia, falou em "cortar na própria carne" e anunciou a demissão de diretores do IRB e dos Correios, em discurso no 4º Fórum Global de Combate à Corrupção. Impossível maior ironia.

---

[205] Segundo a *Folha de S. Paulo* de 9 de junho de 2005.
[206] Idem.

As medidas do governo não estancaram a crise e ainda deixaram o homem-bomba Roberto Jefferson mais irritado. Na noite seguinte à chegada de Dirceu ao Brasil, daria nova longa entrevista a Renata Lo Prete, publicada na edição de domingo da *Folha*. Se não tão impactante, pelo ineditismo, quanto à primeira, a segunda seria mais detalhada: explicava melhor a operação do mensalão e envolvia mais personagens. "Esse dinheiro chega a Brasília, pelo que sei, em malas. Tem um grande operador que trabalha junto com Delúbio, chamado Marcos Valério, que é um publicitário de Belo Horizonte. É ele quem faz a distribuição de recursos" — declarou Jefferson.[207]

Foi a primeira vez que o nome de Valério apareceu na imprensa. O publicitário era tão desconhecido que, na foto publicada na *Folha*, ainda aparecia com cabelo — fora tirada anos antes, em um evento em Minas. A participação de Dirceu também era descrita em detalhes pelo presidente do PTB: "Noventa por cento das conversas sobre cargos eram feitas no palácio, numa salinha que era reservada ao Silvio Pereira. De vez em quando o Delúbio metia a mão na porta, entrava, sentava, conversava e saía. O Zé Dirceu participava da conversa e o Genoino também."[208]

Jefferson confirmou que o dinheiro que abastecia o mensalão era arrecadado em empresas estatais e no Banco Rural. E citou outros personagens que participavam do esquema. José Janene, líder do PP na Câmara, recolhia o dinheiro de Valério e distribuía entre os deputados do partido. No PMDB, quem se encarregava da distribuição também era o líder, José Borba. E, no PL, a operação ficava a cargo do presidente, Valdemar Costa Neto, e do tesoureiro, Jacinto Lamas. Ao final, questionado se tinha medo de morrer por ter denunciado o mensalão, declararia: "Não temo, não. Depois do que eu já disse, se fizerem alguma coisa comigo, cai a República. Creio em Deus. Rezo. E estou muito seguro de que estou fazendo bem tanto ao meu par-

---

[207] De acordo com o que publicou a *Folha de S. Paulo* de 12 de junho de 2005.
[208] Idem.

tido, lavando o rosto do meu partido, quanto à sociedade brasileira. Tenho certeza de que as coisas serão diferentes a partir de agora."[209]

Lula leria a entrevista logo cedo, alertado novamente por Gilberto. Pegou o telefone e convocou Dirceu para uma reunião imediata na Granja do Torto. O ministro estava em São Paulo, onde acompanhara a filha Camila, na véspera, à festa junina da escola. No meio do arraial, o ministro recebeu um correio elegante. Ao abrir o envelope, a desagradável surpresa: "Vá para a prisão, seu corrupto." Aquilo o chocara. Comentaria mais tarde em casa com Maria Rita que nunca se sentira tão humilhado.

Dirceu só conseguiu chegar ao encontro do presidente por volta das seis da tarde, acompanhado de José Genoino. Lula estava decidido a demiti-lo e, pela primeira vez, teve coragem de verbalizar a opinião: "Isso não vai parar se você não sair."[210] O presidente defendia um afastamento temporário, que todos na sala tinham certeza de que seria definitivo. Alegava que o governo ficaria paralisado enquanto seu chefe da Casa Civil tivesse que se explicar diariamente sobre novas denúncias de corrupção. Dirceu rebateria os argumentos. "Se eu sair vai ser uma confissão de culpa minha e do governo. Aí sim que o governo vai sangrar. E todos irão pra cima de você."[211] E recusaria a sugestão de licença. O presidente ficou contrariado, mas não tinha escolha. O dano era menor com um Dirceu enfraquecido ao seu lado do que com ele como inimigo, ajudando a desestabilizar o governo.

A segunda entrevista de Roberto Jefferson transformara a crise do mensalão no principal assunto do país. Emissoras de rádio, TV, jornais e revistas reforçaram suas equipes em Brasília. Advogados renomados começaram a chegar à cidade, contratados pelos prin-

---
[209] Idem.
[210] Como publicou a *Folha de S. Paulo* em 19 de dezembro de 2010.
[211] Segundo relatou ao autor um assessor do presidente que presenciou a conversa.

cipais envolvidos. Boatos se sucediam. A cada minuto, blogs e sites publicavam um pedido de demissão de Dirceu ou a renúncia de Jefferson à presidência do PTB, desmentidos com a mesma velocidade. Dirceu não conseguia dar mais de um passo sem ser seguido por um batalhão de repórteres, fotógrafos e cinegrafistas. A segurança do Palácio do Planalto e da residência oficial da Casa Civil seria reforçada. O ministro não frequentava nada além desses dois lugares.

Na segunda-feira, 13 de junho, uma nova personagem surgiria no roteiro de filme de mistério: uma secretária. Fernanda Karina Somaggio trabalhara na SMP&B Comunicação, de Marcos Valério, por dois anos e saíra de lá brigada com o chefe e com cópias de suas agendas, que continham os telefones das principais autoridades do PT e do governo e as datas de seus encontros. Em entrevista à revista *IstoÉ Dinheiro*, ela falou em "malas de dinheiro" e revelou contatos entre Valério e Dirceu:

— Como era o contato com o ministro José Dirceu?
— Havia ligações. A gente ligava e pedia para a menina do Delúbio colocar ele em contato com o Marcos Valério.
— Então o Valério tinha comunicação direta com o Dirceu?
— Sim.[212]

Nesse clima efervescente, Jefferson chegou ao Conselho de Ética da Câmara na tarde de 14 de junho, dia de seu 52º aniversário, para ser interrogado na abertura do processo de cassação de seu mandato, pedido pelo PL com base nas duas entrevistas à *Folha*. Seu depoimento de mais de oito horas seria transmitido ao vivo por três emissoras de TV aberta e duas por assinatura, além de pelo canal oficial da Câmara. Ele repetiu tudo que dissera ao jornal e ainda aprofundou as denúncias. Confirmou ter feito um acordo

---
[212]Publicado na revista *IstoÉ Dinheiro* de junho de 2005.

de R$ 10 milhões com o PT, pela eleição do ano anterior, dos quais só recebera R$ 4 milhões. Revelou que o dinheiro que o PT usava para pagar deputados era lavado por doleiros e ainda detalhou os cargos utilizados por PP e PL para engordar seus cofres. E repetiu a história de que Sandro Mabel, do PL de Goiás, tentara comprar dois deputados. Nesse momento, foi interpelado por Mabel: "Vossa Excelência deveria ganhar o Oscar da mentira."

O momento épico viria no final do depoimento. Após repetir que alertara Dirceu sobre o mensalão e que este nada fizera, deu um conselho em tom de ameaça ao ministro: "Zé Dirceu, se você não sair daí rápido, você vai fazer réu um homem inocente, que é o presidente Lula." E, olhando para as câmeras de TV, deu a ordem: "Rápido! Sai daí rápido, Zé!"

Momentos depois, as emissoras de TV interromperiam a transmissão ao vivo do depoimento para dar uma chocante notícia de última hora: presos ligados ao Primeiro Comando da Capital haviam arrancado as cabeças de cinco detentos em rebelião na cadeia de Presidente Venceslau, no interior de São Paulo. Aqueles, porém, não seriam os únicos decapitados do dia 14 de junho de 2005.

Dirceu e Lula não se falaram após o depoimento — deixaram a conversa para o dia seguinte, com as cabeças mais frias. Nenhum dos dois tinha mais dúvida de que o ministro cairia. Faltava apenas definir os detalhes. Naquela noite, em conversa com Márcio Thomaz Bastos e Gilberto Carvalho, Lula chorou e, pela primeira vez, colocou em dúvida a possibilidade de disputar a reeleição: "E agora, como é que fica o meu governo? Eu não sou Collor, não sou Fernando Henrique. Não vou sujar minha biografia por causa de uma reeleição." Em seguida, declararia o nome de seu candidato alternativo: "Se eu não disputar, o candidato vai ser o Palocci."[213]

---

[213]Conforme publicado na revista *Veja* de 22 de junho de 2005.

Presidente e ministro da Casa Civil se encontraram pouco depois das oito da manhã de 15 de junho, na Granja do Torto. Caminharam juntos e foram tomar o café da manhã. Lula iria direto ao ponto: "Se você não sair, vai cair todo mundo. O governo não acaba se eu te mantiver na Casa Civil."[214] Dirceu concordava. Disse que entregaria sua carta de demissão. Antes de ir embora, porém, fez um último pedido: "Só não queria que o Palocci fosse para o meu lugar. Ele faria uma caça às bruxas na Casa Civil que não seria bom para ninguém."[215] Lula aceitou a condição. Mais tarde, no Palácio do Planalto, os dois desabafariam a diferentes interlocutores. "Não gosto de demitir ninguém, mas era uma questão de sobrevivência. Era ele ou eu" — comentou o presidente.[216] "Achei que ele fosse pelo menos me agradecer tudo que eu fiz. Por isso que eu sempre digo que o Lula não tem amigos" — reclamou Dirceu.[217]

No início da tarde de quinta-feira, 16 de junho de 2005, José Dirceu convocou a imprensa a um auditório do Palácio do Planalto. Cinquenta horas depois das ameaças de Roberto Jefferson, cercado de assessores e ministros, fez um pronunciamento de cinco minutos, no qual mostrou sua carta de demissão e anunciou que mobilizaria o PT e a sociedade para "combater aqueles que querem desestabilizar o governo e interromper o processo democrático". Sua primeira e única passagem pelo poder encerrava-se trinta meses após chegar à Casa Civil como o superministro de Lula. Acompanhando o réquiem do ministro pela TV, Jefferson gargalhava.

Reassumiu seu mandato de deputado um dia depois da abertura da CPI dos Correios, com o depoimento de Maurício Marinho. Ainda naquele mês, outras duas CPI que o envolviam iniciariam seus trabalhos:

---
[214] Idem.
[215] Idem.
[216] De acordo com o relato de um auxiliar do presidente, que ouviu o desabafo, ao autor.
[217] Segundo relatou um assessor de Dirceu ao autor.

a do mensalão, para investigar especificamente o repasse de dinheiro a deputados, e a dos Bingos, para apurar o escândalo Waldomiro Diniz. Essa CPI fora barrada um ano antes pelo presidente do Senado, José Sarney, mas era finalmente aberta graças a uma decisão judicial.

Fiel ao seu estilo de homem destemido e inabalável, faria um desabafo ao jornalista Jorge Bastos Moreno, publicado em *O Globo*: "Eu estou tranquilo. Sei que vou levar uns dois anos para me recuperar politicamente, mas vou recuperar. Tenho forças, já aguentei tranco pior. Vou aguentar mais esse. É por isso que estou calado, não adianta falar agora. Mas vou lutar, porque quem é inocente não teme nada. E eu sou totalmente inocente. Nunca me aproveitei de dinheiro público, nunca me sujei. Essa história de dizer que se eu depuser vou botar a boca no mundo, falando cobras e lagartos, como o Jefferson, é falsa, porque eu não tenho o que falar, não tenho podridão nenhuma escondida de nenhum companheiro. Mas tenho os adversários."[218]

Dias depois, em outro discurso no Congresso, cunhou uma frase que seria imortalizada pelo inusitado do conteúdo: "Estou cada vez mais convencido de minha inocência."

Em 21 de junho, Dirceu voltaria à Casa Civil para a posse de Dilma Rousseff, ex-ministra das Minas e Energia. A escolha do nome fora surpreendente, mas agradaria a Dirceu, que chegara a sugeri-la a Lula quando pediu que Palocci não fosse para o cargo. Ex-guerrilheira, presa e torturada pelo regime militar, Dilma era novata no PT, partido ao qual se filiara em 2001, após deixar o PDT. Considerada severa e enérgica, tivera uma boa relação política com a Casa Civil, mas não tinha convívio social com o ministro.

Ela só chegou ao governo, aliás, porque Lula não honrara o acordo firmado por Dirceu com o PMDB — o nome já escolhido para Minas e Energia era o do senador Pedro Simon.

---

[218] Em depoimento a Jorge Bastos Moreno, publicado no Blog do Moreno, de *O Globo*, em 21 de julho de 2005.

No discurso de transmissão do cargo, Dirceu admitiria estar triste, mas saudaria sua "camarada de armas": "É uma mulher mineira, gaúcha, brasileira, uma camarada de armas, uma companheira de lutas, que assume a Casa Civil. Isso para mim é uma honra."

José Dirceu precisaria de muitas armas e de muitos companheiros de armas para enfrentar as próximas batalhas dessa guerra do mensalão.

18 | Instintos mais primitivos

> *"Ei, José Dirceu*
> *Devolve o dinheiro aí*
> *O dinheiro não é seu."*
> Paródia de *Me dá um dinheiro aí*,
> cantada por Lula enquanto acompanhava
> manifestação pela janela de hotel no Rio,
> em novembro de 2005.

Na manhã de 22 de julho de 2005, o celular do advogado criminalista José Luis de Oliveira Lima tocou. Ele estava com sua filha, de apenas onze dias, no colo, em seu apartamento no Jardim Paulista, em São Paulo. Ao atender, ouviu a frase que, segundo ele próprio, mudaria sua vida: "Doutor José Luis, tudo bem com o senhor? Aqui é José Dirceu." Havia pouco demitido da Casa Civil do governo Lula e apontado como chefe do esquema do mensalão, Dirceu precisava de um advogado para defendê-lo na CPI dos Correios e na investigação da Polícia Federal sobre o caso.

Sua opção óbvia seria Márcio Thomaz Bastos, advogado com ligações históricas com o PT, mas ele era ministro da Justiça e, portanto, impedido de advogar. Dirceu, então, procurou o advogado brasiliense

Antônio Carlos de Almeida Castro, o Kakay, e pediu uma indicação. Kakay sugerira o ex-ministro da Justiça José Carlos Dias, que não aceitaria defendê-lo, pois já trabalhava para outro envolvido no escândalo. Mas indicou seu sobrinho José Luis de Oliveira Lima, o Juca, então com 39 anos, que não pensaria duas vezes, tampouco discutiria honorários. Aquela era uma oportunidade para deixar de ser um advogado promissor e se tornar um dos grandes criminalistas do país.

A identificação foi imediata. Dirceu gostou da confiança demonstrada pelo jovem advogado e, principalmente, do fato de não ter falado em dinheiro antes de aceitar a causa. Os quase quarenta anos de militância política tinham conferido fama e poder ao ex-ministro, mas seu patrimônio ainda era limitado: possuía apenas um apartamento de três quartos na Vila Mariana, em São Paulo, e a casa em um condomínio de Vinhedo. Era um homem de classe média, não podia reclamar da falta de dinheiro, mas não tinha como pagar o preço cobrado pelos mais famosos criminalistas.

Dirceu, advogado formado pela PUC em 1983, invejava os colegas de profissão pela bolada que ganhavam dos clientes mais famosos e enrolados. Nos momentos de insatisfação com a política, costumava dizer que largaria tudo para abrir um escritório em São Paulo, começar a advogar e "ganhar dinheiro de verdade". Aquela seria uma boa oportunidade, desde que ele próprio não tivesse de contratar um advogado criminalista pela primeira vez na vida.

A crise do mensalão se aprofundara significativamente desde a saída de Dirceu da Casa Civil. Documentos revelados por *Veja* no início de julho comprovavam que o PT obtivera um empréstimo junto ao BMG, o que era até então negado pelo partido e pelo banco. O contrato divulgado pela revista trazia as assinaturas de três avalistas: José Genoino, Delúbio Soares e Marcos Valério. Na mesma reportagem, eram mostradas as visitas de Valério ao gabinete de Dirceu — sozinho e com o presidente do BMG, Flávio Guimarães. As denúncias, que até então se baseavam apenas nos depoimentos de Roberto Jefferson, ganharam provas materiais.

Os dirigentes do PT passariam a cair como peças de dominó. Silvio Pereira foi o primeiro, pedindo licença da secretaria de organização. Em seguida, Delúbio deixou a tesouraria. Genoino resistiria alguns dias a mais, já que jogava a culpa no então tesoureiro ao dizer que assinara o contrato de empréstimo sem ler. Mas acabaria deixando a presidência do partido após um assessor de seu irmão, o deputado estadual cearense José Guimarães, ser preso ao tentar embarcar para Fortaleza — no aeroporto de Congonhas — com US$ 100 mil escondidos na cueca.

Os petistas perderam os cargos mas se manteriam impunes no partido. As cobranças por punição cresceram após o depoimento de Valério na CPI, mais um transmitido ao vivo pela TV e acompanhado por mais de uma centena de jornalistas. Telões tiveram de ser colocados em dois salões na ala das comissões do Senado, já que o espaço na sala da CPI era insuficiente. No depoimento de treze horas, foi evasivo, mas deu mais alguns detalhes da participação de cada um dos petistas no esquema. Valério se tornara uma celebridade às avessas, um símbolo da corrupção. Sua vida estava caótica. A mulher, Renilda, saíra de casa ao descobrir que ele tinha um caso com a secretária de um deputado. A filha a acompanhara na mudança e não falava mais com o pai.

Com base nos primeiros depoimentos e nos documentos obtidos, a CPI decidiu quebrar o sigilo bancário, telefônico e fiscal de Dirceu, Jefferson, Genoino, Delúbio e Silvio Pereira. A Polícia Federal, pressionada, instaurara um inquérito para investigar as denúncias de Roberto Jefferson. E, em 23 de junho, Dirceu teve de prestar seu primeiro depoimento sobre o mensalão, em uma comissão de sindicância aberta na Câmara. Em quarenta minutos, negou as acusações, disse que soube do mensalão pela imprensa e culpou Genoino pelos empréstimos: "Não homologo decisão do PT. Quem responde pelo partido é o presidente José Genoino." Dirceu, até então, limitava a crise à política e achava que podia fazer a própria defesa. Mas seria convencido de que o caso extravasara para a polícia e a Justiça. Por isso, decidiu procurar um advogado e contratou Juca.

As primeiras aparições públicas de Dirceu depois da queda seguiram uma lógica que se tornaria seu roteiro político nos próximos anos: o PT o protegia e endeusava, enquanto os opositores do petismo o demonizavam. Dois dias depois de deixar a Casa Civil, participara de reunião do Diretório Nacional do partido, em São Paulo. Foi recepcionado pelo grito de "Dirceu guerreiro do povo brasileiro" entoado por militantes que levavam uma faixa com a mensagem: "Companheiro Zé Dirceu, conte com a nossa confiança."

Quatro dias depois, em 22 de junho, reassumiu seu mandato na Câmara com um discurso de 35 minutos, ao longo dos quais atacaria o legado do governo Fernando Henrique Cardoso, exaltaria as realizações do governo Lula e revelaria o sonho de governar São Paulo. Os petistas na galeria aplaudiam e gritavam: "O Dirceu é meu amigo, mexeu com ele mexeu comigo." Enquanto isso, o deputado Jair Bolsonaro (PP-RJ), militar reformado e símbolo do conservadorismo no Legislativo, bradava: "Terrorista, terrorista!"

Bolsonaro ganhou a companhia de Onyx Lorenzoni, do PFL gaúcho, Alberto Fraga, deputado sem partido e policial civil do Distrito Federal, e Babá, que se filiara ao PSOL após ser expulso do PT no ano anterior. Os quatro faziam gestos com as mãos simbolizando roubo, mostravam notas de dinheiro, gritavam "mensaleiros" e carregavam um saco preto escrito "Mensalão do Lullão". A sessão acabaria em briga, e Dirceu encerraria seu discurso enquanto deputados trocavam sopapos.

Percebendo o agravamento da crise política, Lula tentava recompor sua base de apoio. Deu três ministérios importantes ao PMDB: o deputado mineiro Saraiva Felipe foi para a Saúde, o senador Hélio

Costa, para as Comunicações, e Silas Rondeau, indicado por José Sarney, para Minas e Energia. Tarso Genro, desafeto histórico de Dirceu, deixara o Ministério da Educação para ocupar a presidência do PT. Seria substituído por Fernando Haddad. Tarso recebeu a ordem de "refundar" o PT, expurgando os envolvidos com o mensalão e adotando práticas que dificultassem novos casos de corrupção.

O presidente sabia que a reforma era insuficiente para garantir a governabilidade em meio à crise. Tomaria, então, uma medida mais radical, que demonstrou como a situação o preocupava. Pediu que os ministros Antonio Palocci e Márcio Thomaz Bastos procurassem os líderes da oposição no Senado, Tasso Jereissati (PSDB-CE) e José Agripino (PFL-RN), e propusessem um acordo: Lula abriria mão da reeleição caso a oposição desistisse de propor seu *impeachment*.

A possibilidade de cassação já era discutida, mas não empolgara os oposicionistas, que avaliavam ser mais fácil derrotar um Lula enfraquecido em 2006 do que correr o risco de o presidente comandar uma resistência popular com petistas, sindicalistas e movimentos sociais, que inflamaria o país. O *impeachment* jamais iria além de discursos de oposicionistas mais verborrágicos.

Na mesma época em que tentava remontar seu governo, Lula e o PT tiveram de agir para conter Marcos Valério. Descontente com os rumos das investigações e temendo ser o único escolhido para pagar pelos crimes do mensalão, o publicitário explodira. No início da manhã de sábado, 9 de julho, ligou para o ex-presidente da Câmara, João Paulo Cunha, que estava em sua casa em Osasco, na Grande São Paulo, e ameaçou, descontrolado: "Eu vou estourar tudo."[219] Contou que faria uma delação premiada, revelando os segredos do mensalão à Justiça em troca de redução da pena. "Vocês vão se ferrar. Avisa ao barbudo que tenho bala contra ele."[220] O barbudo, no caso, era o presidente Lula.

---

[219]Como publicado pela revista *Veja* de 27 de julho de 2005.
[220]Idem.

Até explodir, Valério tinha a garantia do governo de que as quebras de sigilo do Banco Rural não revelariam suas operações clandestinas. Na véspera, entretanto, seu advogado, Marcelo Leonardo, avisara-o de que os dados se tornariam públicos e de que poderia até ser preso. Ficou desesperado e, como já fizera Roberto Jefferson, partiu para o ataque. Na ligação para João Paulo, fez duas exigências para poupar o governo. Queria a garantia de que não seria encarcerado e o compromisso de obter um dinheiro graúdo, intermediando o fim da interminável liquidação do Banco Econômico, que já durava duas décadas. Achava que poderia ficar com 20% dos R$ 1 bilhão que o banqueiro baiano Ângelo Calmon de Sá dizia ter a receber do governo. Apavorado, João Paulo procurou Dirceu e Delúbio, ainda na manhã de sábado. "O cara ficou louco, vai explodir" — gritava pelo telefone ao ex-ministro, que estava em São Paulo.[221]

Dirceu, ao ouvir o relato de João Paulo, levou a ameaça a sério, telefonou para a Granja do Torto e alertou o presidente do potencial explosivo de Valério e seus segredos. Lula, imediatamente, convocou Márcio Thomaz Bastos e Antonio Palocci para uma reunião ainda na manhã de sábado. No caminho à Granja do Torto, Thomaz Bastos telefonaria para Marcelo Leonardo, sinalizando que o governo cederia às exigências e pedindo que acalmasse seu cliente. O ministro da Justiça, na reunião no Torto, esboçaria a tese a ser utilizada pelo governo dali em diante: houvera apenas um crime eleitoral, o financiamento ilegal por meio de caixa dois. Esse delito tem pena máxima de três anos de prisão, que pode ser substituída por prestação de serviços.

Ainda no sábado, Thomaz Bastos iria a São Paulo para discutir a tese com o advogado de Delúbio, Arnaldo Malheiros, que a encampou. No dia seguinte, os dois voaram para Belo Horizonte e se reuniram com Marcelo Leonardo. O advogado concordaria com a estratégia e conseguiria conter seu cliente.

---

[221]Idem.

No Palácio do Planalto, a semana começaria com uma reunião de Lula com seus ministros mais próximos, na qual Thomaz Bastos relatou a ameaça e apresentou a tese a ser utilizada na defesa do governo. Na mesma noite, Duda Mendonça foi ao palácio para fazer um treinamento com Lula sobre o que deveria falar em entrevistas sobre o mensalão. Dois dias depois, Valério pousava em Brasília para depor ao procurador-geral da República, Antonio Fernando de Souza, o que ocorreria na manhã seguinte. Na noite em que chegou, foi a um jantar na casa da empresária Eliane Cedrola, onde encontraria Paulo Okamotto, petista histórico, ex-tesoureiro de campanhas de Lula e presidente do Sebrae. Okamotto, então, chamou-o em um canto e, segundo relato do publicitário, ameaçou-o: "Tem gente no PT que acha que a gente devia matar você. Ou você se comporta ou você morre."[222] A ameaça reforçaria o plano combinado, e Valério contaria a versão do caixa dois em seu depoimento. No dia seguinte, Delúbio fez o mesmo.

Enquanto Thomaz Bastos cuidava da parte jurídica da crise, Palocci se encarregava de divulgar a estratégia para tirar o governo das cordas. Conversaria pessoalmente com João Roberto Marinho, no Rio, e combinaria uma agenda de entrevistas na Rede Globo. Na sexta-feira, 15 de julho, Valério confessou o crime eleitoral ao *Jornal Nacional*. No dia seguinte, Delúbio repetiu o roteiro. E Lula, no domingo, daria uma entrevista exclusiva ao *Fantástico*, em Paris, onde participava de uma reunião de cúpula com a União Europeia, e corroboraria a tese do caixa dois, subentendendo uma crítica maior, ao sistema eleitoral do país e, portanto, aos demais partidos: "O que o PT fez do ponto de vista eleitoral é o que é feito no Brasil sistematicamente." Lula culpava a antiga cúpula do PT e eximia o

---

[222] Como publicado por *O Estado de S. Paulo* em 11 de dezembro de 2012.

governo de participação nas fraudes. "Eu acho que as pessoas não pensaram direito no que estavam fazendo. O PT tem na ética uma marca extraordinária. Não é por causa do erro de um dirigente que você pode dizer que o PT está envolvido em corrupção."[223]

A ofensiva seria considerada um sucesso pelo governo. Dirceu assistiu ao *Fantástico* e imediatamente telefonou a Thomaz Bastos, para parabenizá-lo. Tentaria ainda falar com Lula; porém, sem sucesso. A repercussão na imprensa no dia seguinte deu esperança ao ex-chefe da Casa Civil de que a crise pudesse ser contida e de que ele conseguisse retomar sua influência no governo Lula. Quem sabe até voltar a um cargo quando as coisas serenassem...

O otimismo não duraria dois dias. A quebra de sigilo das operações de Valério no Banco Rural, que era mantida em sigilo na CPI, vazou, revelando uma lista de deputados, parentes e assessores que teriam se beneficiado do mensalão. Líderes partidários, como José Janene, do PP, e José Borba, do PMDB, sacaram dinheiro na boca do caixa, na agência do Rural em um *shopping* de Brasília. Petistas graúdos também participavam do esquema, como o ex-presidente da Câmara João Paulo Cunha e o líder da bancada, Paulo Rocha. Ao final da sessão da CPI de quarta-feira, 20 de julho, Delcídio Amaral admitiria reservadamente a jornalistas: "O mensalão existiu, não tem como negar. A crise vai ser pior do que todo mundo imaginava."[224]

A lista dos sacadores também atingiria Dirceu, apesar de não ter se beneficiado diretamente. Em 26 de julho, Delcídio ligou para ele e perguntou se podia ir à sua casa, pois tinha uma notícia importante a lhe dar. Dirceu já estava de volta ao apartamento funcional da Asa Norte. A casa no Lago Sul fora entregue a Dilma junto com a chefia

---

[223] Declarações dadas ao programa *Fantástico*, da Rede Globo, a 17 de julho de 2005.
[224] Entre os jornalistas estava o autor deste livro.

da Casa Civil, o labrador Nego e uma conta de R$ 2 mil jamais paga a uma clínica veterinária. O anfitrião serviu um refrigerante ao senador antes de ouvir a preocupante notícia: "O Bob Marques, seu assessor, está na lista do Banco Rural. Sacou R$ 50 mil." Dirceu surtou. Dando murros na mesa, disse se tratar de um homônimo. "Não é homônimo nada. Eu já conferi todos os documentos. É o seu Bob mesmo" — confirmaria Delcídio. O ex-ministro, então, fez-lhe uma proposta: engavetaria a investigação sobre Marques e, para acalmar a oposição, também deixaria de investigar o presidente do PSDB, senador Eduardo Azeredo, outro beneficiário do *valerioduto*. "Isso é impossível. Não dá para segurar." Dirceu, então, expulsou o presidente da CPI que o investigava de casa: "Você é um filho da puta de um tucano infiltrado no PT."[225]

Se havia alguma possibilidade de proteção, acabara naquele xingamento. Como ficaria claro no próximo depoimento conduzido por Delcídio, o da mulher de Valério, Renilda Maria Santiago Fernandes de Souza. Ela declarou à CPI que Dirceu sabia de todo o esquema, que se reunia constantemente com seu marido e que esteve, na presença dela, com os representantes do Banco Rural e do BMG no Hotel Ouro Minas para acertar os detalhes dos empréstimos fraudulentos que abasteceriam o mensalão.

A aparição de Bob e o depoimento de Renilda colocaram fim à pouca torcida pela salvação de Dirceu que ainda havia no governo. Para Lula, o melhor caminho para abreviar a crise seria a cassação ou a renúncia de seu ex-ministro. Sabendo da opinião do presidente, ele contra-atacou. E passou a espalhar para políticos e jornalistas amigos que Lula esteve reunido com o publicitário Marcos Valério em pelo menos duas situações: além da conversa de três minutos em pé, no gabinete, no início do mandato, houvera um encontro formal

---

[225]Conforme relato ao autor de um interlocutor a quem Delcídio detalhou a conversa.

na Granja do Torto, para agradecer a ajuda que o publicitário dava ao PT. A turbulenta relação entre Lula e Dirceu alcançara seu momento mais tenso.

Pela primeira vez na vida, José Dirceu passou a tomar ansiolíticos para dormir. Sentindo-se abandonado e à beira do abismo, buscaria um acordo de sobrevivência com seu maior inimigo no momento, Roberto Jefferson. Foi a São Paulo no final de julho para se encontrar pessoalmente com o dirigente do PTB de quem era mais próximo, o deputado estadual Campos Machado, vice-presidente nacional do partido.

Campos era um dos confidentes de Jefferson. Em abril daquele ano, o presidente do PTB fora ao aniversário de uma emissora de rádio de Campos, em Avaré, no interior de São Paulo. Chegou ao local no jatinho do empresário Walter Faria, dono da Cervejaria Petrópolis. E logo passou a reclamar de que o PT se recusava a honrar o acordo de R$ 10 milhões que fechara com ele — dos quais só pagara R$ 4 milhões. "Agora todo mundo voltou cheio de dívida da campanha e vem para cima de mim achando que eu embolsei os R$ 6 milhões. Isso não vai ficar assim. Se eles não cumprirem o acordo, vou botar a boca no trombone" — desabafou a Campos Machado e seus convidados.[226]

Um mês depois, a revista *Veja* publicava a reportagem sobre Maurício Marinho e a corrupção nos Correios, que daria origem à CPI. Jefferson voltou a procurar Campos Machado. E avisou que daria uma entrevista denunciando o mensalão. "Eles não sabem com quem foram mexer. Eu vou atirar. Vai sair muita bala. Muita gente vai morrer."[227] Dias depois, concedeu a primeira entrevista a Renata Lo Prete.

---

[226]Segundo entrevista de Campos Machado ao autor.
[227]Idem.

Dirceu sabia dessa proximidade e apelou a Campos Machado. Pediu que levasse a Jefferson a seguinte proposta: se deixasse de falar sobre o mensalão, o PT trabalharia contra a cassação de seu mandato. Em troca, o PTB faria o mesmo com Dirceu. E, quando passasse a tempestade da CPI, o PT honraria o restante da dívida. Insinuou ainda que tinha influência sobre a Polícia Federal para controlar a investigação sobre o mensalão. Campos Machado topou e chamou Jefferson para um jantar em 1º de agosto, uma segunda-feira, em sua casa em Pinheiros, na zona oeste de São Paulo, na mesma rua onde mora José Serra.

Eles assistiam a um programa de entrevistas na TV. No primeiro intervalo, Campos Machado convidou Jefferson a seu escritório, no primeiro andar da casa. O presidente do PTB estava com o olho roxo, que, a amigos, confidenciaria ser fruto de um murro, não da queda de um armário, como dissera em público — mas jamais revelou quem lhe desferira o golpe. Campos pediu que se sentasse, porque tinha uma proposta a lhe fazer. "Eu fechei um acordo com o PT para salvar todo mundo. Você e o Zé Dirceu não serão cassados. Basta você ficar quieto, parar de jogar merda no ventilador" — falou. Jefferson recusaria de pronto, ofendido: "Meu irmão, pela porta dos fundos eu não saio, não. Não sou bandido. Vou cair atirando."[228] E voltaria para a sala de TV, no andar de baixo, onde assistiu ao restante do programa sem dirigir mais palavra ao anfitrião.

Sem acordo, no dia seguinte os dois inimigos sentaram-se frente a frente para uma acareação no Conselho de Ética da Câmara, na primeira aparição pública de Juca Oliveira Lima como advogado de Dirceu. O confronto era tenso. Jefferson revelaria a viagem de Marcos Valério com representantes do PT e do PTB a Portugal, em busca de dinheiro do Banco Espírito Santo. E provocaria o rival: "Tratei de todos os assuntos com Vossa Excelência, os republicanos e os

---

[228] Idem.

não republicanos." Dirceu, acuado, reagiria: "Não é verdade, não é fato. Trata-se de uma mentira." No final do confronto, Jefferson colocou por terra qualquer possibilidade de armistício: "Tenho medo de Vossa Excelência porque Vossa Excelência provoca os meus instintos mais primitivos e tenho medo das consequências."

O caos na política contaminara a vida familiar de Dirceu. No dia seguinte à acareação seria revelado que Ângela Saragoça conseguira emprego e empréstimos dos bancos do mensalão. Maria Rita, que não gostava da ex-mulher, irritou-se. E Joana, sua filha com Ângela, telefonaria falando impropérios ao pai por ter envolvido a família na confusão.

Sua transformação em vilão da política seguia em alta velocidade. Um homem que se parecia com ele fora atacado — com uma chuva de tomates — em uma feira de São Paulo.

Horas após a acareação, o PTB apresentaria à Câmara um pedido de cassação do mandato de José Dirceu. O ofício era assinado por Flávio Martinez, vice-presidente do partido e irmão de José Carlos Martinez, morto dois anos antes, aquele que dera o Rolex falsificado a Dirceu. Era um momento fundamental em sua vida. Se renunciasse antes da abertura do processo, manteria seus direitos políticos e poderia disputar a eleição do ano seguinte, quando provavelmente não teria dificuldades para conseguir outro mandato de deputado. Se enfrentasse o processo e fosse cassado, perderia os direitos políticos por oito anos após o fim do mandato em curso, e só poderia voltar a participar de uma disputa política em 2015.

Foram dias de dúvida, angústia e ansiedade. Para fugir do assédio da imprensa e de políticos, mudara-se para o apartamento da deputada Neyde Aparecida, do PT de Goiás, em um prédio próximo ao seu. Só saía de lá para ir à Câmara, sempre pela garagem, para que o esconderijo não fosse descoberto. Um *motoboy* contratado por seu gabinete levava-lhe comida do Feitiço Mineiro, do Piantella ou do Francisco, restaurante na Academia de Tênis que tinha como carro-chefe o bacalhau grelhado. Seus convidados levavam vinhos e uísques para as longas discussões, que varavam as madrugadas.

Uma das poucas vezes em que saiu à noite do "aparelho" foi para uma reunião na Granja do Torto com Lula, Márcio Thomaz Bastos e o presidente do Ibope, Carlos Augusto Montenegro.

Abriram um Bordeaux da região de Pauillac e começaram a analisar as pesquisas levadas por Montenegro, que mostravam que a imagem de Dirceu estava cada vez mais relacionada à corrupção e que os deputados cassariam seu mandato por instinto de sobrevivência. Os três o aconselharam a renunciar, voltar para o comando do PT e liderar a resistência do governo contra o mensalão. Pelo telefone, Dirceu mantinha Juca, que tomava cerveja no bar do Hotel Meliá, informado dos rumos da discussão.

Ao chegar de volta ao apartamento de Neyde, telefonaria para Juca e o avisaria: "Estou decidido a renunciar, mas, antes de bater o martelo, vou falar com o Breno Altman e com a Maria Rita."[229] Juca dormiu, mas foi acordado por volta da 1h30 e convocado ao apartamento. Dirceu descobrira que o *Correio Braziliense* do dia seguinte revelaria os favores recebidos por Ângela Saragoça do BMG e do Rural. "Foi a coisa mais grave que aconteceu. Agora é sério, não escapo mais da cassação" — avaliava Dirceu.[230] Quando todos pensavam que se decidira pela renúncia, surpreenderia: "Vou enfrentar o Conselho de Ética. Não sou homem de fugir pela porta de trás."[231] Por telefone, avisou Kakay da decisão: "Lavei o rosto, escovei os dentes, olhei para minha cara no espelho e decidi ficar e enfrentar o processo. Não tenho cara de quem foge da luta."[232] Maria Rita fora a

---

[229] Segundo relatou ao autor José Luis de Oliveira Lima, o Juca.
[230] Idem.
[231] Idem.
[232] De acordo com o relato de Antonio Carlos de Almeida Castro, o Kakay, ao autor.

única a apoiá-lo. Os demais imploravam pela renúncia. O deputado Sigmaringa Seixas, do PT do Distrito Federal, chegaria a subir na mesa para fazer um discurso em que expunha a inconveniência da decisão. Dirceu ignorou os apelos e foi dormir. Em 10 de agosto, a Câmara abriu o processo para a cassação de seu mandato.

Dirceu, com aquela decisão, tornara-se o personagem principal de uma novela campeã de audiência. A CPI era o assunto que mobilizava o país, tema de discussões acirradas em mesas de bar, de manchetes diárias de jornais, de capas das principais revistas e de longas reportagens no *Jornal Nacional*. Blogs de política, como o do jornalista Ricardo Noblat, tornavam-se leitura obrigatória. Uma sala no subsolo da comissão, onde eram guardados os documentos sigilosos, ganhara o apelido de *Batcaverna* e se transformara na central de vazamento de notícias. Membros da CPI como Eduardo Paes (então deputado do PSDB, hoje prefeito do Rio pelo PMDB), ACM Neto (deputado do PFL na época e hoje prefeito de Salvador pelo DEM), José Eduardo Cardozo (então deputado petista e hoje ministro da Justiça), Álvaro Dias (ainda hoje senador pelo PSDB-PR) e Gustavo Fruet (na época deputado tucano, hoje prefeito de Curitiba pelo PDT) passavam horas nesse *bunker* e saíam de lá com notícias explosivas, como a revelação de que Silvio Pereira recebera uma picape Land Rover de uma empresa fornecedora da Petrobras, divulgada pelo *Jornal Nacional*.

A novela da CPI atraía tanta atenção do público quanto outras novelas de sucesso, como a preparação da seleção de Carlos Alberto Parreira e seu quarteto fantástico (Ronaldinho, Robinho, Adriano e Kaká) para a Copa do Mundo do ano seguinte, a possibilidade de aposentadoria do tenista Gustavo Kuerten, a briga de Robinho com o Santos para ser vendido ao Real Madrid, o roubo de R$ 165 milhões do Banco Central em Fortaleza e a saga de Deborah Secco como imigrante ilegal em *América*, folhetim das oito na Rede Globo. A investigação política fazia tanto sucesso que renderia até uma capa de *Playboy*: Camilla Amaral, assessora da comissão, posou para a edição de outubro da revista. Fernanda Karina, a secretária de Valério, fora convidada a um ensaio, mas pedira alto demais.

Nesse clima, o publicitário Duda Mendonça se apresentou voluntariamente para depor à CPI em 11 de agosto. Sem rodeios, faria uma confissão estarrecedora: admitiu ter recebido ilegalmente, em 2003, R$ 11,9 milhões de Marcos Valério — parte dos R$ 15,5 milhões que o PT lhe devia em decorrência da campanha de Lula a presidente e de outros quatro candidatos do partido. O pagamento fora feito em um paraíso fiscal, nas Bahamas, em uma conta aberta a pedido de Valério. Também a pedido, não emitira nota fiscal: "O dinheiro era claramente de caixa dois, a gente não é bobo. Nós sabíamos, mas não tínhamos outra opção, queríamos receber" — declarou Duda, com lágrimas nos olhos.

Era a primeira confissão pública de alguém envolvido diretamente na campanha de Lula sobre o funcionamento do *valerioduto*. Parlamentares do PT choravam assistindo ao depoimento. "Entramos em parafuso" — disse o deputado Ivan Valente. "Estou perplexo e indignado" — desabafou o senador Aloizio Mercadante.[233] A oposição voltara a falar de *impeachment*, mas apenas como discurso, já que, naquele mesmo dia, uma pesquisa do Datafolha mostrava pela primeira vez Serra à frente de Lula em uma eventual disputa em 2006 — a tese de que seria mais fácil derrotar um presidente fraco do que derrubá-lo agora tinha base científica.

Dirceu, responsável pela aproximação de Duda com o PT, sentiu-se traído. Ao final do depoimento, desabafaria: o marqueteiro tentava salvar a própria pele com a confissão, no entanto jogando aos leões quem sempre o ajudara. O ex-ministro se sentia abandonado pelo PT e pelo governo. Sua última esperança de escapar da cassação era a defesa de Juca, baseada totalmente em argumentos jurídicos e na falta de provas. Desde o início do processo, Juca travou uma

---

[233]Segundo publicou a *Folha de S. Paulo* de 12 de agosto de 2005.

batalha no Supremo Tribunal Federal, tentando adiar depoimentos e cancelar provas, sempre sob a alegação de que seu cliente tivera o direito de defesa cerceado.

Na política, as más notícias eram sucessivas. Após o depoimento de Duda, viria a renúncia do presidente da Câmara, Severino Cavalcanti, flagrado — em reportagem de Alexandre Oltramari, de *Veja* — embolsando R$ 10 mil para autorizar o funcionamento de um restaurante na Casa. A queda de Severino não chegava a ser ruim para Dirceu. O problema era o substituto: Aldo Rebelo, seu grande desafeto no governo, deixara o ministério para ser eleito presidente da Câmara. Ele conduziria todo o processo de cassação, o que restringia a margem de manobra de Dirceu.

Lula, vivendo a maior crise de seu governo e temendo pelo seu futuro, teve de reorganizar a casa. Montou um núcleo de políticos mais próximos, que se reunia todo dia, às nove da manhã, para discutir o noticiário, estudar a melhor reação às últimas denúncias e traçar as estratégias de sobrevivência. O grupo era formado pelos ministros Márcio Thomaz Bastos, Dilma Rousseff, Antonio Palocci, Gilberto Carvalho, Jaques Wagner e Ciro Gomes, e pelos deputados Eduardo Campos e Eunício Oliveira, que deixaram o ministério para ajudar o governo no Congresso. À parte questões pontuais, sairiam desses encontros duas orientações seguidas à risca pelo presidente: descolar-se de Dirceu e do mensalão e lançar projetos de impacto para os mais pobres, com os quais o governo ainda mantinha alguma popularidade. "Lula demonizou o Dirceu, descolou-se do mensalão e abraçou-se aos pobres para tentar virar herói" — avaliaria um dos integrantes do grupo, para em seguida complementar: "Foi essa a estratégia que definimos. E deu certo."

Dirceu, mesmo sabendo da disposição do governo em abandoná-lo, não desistiu. Sua primeira batalha seria para demonstrar a força que ainda tinha no PT. Trabalhou para inviabilizar a eleição de Tarso Genro à presidência do partido, em disputa que aconteceria em outubro, bem no meio de seu processo de cassação. Tarso, que estava no cargo como interino, tanto foi atacado e boicotado pelo rival que desistiu. No dia em que anunciou a desistência, tentara comandar duas reuniões do diretório nacional que, contudo, não tiveram o número mínimo de presentes para a abertura — os aliados de Dirceu ficaram em uma padaria na esquina da sede do PT em São Paulo, tomando cerveja e esperando o fracasso de Tarso.

O presidente eleito seria o deputado Ricardo Berzoini, de São Paulo, escolhido por Dirceu, que, em troca do apoio, evitaria punições mais severas aos mensaleiros — Silvio Pereira deixou o partido e Delúbio foi expulso, mas tudo em comum acordo.

Embora mantivesse o controle do PT, Dirceu não conseguia influenciar as investigações no Congresso. Em setembro, o relator da CPI, o deputado Osmar Serraglio, apresentaria um relatório parcial que confirmava o mensalão e sugeria a cassação de dezoito deputados. O documento foi enviado a Aldo Rebelo, que o despachou de imediato ao Conselho de Ética, onde seria aberto um processo contra cada um dos parlamentares. O de Dirceu teve como relator Júlio Delgado, do PPS de Minas Gerais. Deputado em segundo mandato, Delgado viu ali a chance de se tornar mais conhecido e de alavancar sua carreira. Foi rápido, ignorou as pressões de Dirceu e dos petistas e, em 18 de outubro, pediu a cassação do ex-ministro da Casa Civil. Juca, com apelos ao Supremo, conseguiria adiar a votação do parecer em quase um mês.

Em 4 de novembro, porém, o Conselho de Ética aprovou o pedido de cassação por treze votos a um — Angela Guadagnin, do PT paulista, fora a única favorável a Dirceu, que não compareceu à sessão. A decisão sobre a perda de seu mandato seria do plenário da Câmara.

Em 23 de novembro, enquanto a Câmara discutia as cassações dos envolvidos com o mensalão, Lula foi ao Rio de Janeiro participar da cerimônia de batismo da plataforma P-50 da Petrobras, em Niterói

Na volta, deparou-se com uma manifestação na porta do Hotel Glória, no Flamengo, onde o presidente se hospedara. Comandados por Clarissa Garotinho, filha da governadora Rosinha Garotinho, os manifestantes pediam o *impeachment* de Lula e a cassação de Dirceu. O presidente seguia tudo pela janela e, para surpresa de seus assessores, começou a acompanhar a paródia que saía dos carros de som, ao ritmo da marchinha *Me dá um dinheiro aí*, de Ivan Ferreira:

> Ei, José Dirceu
> Devolve o dinheiro aí
> O dinheiro não é seu.[234]

Lula ainda considerava que a cassação do velho aliado era o melhor para o governo. Mas já não tinha certeza de que a desgraça de Dirceu representaria o fim da crise, pois as denúncias também atingiam Antonio Palocci, acusado de receber propinas de fornecedoras da Prefeitura de Ribeirão Preto quando comandara a cidade. Os problemas, naquele final de 2005, não pareciam ter fim. A reeleição era tratada por todos, até dentro do Palácio do Planalto, como uma improbabilidade.

Em 29 de novembro, a Câmara marcou a votação da perda de mandato de Dirceu para o dia seguinte. Juca Oliveira Lima ainda tentaria adiá-la com medidas no Legislativo e no Supremo Tribunal Federal, mas não obteria sucesso dessa vez. Data estabelecida, Dirceu deixava o plenário da Câmara quando foi atacado, com duas bengaladas, pelo escritor de livros infanto-juvenis Yves Hublet, de 67 anos, que visitava o Congresso. Enquanto atacava, Hublet gritava "Fristón! Fristón!", em referência a um personagem de *Dom Quixote*, de Miguel de Cervantes. Em uma passagem do livro, Quixote diz que

---

[234]Scolese, Eduardo; Nossa, Leonencio; *Viagens com o presidente*. Record, 2006.

seu inimigo Fristón, um mago, "não poderá evitar aquilo que pelos céus está ordenado". Quixote o culpa pela transformação dos gigantes que tenta atacar em moinhos de vento. Fristón, na interpretação de especialistas em Cervantes, é um encantador que transforma o mundo de acordo com seus interesses.

Detido por duas horas pela Polícia Legislativa, Hublet disse que teve um "ímpeto de revolta" ao ver Dirceu e que o ataque não fora premeditado. Mais de cem pessoas testemunharam a agressão, entre políticos, jornalistas e visitantes. Apenas uma delas, o jornalista Franklin Martins, demonstraria revolta com o agressor. Franklin chegou a discutir com colegas que riam da cena. O episódio era exemplar do clima que se estabelecera contra Dirceu em todo o país, como admitiria o próprio, em entrevista coletiva: "Mostra um pouco do ambiente que se criou. Não vou considerar, é algo inaceitável. Não conheço esse cidadão, simplesmente não tenho palavras para descrever. Vou continuar a luta para provar a minha inocência, nada me intimidará."

Dirceu voltou para casa, jantou e tomou um vinho com Maria Rita, e então foi rascunhar o discurso que faria no dia seguinte. No auge do processo, reaproximara-se de Maria Rita e se afastara um pouco de Eva. O casamento estava acabado, mas ainda havia muita amizade e cumplicidade entre os dois, e Dirceu sempre a tivera como sua principal conselheira nos momentos cruciais do processo de cassação. Já Evanise, mais sanguínea, impedia que se concentrasse em sua defesa — e ainda havia a possibilidade de escândalo adicional, se revelado o caso com uma funcionária da Presidência.

A terceira mulher com quem se relacionava na época, a empresária de São Paulo, continuava apaixonada. Em um jantar no início de novembro em sua casa, com políticos e empresários, declarou-se: "Eu amo esse homem." E ainda prometera: "Se você perder o mandato e ficar sem emprego, pode deixar que eu te sustento. Conte sempre comigo."[235] Algumas garrafas de vinho mais tarde, a anfitriã pediria que ele dormisse lá, mas preferiu voltar para casa e não criar mais uma confusão com Maria Rita, que o esperava.

Dirceu acordou cedo naquele dia 30 de novembro, que poderia ser seu último como deputado. Antes das seis da manhã já estava em pé, descrente na absolvição. Fez uma hora de esteira, tomou o café da manhã e passou a receber deputados. Todos que o visitavam prometiam apoio, mas desdenhava: "Se eu confiasse na promessa de políticos até ficaria com esperança de me salvar."[236] Ainda em casa, daria entrevistas a rádios e prestaria depoimentos a policiais da Câmara sobre as bengaladas de Yves Hublet.

No começo da tarde, dispensou as visitas para almoçar com Maria Rita e o deputado Sigmaringa Seixas. Pela televisão, acompanharam a sessão do Supremo que rejeitaria seu último pedido para que o julgamento fosse adiado. Depois, passaria duas horas trancado no quarto preparando as linhas gerais do discurso de despedida. Tomou um banho, vestiu um terno preto e foi para o Congresso. Na tribuna da Câmara, falou por 32 minutos, mas acabaria se arrependendo de seu desempenho. Achou que se repetira muito e que fizera uma defesa muito longa do governo. E que não fora eficiente ao negar as sete acusações que pesavam contra si no relatório em discussão: comandar o pagamento do mensalão, participar da farsa dos empréstimos bancários ao PT, traficar influência para beneficiar sua ex-mulher, ajudar um banco com crédito consignado, contemplar outro com investimentos de fundos de pensão, defender interesses patrocinados por Marcos Valério e ter um assessor na lista de beneficiados com dinheiro do *valerioduto*.

---

[235]Conforme relatou ao autor um amigo de Dirceu que o acompanhara ao jantar.
[236]Segundo publicou a revista *Veja* em 7 de dezembro de 2005.

Depois do discurso, foi ao café, no fundo do plenário, e tentou cabalar alguns apoios de última hora. Sorridente e tentando esconder a arrogância característica, procuraria até desafetos, como os deputados que trocaram o PT pelo PSOL. Foi o caso de Chico Alencar: "Chico, sei qual é a sua posição e entendo. É óbvio que não concordo, mas te entendo. Agora, se você puder não usar a tribuna eu agradeço muito."[237] Dirceu queria abreviar sua agonia. Chico entendeu e desistiu de discursar.

Pouco antes das dez da noite, Arlindo Chinaglia mostraria a Dirceu a planilha de votos. A votação era secreta, mas o experiente deputado costumava conhecer a posição dos colegas: "Na melhor das hipóteses, a cassação vai ser aprovada com 275 votos. Não tem mais jeito" — lamentou.[238] Dirceu entregou os pontos e foi para casa, de onde assistiria ao fim da votação, sem atender a telefonemas. Quando o resultado final foi anunciado por Aldo Rebelo — 293 votos pela cassação, 192 contra, oito abstenções, um em branco e outro nulo —, Dirceu voltou-se a um amigo, com quem tomava uísque, e desabafou: "Não recebi nenhum telefonema do Lula, ele não me mandou nem ao menos um recado. Ninguém do governo me procurou. Eles têm muita confiança no meu silêncio. Dá vontade de começar a contar um pouco do que sei."[239]

A partir daquele 1º de dezembro de 2005, José Dirceu era um deputado cassado, com direitos políticos suspensos até 2015. Ao acompanhar o amigo até o elevador, já no início da madrugada, revelaria seus dois planos para o futuro: "Agora eu preciso me defender no processo do Supremo e começar a ganhar dinheiro de verdade. Já que não posso mais ter mandato, vou ser um homem rico."[240]

---

[237] De acordo com entrevista de Chico Alencar ao autor.
[238] Segundo publicou a revista *Veja* em 7 de dezembro de 2005.
[239] Idem.
[240] Segundo relatou ao autor um amigo que acompanhou o julgamento ao lado de Dirceu.

19 | O maior lobista do Brasil

> *"2006 é um ano que começa de portas abertas.*
> *Para mim e para você, Zé Dirceu."*
> De Paulo Coelho para Dirceu, na Igreja de Notre-Dame
> de Bétharram, na França, na tarde de 31 de dezembro de 2005.

José Dirceu estava extasiado ante aquele jantar tão suntuoso. Pela mesa redonda de madeira, desfilavam ravióli de *foie gras, coquiles Saint-Jacques* com trufas e endívias caramelizadas e lombo de javali com risoto de aspargos. Não havia carta de vinhos. Os convidados tinham as taças abastecidas sem intervalo com os melhores espumantes, brancos e tintos da região. Dirceu estava sentado ao lado do escritor Paulo Coelho, de quem nunca lera um livro, na maior das mesas do Le Petit Gourmand, restaurante exclusivo na cidadezinha de Tarbes, incrustada nas pedras aos pés dos montes Pirineus, na última noite de 2005.

Um mês após ser cassado na Câmara como chefe do mensalão, começava a experimentar os prazeres que os amigos podiam lhe proporcionar.

Quatro semanas após a cassação, embarcara com o escritor Fernando Morais rumo a Paris. Maria Rita ficara em São Paulo

— a separação já era oficial, mesmo ainda não oficializada. De lá, seguiram de trem a Tarbes, onde se hospedaram. Na noite de 30 de dezembro de 2005, um motorista os pegou no hotel e levou à casa de Paulo Coelho e sua mulher, Christina Oiticica, no vilarejo de Saint Martin, de apenas trezentos habitantes, onde já estavam hospedados o jornalista e escritor Mário Rosa e sua mulher, Dayana. Na construção, toda de madeira, pedra e vidro, jantaram ao som de Roberto Carlos, com amigos bruxos do anfitrião, que chegavam de diversas partes do mundo para discutir as melhores receitas para fazer ventar. Bebendo champanhe com o abstêmio Mário Rosa, o cético Dirceu ouviria incrédulo as conversas dos feiticeiros sobre o poder de modificar o clima.

No início da tarde do último dia do ano, Coelho levou Dirceu para acompanhá-lo na *via crucis* pela colina que vai à Igreja de Notre-Dame de Bétharram, nas proximidades de Saint Martin. Era a mesma ordem religiosa que se instalara no Ginásio São Miguel, em Passa Quatro, onde o ex-ministro de Lula estudou na infância. Dirceu desgarrou-se de Coelho e subiu sozinho, a passos rápidos, o caminho de um quilômetro ladeira acima, parando apenas nas treze estações demarcadas por capelas que representavam o calvário de Jesus Cristo. Ao final, em frente a um cemitério, aquele homem, agnóstico desde os 13 anos, ajoelharia e rezaria: "Deus não existe, né? Mas vai que exista..." — falou, para provocar os outros participantes da romaria, que chegaram ofegantes minutos depois.[241]

Paulo Coelho estava exultante. A pequena igreja em frente ao cemitério jamais funcionava em 31 de dezembro, dia em que seus padres vão à Missa do Galo no Santuário de Lourdes. Naquela tarde, porém, avistara um funcionário que cuidava dos jardins e pedira para que os deixasse entrar. As portas do santuário se abriram e o

---

[241]Segundo publicou a *Folha de S. Paulo* em 3 de janeiro de 2006.

mago chorou: "2006 é um ano que começa de portas abertas. Para mim e para você, Zé Dirceu" — disse.[242]

Dirceu agia como se governasse o local. Criticou a má conservação e a sujeira da igreja. Deu ordens a funcionários. Prometeu até obras: "Vou mandar instalar uma lápide para os padres de Passa Quatro."[243] Em seguida, contaria que a estação da *via crucis* de que mais gostara foi a da traição de Judas. "Eu vi o Judas lá" — falou. "E como era ele, barbudo? Chamava-se Judas Lula da Silva?" — ironizou o escritor. Dirceu soltou uma gargalhada, mas nada respondeu. O grupo entrou na igreja. Enquanto Coelho rezava, Dirceu comprou uma imagem de Nossa Senhora de Bétharram para a mãe e fez uma doação de € 50.

Da peregrinação, Dirceu e Morais entraram no carro de Coelho e foram para Tarbes, onde jantariam no Le Petit Gourmand e, à meia-noite, debaixo de chuva, assistiriam à missa na gruta de Lourdes. O frio era intenso — Dirceu usava sobretudo, chapéu, luvas e cachecol — e a neblina impedia a visão do que se passava do lado de fora.

Embora ainda dissesse não acreditar em Deus, pediu, "por via das dúvidas", proteção à nova vida que começaria algumas semanas depois. Uma vida de consultor e lobista.

No voo de volta, o ex-ministro detalharia a Fernando Morais seu plano de escrever um livro sobre o período que passara no governo, do apogeu, como capitão do time de Lula, à queda no mensalão. O projeto já tinha até nome: *30 meses*, o tempo que ocupara a chefia da Casa Civil. O escritor se empolgou e combinou algumas viagens em finais de semana para colher depoimentos. Despediram-se no Aeroporto do Galeão, onde um motorista esperava Dirceu para

---

[242] Idem.
[243] Idem.

levá-lo a um apartamento no Leblon, pertencente a Walter Appel, dono do Banco Fator, um amigo que fizera no governo.

Em 2004, o Fator teve problemas com as autoridades do mercado financeiro e Appel passara a circular por Brasília, onde seria apresentado ao então ministro por amigos em comum. Ficaram próximos e, quando soube que Dirceu procurava um refúgio no Rio, ofereceu sua cobertura, de frente para o mar, por uma semana.

De volta a São Paulo, Dirceu passaria a cuidar da parte burocrática de sua nova carreira. Alugou uma casa na Vila Clementino, na zona sul, onde instalou a JD Assessoria e Consultoria. E se associou à advogada Lilian Ribeiro no Oliveira e Silva e Ribeiro Advogados. Os dois já haviam trabalhado juntos entre 1995 e 1998, quando ele ficou sem mandato parlamentar. Pôs-se, então, a prospectar clientes entre os inúmeros empresários com quem convivera nos trinta meses de Palácio do Planalto.

Sua influência ainda era inquestionável. Contratá-lo como consultor abria portas para empresas interessadas em negócios com o governo brasileiro e de outros países nos quais tinha amigos no poder, como Cuba, Venezuela, Bolívia, Portugal, México, Angola e Moçambique. Ou, ao menos, impedia que essas portas fossem fechadas. "Porque no governo, quando eu dou um telefonema, modéstia à parte, é um telefonema! As empresas que trabalham comigo estão satisfeitas" — gabava-se Dirceu.[244]

Logo no início de sua nova atividade, fecharia contrato com Carlos Slim, um dos homens mais ricos do mundo, dono no Brasil da Embratel e da Claro. Dirceu passou a defender os interesses do mexicano no país, fazer *lobby* no Ministério das Comunicações e na Agência Nacional de Telecomunicações, e a agendar encontros com representantes do governo. Pelo menos duas vezes ao ano um jatinho de Slim apanhava Dirceu em São Paulo e o levava à Cidade

---

[244]Conforme declarado à revista *Playboy* de agosto de 2007.

do México, onde discutiam estratégias de ampliação dos negócios da empresa no Brasil e na América do Sul. Em 25 de outubro ae 2007, dois dias após voltar do México, o ex-ministro guiaria Slim por Brasília, onde se reuniu com dois ministros e com o presidente Lula. O empresário apresentou um plano de investimento no Brasil de R$ 2 bilhões e pediu ajuda do governo para modificar a legislação, que dificultava a atuação de empresas estrangeiras no mercado brasileiro de telecomunicações. A legislação acabaria sendo flexibilizada pelo governo dois anos mais tarde.

Seria o contrato mais longo e rentável de Dirceu, que, ao longo de seis anos, faturou R$ 100 mil por mês, mais bônus por produtividade. Funcionários do escritório avaliam que o acordo com Slim rendera pelo menos R$ 10 milhões ao ex-ministro.

Outro cliente de primeira hora foi Eike Batista, na época o homem mais rico do Brasil, com negócios principalmente em energia e mineração. Além de cuidar de suas pendências com o governo Lula, Dirceu era uma espécie de embaixador de Eike na América Latina, abrindo portas e resolvendo problemas. Em abril de 2006, desembarcaria em La Paz em um dos jatinhos do empresário para se reunir com o presidente Evo Morales, que anunciaria, na semana seguinte, a nacionalização da exploração de todos os hidrocarbonetos na Bolívia.

Dirceu queria discutir especificamente a situação da empresa EBX, de Eike, que tinha uma siderúrgica parcialmente implantada em Puerto Quijarro, a 15 quilômetros da divisa com a brasileira Corumbá, no Mato Grosso do Sul. A empresa fora proibida por Morales de atuar na Bolívia sob a acusação de que suas instalações começaram a ser construídas sem licença ambiental. Dirceu não convenceria Evo a reverter a decisão, mas não saiu de mãos abanando: o governo boliviano suspendeu uma multa próxima de US$ 1 milhão, por danos ambientais, que a EBX deveria pagar.

Por serviços como esse, recebia de Eike remuneração semelhante à paga por Slim: de R$ 80 a R$ 120 mil por mês, a depender da quantidade de trabalho. Seriam quatro anos de contrato, nos quais faturou ao menos R$ 6 milhões.

O terceiro cliente fixo de Dirceu, no início de sua carreira de consultor, foi a Ongoing, empresa de comunicação portuguesa que buscava ajuda para se instalar no Brasil. Além da remuneração, havia uma questão estratégica a aproximá-lo dos portugueses: achava que poderiam construir no Brasil uma rede de TV, rádio, jornais e internet próxima a seu grupo político, ideia que alimentava desde o primeiro ano de governo Lula.

Por uma série de contratos assinados por empresas pertencentes a seus sócios, a Ongoing pagava R$ 80 mil mensais para que Dirceu intermediasse contatos e favores com o governo. Em meados de 2007, levaria seu amigo Franklin Martins, que deixara o jornalismo para ocupar a Secretaria de Comunicação Social de Lula, a uma reunião com Rafael Mora e Nuno Vasconcellos, os dois principais dirigentes da Ongoing, no escritório da empresa, no Brooklin, zona sul de São Paulo. Franklin prometeu que o governo daria todo apoio à atuação do grupo no Brasil. Uma das promessas seria a mudança da regra para a publicação de balanços empresariais. Até então, tais precisavam ser veiculados em ao menos um jornal com tiragem verificada pelo Instituto Verificador de Circulação, o IVC. Mas o principal jornal da Ongoing, o *Brasil Econômico*, não era associado ao órgão. A regra foi modificada e o *Brasil Econômico* passaria a publicar, com exclusividade, os balanços de algumas empresas estatais, o que dera fôlego financeiro ao jornal.

O ministro Franklin, que participou do sequestro do embaixador americano Charles Elbrick em 1969, prometera ainda ajudar a Ongoing a encontrar um sócio brasileiro para comprar uma emissora de TV, já que a legislação restringia o capital estrangeiro em empresas de comunicação a 30%. Chegaria a apresentar seus dirigentes a Amilcare Dallevo, sócio majoritário da Rede TV. O negócio, contudo, não foi adiante, por falta de interesse dos portugueses, que consideraram a emissora à beira da falência e sem perspectiva de conquistar audiência em um mercado dominado pela Rede Globo e ante o crescimento consistente das tevês por assinatura.

Ainda com ajuda de Dirceu e de Franklin, a Ongoing comprou o *Jornal do Brasil* do empresário Nelson Tanure. A empreitada, entretanto, não decolaria e o diário seria praticamente extinto, com sua circulação restrita à internet. Os portugueses também adquiririam o portal de internet iG.

Os negócios com a Ongoing aproximaram Dirceu do advogado português João Abrantes Serra, do escritório Lima, Serra, Fernandes & Associados, de Lisboa. No final de 2006, a consultoria de Dirceu se associara ao escritório de Serra para conseguir clientes em Portugal. No início da sociedade, o brasileiro tentaria convencer a TAP, empresa aérea portuguesa, a comprar a quase falida Varig, mas não obteve sucesso. Em seguida, passou a usar a estrutura dos sócios portugueses para intermediar negócios de empresas brasileiras em Portugal, como a compra da cimenteira portuguesa Cimpor pela Votorantim e pela Camargo Corrêa, em 2010, tratativa que lhe renderia uma comissão de cerca de R$ 1 milhão.

João Serra se tornara o cicerone do ex-ministro por Lisboa, cidade que visitava a cada 45 dias. Costumava pegá-lo no Aeroporto da Portela, conduzi-lo pela cidade e o apresentar a restaurantes luxuosos e a seus amigos políticos, como o então deputado Miguel Relvas, a quem conhecera em meados de 2007 e de quem logo se tornaria próximo. Em troca, Dirceu defendia os interesses de Serra no Brasil, como a tentativa de instalar no país a editora Babel, da qual era sócio, para produzir livros didáticos e vendê-los ao governo federal. O ex-ministro chegou a apresentar o projeto dos portugueses ao ministro da Educação, Fernando Haddad, que se negaria a encampar o *lobby*.

Com a proximidade dos portugueses, Dirceu passaria a ter colunas semanais no *JB* e no *Brasil Econômico*, que usava para divulgar suas opiniões e atacar os adversários e o processo do mensalão. Desde que deixara o governo, mantinha um blog no qual comentava o noticiário e falava sobre política, economia e diplomacia. A Ongoing também dera o primeiro emprego a Evanise Santos depois que deixou o governo, em 2006. Ela foi contratada como diretora de relações institucionais do *Brasil Econômico*. O casal recebia R$ 120 mil fixos do grupo português — R$ 40 mil para Eva e R$ 80 mil para Dirceu. Nos seis anos e meio de contrato com os portugueses, o ex-ministro faturaria ao menos R$ 6 milhões, fora eventuais bonificações, como o milhão da venda da cimenteira.

Dirceu se separara de Maria Rita no carnaval de 2006. Os dois anos de governo afundariam o casamento — a mulher, desde o início, reclamou do excesso de trabalho e da falta de amigos na capital, além da infidelidade. Ele deixou a casa dela em São Paulo e foi morar em um apartamento recém-comprado na rua Estado de Israel, próximo ao Parque do Ibirapuera. Levaria ainda uns seis meses até começar a assumir o romance com Evanise. No segundo semestre de 2006, passaram a circular juntos por São Paulo e Brasília. Dirceu começara a se hospedar no apartamento dela quando na capital federal — em São Paulo sempre foi cada um em sua casa. Em fevereiro seguinte, finalmente oficializariam a união com uma viagem de dez dias à Patagônia argentina, onde visitaram as cidades de Ushuaia e El Calafate e foram de barco à geleira Perito Moreno. O jantar romântico a dois que selou o compromisso teve cordeiro patagônico e um excelente Malbec no restaurante Barricas de Enopio.

Eva se dera bem com os filhos de Dirceu e mantinha uma convivência civilizada com as ex-mulheres — a exceção era Clara Becker, que nunca a suportou. No retorno da Argentina, foi a Passa Quatro conhecer dona Olga e os irmãos do marido. Gostou especialmente de Luiz, irmão mais velho que se mudara para São Paulo logo após a cassação, a fim de ajudar Dirceu a cuidar dos negócios.

De volta ao trabalho, Dirceu fecharia um acordo com seu quarto cliente fixo, a Vale, terceira maior empresa privada do Brasil — embora o termo privado seja questionável, já que a maior acionista da mineradora é a Previ, fundo de pensão dos funcionários do Banco do Brasil. O contrato duraria quatro anos, começou na época da campanha à reeleição de Lula, em 2006, e foi até o final de 2010. Dirceu encontrava-se pelo menos uma vez por mês com o então presidente da empresa, Roger Agnelli, geralmente no hotel Sofitel próximo ao Parque do Ibirapuera, em São Paulo, quando prestava contas de sua atuação.

A Vale tinha dois objetivos ao contratar o mais influente lobista do Brasil: evitar ataques do PT, de seus aliados na esquerda e de movimentos sociais, que têm na reestatização da mineradora uma bandeira, e defender os projetos de interesse da empresa no governo federal. Dirceu nem sempre entregava o que prometia, principalmente em épocas eleitorais, quando os candidatos petistas aumentavam o tom nas críticas à privatização da Vale, feita no governo de Fernando Henrique Cardoso, para atacar os adversários do PSDB.

Em duas ocasiões, Dirceu seria chamado à sede da Vale, no centro do Rio de Janeiro, para reuniões com Agnelli e sua principal assessora, Carla Grasso. A primeira, em outubro de 2006, no início da campanha do segundo turno da eleição presidencial entre Lula e Geraldo Alckmin, quando a revisão da privatização da Vale virara tema de debates. Dirceu garantiu que era apenas discurso eleitoral, que não teria consequência em um segundo governo Lula. Estava certo. Quase quatro anos depois, em agosto de 2010, voltaria ao mesmo local, desta vez para explicar que as menções à venda da Vale nas primeiras propagandas de Dilma Rousseff, candidata do PT à Presidência, repetiam a estratégia da eleição anterior. "É apenas discurso para agradar ao público interno, para o PT ficar feliz e abraçar a campanha da Dilma, que é novata no partido" — assegurou.[245]

No governo, Dirceu fazia *lobby* para que os licenciamentos ambientais dos grandes empreendimentos da Vale — como a duplicação da ferrovia de Carajás, a construção de um porto no Maranhão e de uma indústria de aço no Ceará — fossem liberados com celeridade. Para entregar o que prometia, Dirceu teve de comprar grandes brigas com a ministra Marina Silva. Quando ela deixou o cargo, em maio de 2008, seu trabalho ficou facilitado.

O ex-ministro também atuava como lobista internacional da Vale. Esteve em Moçambique para facilitar a liberação das licenças necessárias ao início das operações de Moatize, a maior mina de carvão do mundo, embargada por problemas ambientais e trabalhistas. Também fora à Argentina, onde discutiu com Néstor Kirchner a concessão para que a Vale explorasse potássio em Rio Colorado, na província de Mendoza. Os dois *lobbies* foram bem-sucedidos e a Vale passou a atuar comercialmente nos dois locais.

Para evitar problemas políticos, no entanto, a remuneração a Dirceu não era feita diretamente pela mineradora, mas por escritórios de advocacia contratados por ela. A empresa aumentava em R$ 100 mil o valor creditado ao escritório, que fazia um pagamento de R$ 80 mil à consultoria de Dirceu — o restante era usado com impostos e como um bônus aos advogados laranjas. Pelo menos três escritórios do Rio de Janeiro foram utilizados no esquema, que renderia pelo menos mais R$ 5 milhões ao ex-ministro.

A relação profissional aproximou Agnelli de Dirceu, que se tornaram amigos. Mas criara problemas com Lula. Logo no início de

---

[245]Conforme relatou ao autor um dirigente da empresa que negociou o contrato com Dirceu.

seu segundo mandato, em 19 de janeiro de 2006, uma quinta-feira, o presidente o chamou para um café da manhã reservado no Palácio da Alvorada. Então, fez dois pedidos: que desistisse do projeto do livro e que restringisse sua atuação como lobista a empresas privadas, sem relações diretas com o governo. A cautela, argumentava Lula, evitaria escândalos para os dois lados. O livro não era problema. Dirceu consentiu em deixá-lo para depois do governo Lula. Mas o acabaria abandonando por completo — em janeiro seguinte, Fernando Morais declarou que os originais haviam sido roubados e nunca mais falaram sobre *30 meses*.

As restrições ao seu trabalho de lobista, porém, jamais foram aceitas. Afinal, só era valorizado no mercado pelos contatos privilegiados no governo. Lula, no entanto, não pediria apenas a Dirceu para que rompesse o contrato com a Vale. Fez a mesma recomendação a Agnelli. Sem sucesso.

Depois de conversar com o presidente, Dirceu voltou para São Paulo e se reuniu, em seu escritório, com Mário Rosa. Estava de péssimo humor e reclamou do ex-chefe: "O Lula quer me proibir de ganhar dinheiro." Sempre irônico, Rosa provocou: "O Lula tem razão. Imagina você com dinheiro como iria mandar mais que ele no PT." Dirceu, a sério, retrucou: "E eu lá preciso de dinheiro para mandar mais do que o Lula no PT?"[246]

Lula não era seu único problema. Os fantasmas do mensalão continuavam a assombrá-lo. No início de maio de 2006, recebeu em casa um pacote pelos Correios. Era um CD, com um depoimento de Marcos Valério. Com qualidade profissional, o vídeo fora gravado por um experiente cinegrafista de televisão e trazia a versão do publicitário, em detalhes, sobre o esquema que montou para financiar o PT na

---

[246]Segundo entrevista de Mário Rosa ao autor.

compra de deputados e partidos. No final da gravação, dizia que três outras cópias do vídeo estavam no cofre de um banco. Se fosse encontrado morto em circunstâncias misteriosas ou desaparecesse sem dar notícias por 24 horas, sua mulher, Renilda, deveria enviá-las aos jornais *Folha de S. Paulo*, *O Estado de S. Paulo* e *O Globo*. Dirceu comentou sobre o desagradável presente a poucos amigos mais chegados, aos quais disse ter certeza de que Valério não blefava.

Ainda abalado com o vídeo, seria surpreendido ao abrir a edição de *O Globo* de 6 de maio e se deparar com uma entrevista de duas páginas de Silvio Pereira, ex-secretário-geral do PT. Em oito horas de conversa com a repórter Soraya Aggege, em seu apartamento na Bela Vista, centro de São Paulo, Silvio afirmou que o plano do PT, em associação com Valério, era faturar R$ 1 bilhão, e que, com a descoberta do esquema, o partido estava nas mãos do publicitário: "O PT virou refém do Marcos Valério, não tem mais jeito. O Marcos Valério estabeleceu canais próprios com petistas e com não petistas. Tem muita gente, muitos partidos. Só que tudo caiu na nossa conta. Não tinha jeito de ser diferente. Quando estourou, nos encontramos com ele. Marcos Valério disse três coisas: 'Olha, tenho três opções: entregar todo mundo e derrubar a República, ficar quieto e acabar como o PC Farias, ou o meio-termo.' Foi isso."[247]

PC Farias, tesoureiro da campanha presidencial de Fernando Collor em 1989, foi encontrado morto, em circunstâncias misteriosas, em sua casa de praia em Alagoas, em junho de 1996. A investigação policial concluiu que fora morto pela namorada, Suzana Marcolino, que se suicidou em seguida. Mas o crime segue cercado de mistério.

No final do segundo dia de entrevista, Silvio teve uma crise nervosa, começou a quebrar objetos de decoração de sua casa, ameaçou se matar, pediu para suas declarações não serem publicadas e arrancou o bloco de anotações da repórter. "Vão me matar. Eles vão me matar,

---

[247] Como publicado pela edição de 6 de maio de 2006 do jornal *O Globo*.

você não entende. Não faça isso comigo. Tem muita gente importante envolvida nisso" — berrava Silvio Pereira.[248] Soraya saiu de lá correndo, voltou para o jornal e escreveu a reportagem. No dia seguinte, seu bloquinho seria enviado à redação com um pedido de desculpas.

A entrevista e a reação descontrolada de seu velho secretário deixaram Dirceu apavorado. Já não bastavam as ameaças de Valério, agora tinha de lidar com o risco de explosão de um aliado. Assim que leu a entrevista, ligou para Silvio e tentou acalmá-lo. Ouviu que estava abandonado, sem dinheiro, com medo de ser preso, e que a entrevista realmente fora um recado. Mas que, no meio dela, arrependeu-se. Por isso, o surto. Dirceu pediu que ficasse sossegado, que nada iria lhe acontecer. E sugeriu que abrisse uma consultoria, que sua situação financeira seria resolvida. Conselho aceito, a vida voltou ao normal: Silvio não mais ameaçou o PT e foi cuidar do restaurante de sua família, o Tia Lela, em Osasco.

O nervosismo de Dirceu, Valério e Silvio Pereira era explicável. No final de março, a CPI dos Correios concluiria seus trabalhos. No relatório final, comprovava a existência do mensalão e pedia punição pesada aos responsáveis. No mês seguinte, com base nas investigações da CPI e da Polícia Federal, o procurador-geral da República, Antonio Fernando de Souza, denunciaria ao Supremo Tribunal Federal os quarenta envolvidos com o esquema de corrupção. A associação com os quarenta ladrões de Ali Babá foi imediata.

Antonio Fernando, quando em campanha pela indicação ao cargo, em 2003, pedira a Kakay que marcasse um encontro com Dirceu, para levar seu currículo e buscar apoio. O então ministro da Casa Civil se negou a recebê-lo, apesar dos apelos do amigo advogado: "Um

---
[248]Idem.

dia esse cara pode te investigar, você não pode fechar a porta para ele."[249] O procurador jamais se esqueceria daquela recusa. Três anos depois, denunciava Dirceu por formação de quadrilha, corrupção ativa e peculato (apropriação de recursos públicos por servidor).

No Supremo, o relator escolhido foi Joaquim Barbosa, o primeiro negro a ocupar uma cadeira na Corte, grato a Dirceu pelo apoio à indicação e por um conselho que lhe dera em março de 2003. Lula estava decidido a nomeá-lo, mas se irritou com as entrevistas que passara a dar como se já fosse ministro. "Esse cara está falando demais, estou até pensando em dar uma rasteira nele" — desabafou o presidente ao chefe da Casa Civil.[250] Dirceu, imediatamente, telefonou para Kakay: "O Joaquim já é o escolhido, mas ele anda falando demais e irritando o Lula. Fala pra ele ir lá pra Paracatu e esperar quieto a nomeação."[251] Barbosa foi para a casa de sua mãe, no interior de Minas Gerais, e lá permaneceu até receber o chamado oficial do presidente.

A denúncia contra seus companheiros mensaleiros seria mais uma pancada em Lula, naquele difícil final de mandato. Um mês antes, o presidente perdera seu mais influente ministro, Antonio Palocci Filho, da Fazenda, um dos principais responsáveis pelo sucesso econômico do governo. Palocci começou a cair com o depoimento do caseiro Francenildo Costa, que revelaria que o ministro frequentava uma casa no Lago Sul onde lobistas, acompanhados de garotas de programa, discutiam negociatas com o governo. Palocci, por sua vez, desmentiria o caseiro e disseminaria a versão de que recebera dinheiro da oposição para incriminá-lo.

---

[249]De acordo com entrevista de Antonio Carlos de Almeida Castro, o Kakay, ao autor.
[250]Idem.
[251]Idem.

No auge da crise, a revista *Época* publicaria em sua página da internet que Francenildo recebera em sua conta R$ 25 mil, depositados em uma agência da Caixa Econômica Federal no Piauí. A suspeita era de que alguém ligado ao senador piauiense Heráclito Fortes, um dos mais aguerridos oposicionistas do Congresso, fosse o responsável pelo pagamento. Francenildo, porém, esclareceria que recebera o dinheiro de seu pai biológico, um empresário dono de companhias de ônibus, para que se mantivesse longe da família. O pai confirmou a informação, e a divulgação de dados bancários sigilosos passara a ser investigada pela Polícia Federal, que descobriria que a conta do caseiro fora violada pelo presidente da Caixa, Jorge Mattoso, a pedido de Palocci.

O ministro entregara cópias dos extratos a seu assessor de imprensa, o jornalista Marcelo Netto, que as repassou à *Época*, onde trabalhava seu filho, Matheus Leitão. Marcelo queria apenas que fosse publicada uma reportagem para desmoralizar o caseiro. Não atentou para a irregularidade que cometia e que acabaria levando à queda de seu chefe.

Revelada a fraude, Palocci pediu demissão. Seria substituído por Guido Mantega. Dirceu, contudo, mesmo provocado, jamais deu qualquer declaração contra Palocci. A disputa por poder no governo terminara, com os dois principais ministros de Lula finalmente nocauteados.

Com Mantega, a política econômica seria mantida, com as regras de estabilidade herdadas de FHC — câmbio flutuante, metas de inflação e superávit primário para o pagamento de dívidas — preservadas, apesar da pressão do PT. Lula, desde o auge do mensalão, vinha recuperando gradativamente sua popularidade. Aconselhado pelos ministros mais próximos, como Dilma Rousseff e Gilberto Carvalho, e guiado por seu incomparável instinto político, deixara de lado as classes mais altas, que o rejeitavam, e se voltara para as camadas mais pobres, que representa o grosso do eleitorado. Montou um tripé baseado em programas sociais, aumento real do salário mínimo e crédito farto, que faria a economia voltar a crescer e o consumo a disparar, praticamente extinguindo o desemprego.

Mesmo quando mais acuado, jamais se escondera no Palácio, preferindo percorrer o Brasil em eventos em que abusava da oratória privilegiada. No mês da denúncia dos mensaleiros ao Supremo Tribunal Federal, Lula era aprovado por 76% da população e rejeitado por 23%, segundo o Datafolha. Na corrida presidencial de 2006, liderava contra qualquer adversário, tendo chance até de vencer no primeiro turno.

Dirceu, mesmo fora do governo, era um conselheiro importante para questões políticas e eleitorais. O ex-ministro empenhara-se pessoalmente em impedir a candidatura presidencial de Anthony Garotinho, que se transferira para o PMDB, e a garantir o apoio do PSB de Ciro Gomes já no primeiro turno. Percorreu o Brasil em reuniões para formar as alianças estaduais do PT. Mas não subiria em um único palanque, tampouco participaria de programas de TV de candidatos amigos. Pela primeira vez em uma eleição, sua presença era louvada nos bastidores, mas evitada em público.

Logo no início da campanha presidencial para 2006, Dirceu sentiria no bolso os efeitos de sua crescente impopularidade fora do PT. O banco Credit Suisse o contratara para uma palestra sobre os cenários eleitorais e suas consequências na economia. Foram convidados os diretores do banco e seus principais clientes. A informação, no entanto, chegara ao jornalista Lauro Jardim, da *Veja*, que a publicaria em sua coluna Radar, a mais importante da revista. No mesmo dia, o banco passou a receber protestos de clientes e acionistas. A direção, então, decidiu cancelar o evento, antes de pagar os R$ 50 mil prometidos ao palestrante. Daí em diante, as palestras seriam mais raras e cercadas de cláusulas de confidencialidade em seus contratos.

Dirceu, por pragmatismo, passou a maior parte do segundo semestre de 2006 fora do Brasil. Não queria prejudicar a reeleição de Lula — não por afeto ou gratidão, mas porque a manutenção do velho aliado na Presidência lhe dava poder e facilitava seus negócios. Enquanto Lula enfrentava o ex-governador de São Paulo Geraldo Alckmin, do PSDB, e a senadora Heloísa Helena, do PSOL, seu ex-ministro estivera em Portugal, na República Dominicana, na Argentina, no Peru, no Chile, nos Estados Unidos, no México, na Nicarágua e no Canadá. Entre os clientes que representou no exterior estavam a cervejaria AmBev, as empreiteiras Odebrecht e OAS, a empresa aérea TAM, o banco mexicano Azteca e o fazendeiro Daniel Birmann, um dos maiores produtores de biodiesel do país, que queria exportar o produto para os Estados Unidos via República Dominicana, onde Dirceu tinha como amigos o presidente da República e o ministro da Fazenda. "Eu agora sou capitalista" — costumava responder a quem perguntava sobre suas atividades, que lhe rendiam pelo menos R$ 20 mil mensais, livres, de cada cliente.[252]

Mesmo com Dirceu e Palocci fora de ação, e ainda que com a popularidade em alta, os escândalos não davam trégua a Lula. A duas semanas das eleições, três petistas seriam presos em um hotel, em frente ao Aeroporto de Congonhas, com R$ 1,7 milhão — valor a ser utilizado na compra de um falso dossiê com imagens e documentos que mostrariam o envolvimento dos tucanos José Serra e Geraldo Alckmin num esquema de desvios no Ministério da Saúde. Um dos envolvidos na fraude era Jorge Lorenzetti, amigo de Lula e respon-

---

[252]Como publicado pela revista *Veja* de 21 de março de 2007.

sável por preparar churrascos nas residências oficiais da Presidência — até Fidel Castro já provara de seus famosos assados.

Quatro dias antes da operação policial que levaria à prisão do grupo, Lorenzetti conversara por telefone com Dirceu, conforme demonstrou a quebra de seu sigilo. A Polícia Federal seguiu essa pista na investigação, mas acabaria descartando o envolvimento do ex-ministro. Lula, dizendo-se surpreso com a participação do amigo churrasqueiro no esquema, mais uma vez insistiria em que de nada sabia. E, em entrevista, chamaria os envolvidos de "aloprados", termo que batizaria o escândalo.

O novo caso de corrupção impediu a vitória de Lula no primeiro turno — recebera 48,61% dos votos válidos, contra 41,64% de Alckmin, 6,85% de Heloísa, do PSOL, e 2,64% do ex-governador do Distrito Federal Cristovam Buarque, do PDT. Os dois últimos eram petistas históricos, rompidos com o partido e brigados com Dirceu desde o início do governo de Lula. Três semanas depois, sem novos escândalos no caminho, Lula seria reeleito com 58.295.042 de votos, 60,83% do total. Alckmin teve 2,4 milhões de votos a menos no segundo turno do que tivera no primeiro.

O presidente reeleito recebeu um telefonema de parabéns de seu ex-chefe da Casa Civil, que não iria à festa da vitória, tampouco à segunda posse do PT na Presidência.

Aos 60 anos, Dirceu tinha muito dinheiro no banco, uma mulher nova e era idolatrado pela maioria dos militantes do PT. Mas uma frustração o angustiava: a falta de poder político. José Genoino, réu no mensalão, e Antonio Palocci, respondendo a processo pela quebra do sigilo do caseiro, haviam conseguido dar a volta por cima, deputados eleitos, enquanto Dirceu seguia na planície.

Para tentar reverter tal situação, traçara um plano para 2007 conseguir um milhão de assinaturas e apresentar ao Congresso um projeto de iniciativa popular para anular a cassação de seus direitos políticos. Contava na empreitada com a ajuda do PT, da União Nacional dos Estudantes, da Central Única dos Trabalhadores, do Movimento dos Trabalhadores Sem-Terra, de sindicatos e partidos aliados. E imaginava que, fora a oposição, ninguém tentaria impedir sua volta à política.

Logo perceberia, contudo, que sua avaliação estava equivocada. Na primeira vez em que foi a Brasília no segundo mandato de Lula, em 7 de fevereiro, recebeu um chamado ao Palácio da Alvorada. Mal cumprimentara o presidente quando ouviu a recomendação: "Quero que você desista dessa história de anistia."[253] Lula tinha em mãos uma pesquisa do Ibope que mostrava que o projeto era rejeitado por mais de 80% da população, e achava que, qualquer que fosse o resultado, a iniciativa só provocaria desgastes ao governo. Contrariado, Dirceu deixaria o Palácio sem aceitar a sugestão.

Mas Lula não precisava de autorização para enterrar a anistia. Nos dias seguintes ao encontro com Dirceu, a UNE e a CUT anunciaram que não participariam da coleta de assinaturas. O presidente da Conferência Nacional dos Bispos do Brasil, dom Geraldo Majella, condenaria o projeto, por atrasar a discussão de temas bem mais importantes ao país. E o PT se recusara a colocar sua estrutura a favor da proposta que beneficiava seu ex-presidente. Não houve negativa formal, mas o partido jamais se moveria. A única manifestação de defesa explícita do projeto de Dirceu veio da Juventude do PT de Salvador. Lula manejara suas cartas com habilidade e trucara seu ex-ministro.

Dirceu enterrou seu projeto de anistia. Sabia que jamais conseguiria abandonar a política, mas percebia que, aos poucos, a política começava a abandoná-lo. Seus movimentos teriam de ser mais sutis.

---

[253] Conforme depoimento de um ministro que presenciou a conversa.

20 | O maior vilão do Brasil

> *"Seu safado! Sou eu que pago a minha comida,
> não é o PT nem o governo, seu safado!"*
>
> Cliente da churrascaria Prazeres da Carne,
> em São Paulo, hostilizando José Dirceu,
> em dezembro de 2007

José Dirceu devorava a segunda fatia de cupim, sua carne preferida, quando foi surpreendido por um homem jovem e loiro, que se aproximara por trás e colocara a mão em seu ombro. Sua primeira impressão foi de que deveria ser um militante do PT, que, naquele dia 2 de dezembro de 2007, elegia sua nova direção, em votação direta, o que mobilizava o partido. Tanto que recebeu o intruso com um sorriso. Mas a expressão do estranho, quando Dirceu se virou, não era amistosa. Com o rosto quase encostado ao do ex-ministro, como se fosse cochichar, o homem foi rude: "Seu safado! Safado!!!" — gritou, separando vagarosamente as sílabas. "Sou eu que pago a minha comida, não é o PT nem o governo, seu safado!"[254]

---

[254] Como publicado pela revista *Piauí* de janeiro de 2008.

Dirceu ficou impassível, sem esboçar reação. Mas o almoço de domingo do ex-ministro e de seus convidados na churrascaria Grill Hall — Prazeres da Carne, no Ibirapuera, em São Paulo, estava encerrado. Sua filha Camila, então com 17 anos, seu motorista e o prefeito de Manágua (capital da Nicarágua), Dionisio Marenco, ficaram estáticos e mudos. Gesticulando muito, com o dedo em riste, o homem continuou gritando "safado!" enquanto se afastava. A única a reagir foi Evanise, sua mulher, que se levantara e correra atrás do rapaz, que já se sentava novamente a uma mesa próxima.

"O que você ganha com isso?", questionou a mulher, visivelmente nervosa. "Quer brigar com ele? Chama num canto e fala. Agora, na frente da filha, da família?" Ele não se renderia. Pelo contrário: "E você também é uma safada por estar com um safado desses" — disse. "Estou com muito orgulho porque ele é muito mais educado do que você" — respondeu Evanise, retornando para o lado do marido, que já deixara o cupim e a caipirinha de limão de lado e mexia freneticamente em seu celular BlackBerry.[255]

Uns quinze minutos depois, Dirceu pediria a conta, antes que os convidados tivessem acabado de comer a sobremesa. Tomaram café às pressas e foram embora. No caminho da saída, voltaria a ser hostilizado: "Cara de pau!" — berrou uma senhora de cabelos pintados de acaju. Quando o grupo entrou na picape Chrysler preta dirigida pelo assessor Roberto Marques, a última agressão da tarde: "Olha aí o carro do PT!"[256]

Dirceu não conseguia se acostumar a sua nova realidade. Era só chegar a um local público que corria o risco de ser xingado e hostilizado. Receber uma encarada ou um olhar de esguelha era a regra. Ser vaiado de longe começara a se tornar rotina. Uma agressão gratuita como a da churrascaria, porém, ainda era novidade. Ele pas-

---

[255]Idem.
[256]Idem.

sara a selecionar melhor os lugares que frequentava. Evitava os que tinham fila de espera. Não gostava de restaurantes de "novos-ricos", frequentados por jovens bem-sucedidos que não tinham vergonha de expressar sua aversão ao PT.

Preferia aqueles dos quais já era cliente habitual. Pensando em tudo isso, escolhera o Prazeres da Carne, rodízio ao lado de sua casa, enorme e frequentado por famílias mais preocupadas com o iminente rebaixamento do Corinthians para a segunda divisão do Campeonato Brasileiro, ou com o sucesso de Flávia Alessandra como a dançarina de *pole dance* Alzira na novela *Duas Caras*, do que com os rumos da política ou o caso do mensalão. Escolhia sempre uma mesa discreta nos fundos do salão, mas nem lá tinha mais sossego. Não bastasse a agressão, Dirceu voltou para casa a tempo de ver seu time apenas empatar com o Grêmio e amargar a primeira queda em seus 97 anos de história. A vida não andava fácil.

O principal responsável pelo acirramento da agressividade era, mais uma vez, o mensalão. Depois de hibernar por um ano e meio nos escaninhos do Supremo Tribunal Federal, o caso voltara às manchetes no final de agosto de 2007, pouco mais de três meses antes de Dirceu ser xingado na churrascaria. Nos dezoito meses anteriores, a denúncia encaminhada pelo procurador-geral da República, Antonio Fernando de Souza, fora minuciosamente estudada pelo ministro Joaquim Barbosa, que lhe acrescentaria os depoimentos de 41 testemunhas e as perícias feitas pela Polícia Federal nos documentos e contratos que alimentaram o esquema de desvio de dinheiro público. O processo levado a julgamento tinha 11.200 páginas e 140 apensos. Chegara a hora de o tribunal decidir se acolheria ou não a denúncia formulada pelo Ministério Público.

Como já acontecera dois anos antes, na CPI dos Correios, o mensalão voltava a ser um espetáculo. Em 22 de agosto, uma quarta-feira, as emissoras de TV e rádio passaram a transmitir ao vivo as sessões do Supremo Tribunal Federal. Os outros poderes seriam então ofuscados pelo Judiciário, inclusive o Legislativo, que discutia a possível cassação do presidente do Senado, Renan Calheiros, do PMDB de Alagoas, que contara com a ajuda de um lobista da empreiteira Mendes Júnior para pagar a pensão alimentícia de uma filha que teve fora do casamento.

Advogados dos réus, jornalistas brasileiros e correspondentes internacionais lotaram hotéis e restaurantes de Brasília. José Luís de Oliveira Lima, o Juca, e seu sócio Rodrigo Dall'Acqua chegaram à capital na véspera do julgamento e se hospedaram no Meliá Brasília, ao lado da Torre de TV. Apesar da confiança demonstrada em entrevistas, estavam pessimistas. Avaliavam que, tecnicamente, havia chance de a denúncia ser rejeitada. Mas consideravam aquele um julgamento eminentemente político, o que fazia de seu cliente um condenado por antecipação.

Iluminado por todos esses holofotes, Joaquim Barbosa conduziria os sete dias de julgamento, com 36 horas de sessão. Atuou a maior parte do tempo em pé, pois as fortes dores nas costas que começara a sentir ficavam mais agudas quando se sentava. O ministro não amaciou com Dirceu — a gratidão pela ajuda na nomeação fora soterrada por camadas de provas contundentes da existência do mensalão. Pela definição de Joaquim, uma quadrilha liderada pelo ex-ministro movimentara dezenas de milhões de reais para corromper parlamentares em troca de apoio político. "Dirceu era o comandante supremo da trama, em que outros personagens faziam papel de meros auxiliares" — ressaltaria o relator.

Joaquim considerou que havia provas de que Dirceu cometera os crimes de corrupção ativa e formação de quadrilha, mas que não praticara peculato. Sua decisão seria seguida pela quase totalidade do colegiado — apenas Ricardo Lewandowski se opôs à formação de quadrilha. Em 28 de agosto, o Supremo decidiu abrir processos contra os quarenta acusados do mensalão. Dirceu, pela primeira vez em um regime democrático, era réu.

Ao final da última sessão, Lewandowski foi jantar no recém-inaugurado Expand Wine Store by Piantella, na quadra 403 Sul. Na mesa ao lado, o advogado Kakay, um dos sócios do local. O ministro, acompanhado da mulher, pediu uma garrafa de um Cabernet Sauvignon chileno e uma porção de queijos variados e presunto de Parma. Antes de chegar o pedido, levantou-se e foi ao jardim do restaurante atender a ligação de seu irmão, Marcelo. Na conversa, Lewandowski desabafaria: "A imprensa acuou o Supremo. Todo mundo votou com a faca no pescoço. A tendência era amaciar para o Dirceu."[257] Na mesa ao lado, a jornalista Vera Magalhães, da coluna Painel da *Folha de S. Paulo*, escutava tudo.

O ministro continuaria falando, sem perceber que era observado. Segundo ele, a tendência no tribunal até o primeiro dia do julgamento era rejeitar a denúncia contra o ex-ministro e outros petistas. Mas tudo mudara quando os repórteres Alan Gripp e Francisco Leali e o fotógrafo Roberto Stuckert Filho, de *O Globo*, flagraram uma troca de mensagens entre ele e a ministra Cármen Lúcia. Entre dúvidas e palpites sobre a atuação dos colegas, Lewandowski dizia que o ministro Eros Grau votaria a favor dos petistas em troca da indicação, por Lula, de seu amigo Carlos Alberto Direito para o Supremo, na vaga de Sepúlveda Pertence, que se aposentava. Foi a divulgação, pelo jornal, dessa troca de mensagens dos indiscretos ministros que colocara a "faca no pescoço" do Supremo. Direito seria realmente indicado, mas Eros Grau não entregou seu voto.

---

[257] Segundo a *Folha de S. Paulo* de 30 de agosto de 2007.

O telefonema flagrado por Vera ocuparia a manchete da *Folha* de 30 de agosto. Lewandowski confirmou à repórter o teor da conversa com o irmão, admitiu que votaram com a faca no pescoço, mas negou que essa pressão tenha mudado os votos. Dirceu e alguns amigos réus, como Genoino e Delúbio, tentaram utilizar a reportagem para colocar o julgamento sob suspeição e pedir sua anulação. Mas Juca os convenceu de que aquilo era uma bobagem. O réu, então, passou a pedir celeridade ao Supremo. "Quero um julgamento rápido para provar a minha inocência."[258]

Com a denúncia aceita, o processo do mensalão foi remetido a Lewandowski, escolhido ministro revisor, que faria uma nova análise do caso, acrescentaria novas provas e depoimentos, e marcaria o julgamento final, que decidiria se os réus eram culpados ou inocentes e se deveriam ir ou não para a cadeia.

Terminada a apreciação da denúncia, Joaquim Barbosa foi descansar no Rio de Janeiro. Em seu primeiro dia na cidade, decidiu almoçar com um jornalista no Bar Luiz, restaurante alemão inaugurado em 1887, na rua da Carioca, famoso por seu chope gelado e pelo salsichão com salada de batatas. Na porta do lugar, foi cercado por desconhecidos, que queriam fotos e autógrafos. Nem em sua pequena Paracatu Joaquim passara por um momento de idolatria como aquele. No final da semana, sua foto estamparia as capas das duas principais revistas semanais brasileiras, *Veja* e *Época*.

Já Dirceu, no mesmo dia da publicação da manchete de Vera Magalhães na *Folha*, voou a São Paulo para participar do 3º Congresso Nacional do PT, que discutiria as regras da eleição à presidência do partido e a estratégia para a disputa municipal do ano seguinte. Marcou um lugar na primeira fileira, ficou fazendo hora em um

---

[258]Como publicado por *O Globo* em 28 de agosto de 2007.

lugar deserto, no fundo da sala de embarque, e foi o último a entrar no avião. Mesmo com tanta cautela, não escaparia de vaias, apupos e alguns gritos de "mensaleiro" e "safado".

No encontro do partido, decepcionou-se com a recepção. Esperava ser aclamado pelos 3 mil militantes e defendido por Lula. A reação, porém, foi dividida. Os petistas mais próximos, como Ricardo Berzoini e Jorge Bittar, defenderam sua inocência e atacaram o Judiciário. Já seus rivais, como Tarso Genro e José Eduardo Cardozo, condenaram o mensalão e defenderam punições aos responsáveis. A militância petista ainda o aclamava, mas, na cúpula, já não era unanimidade. Muita gente importante achava prudente que o partido se afastasse dos réus do mensalão para evitar prejuízo eleitoral, principalmente nas grandes cidades e no eleitorado de maior poder aquisitivo, que não é tão decisivo numericamente, mas que tem importância por ser formador de opinião.

Lula, durante o encontro, adotaria o meio-termo. Defendeu o PT: "Ninguém neste país tem mais autoridade moral e ética do que nosso partido." Não fez, entretanto, nenhum movimento de desagravo a Dirceu, que assistia a tudo constrangido na primeira fileira do Centro de Convenções Imigrantes, em São Paulo.

Essa divisão partidária se manteria até o final do ano, e só seria um pouco atenuada com a eleição de Berzoini à presidência do PT, boa para Dirceu, mas que não representava uma vitória completa para seu grupo, que, sem obter a maioria dos votos no primeiro turno, teria de compor com os detratores e aceitar Cardozo como secretário-geral da sigla, o segundo cargo mais importante.

Dirceu pouco falou no encontro do PT. No encerramento, deu uma breve entrevista em que prometia comandar uma caravana pelo país para se defender das "acusações infundadas" do processo em trâmite no Supremo. As condições, porém, eram adversas. Lula e o governo preferiam manter distância regulamentar dos réus. Seus negócios, pouco transparentes, tornavam-se naturalmente suspeitos. E um deles o levaria novamente ao centro de uma investigação.

Um amigo de Dirceu, o deputado petista Vicente Cândido, tinha sólidas relações com o mundo do futebol. Era sócio do presidente da Federação Paulista de Futebol, Marco Polo Del Nero, em um escritório de advocacia. Também possuía uma cadeira no conselho deliberativo do Corinthians. Em 2005, aproximara-se do empresário iraniano Kia Joorabchian, que passaria a administrar o futebol corintiano por meio de sua empresa MSI e que traria para o time de Parque São Jorge craques como Nilmar e os argentinos Carlitos Tevez e Javier Mascherano. E também muitas suspeitas.

Em um almoço no início do ano seguinte, Cândido apresentou Dirceu a Kia, na casa do empresário Renato Duprat, do ramo de planos de saúde. Meses mais tarde, Kia e Duprat o apresentariam ao magnata russo Boris Berezovsky, dono de uma fortuna estimada em US$ 10 bilhões. Os dois se encontraram reservadamente por três vezes, em 2, 3 e 4 de maio de 2006, na casa de Duprat, ao lado do Estádio do Pacaembu. Condenado em seu país por fraude fiscal e lavagem de dinheiro, vivia exilado entre uma casa no sul da França e um apartamento em Londres, mas temia ser preso pela Interpol. Por isso, pedia ajuda a Dirceu para receber a condição de asilado político no Brasil, o que permitiria que vivesse sem riscos aqui. Dirceu topou e pediu dois favores em pagamento: que o russo o ajudasse a encontrar um comprador para a Varig e que trabalhasse para facilitar a importação, pela Rússia, de carne bovina do frigorífico Minerva. Se os dois negócios dessem certo, o ex-ministro esperava faturar até R$ 20 milhões.

Dirceu não contava, no entanto, com que a parceria entre Kia e o Corinthians se tornasse alvo de uma investigação da Polícia Federal, a Operação Perestroika. Os telefones e movimentações bancárias de Kia eram monitorados e, imediatamente, levaram a polícia a suas ligações com Berezovsky, que também passara a ser acompanhado. Daí a pegar seus telefonemas para Dirceu foi um passo. No final de 2007, a operação sigilosa tornou-se pública, divulgada por *Veja*, e inviabilizou a conexão russa. O iraniano e o russo deixaram suas atividades no Brasil, voltaram para a Europa e a investigação foi interrompida sem conclusão.

Consciente de que seus negócios no Brasil estavam visados e que a hostilidade era crescente, Dirceu decidira passar cada vez mais tempo no exterior. Mas o crescimento da economia e a valorização do real no segundo mandato de Lula fizeram com que uma multidão de brasileiros começasse a viajar para todos os cantos do mundo. Nem longe do país o réu do mensalão tinha privacidade. No dia da eleição interna do PT, depois de deixar a Prazeres da Carne, partiria para um giro por Espanha, Portugal e República Dominicana. Assim que chegou à sala de embarque do Aeroporto de Guarulhos, no entanto, um homem que falava ao celular o encarou e falou para a pessoa do outro lado da linha: "Sabe quem está passando por aqui agora? O Zé Dirceu. Vade retro, Satanás!"[259]

Na manhã seguinte, ao desembarcar em Lisboa, foi saudado com um grito de "pilantra!". Passaria uma hora e dez minutos na fila da imigração, especialmente carregada naquela manhã de início de férias de dezembro. Acompanhado da jornalista Daniela Pinheiro, que produzia uma reportagem sobre sua vida de consultor para a revista *Piauí*, ouviu todo tipo de impropério. "É absurdo deixar esse homem viajar." "Tem ladrão na fila!" "E tem gente que ainda se mete com um tipo desses."[260] Dirceu enfrentaria os setenta minutos de fila com os olhos fixos em seu celular. Os *smartphones* eram a

---

[259]Como publicado pela revista *Piauí* de janeiro de 2008.
[260]Idem.

sua muleta em casos de constrangimento. Mais tarde, adicionaria ao BlackBerry um iPhone e um iPad, um arsenal de eletrônicos, companheiros inseparáveis em situações adversas.

Nessa viagem, conseguiria fechar bons negócios. Em Portugal, acertou um contrato para que a Universidade de Lisboa montasse cursos de MBA em parceria com a Fundação Armando Alvares Penteado. Também na capital, conversou com emissários do Banco Azteca, que queria se estabelecer no mercado brasileiro cobrando tarifa zero dos correntistas. A Carlos Slim, na mesma época, prometera ajuda para implantar no Brasil a TV a cabo popular, com mensalidade de R$ 40. Na República Dominicana, última escala do giro, seu objetivo consistia em levar empresas brasileiras de etanol a usar o país como entreposto de exportação para os Estados Unidos. Ele aproximou a produtora brasileira Alpina da distribuidora dominicana Petroconsa, do empresário Johnny Cabrera, que se associariam na negociação do biocombustível para o mercado americano. Também auxiliou a rede de churrascarias Bassi a abrir uma casa em Santo Domingo.

Na época, Dirceu declarou a Daniela Pinheiro ter uma carteira de quinze bons clientes, que lhe pagavam de R$ 20 a R$ 30 mil mensais. Omitira, porém, seus principais, que o remuneravam muito melhor: Ongoing, Vale, Eike e Slim. Além do valor mensal, os contratos previam cláusulas de sucesso, de 1% do valor total do negócio no exterior e 0,5% no Brasil.

Mas o sucesso no Brasil ficava cada vez mais difícil. Não bastasse a aversão natural provocada pelo mensalão, o autor Aguinaldo Silva se baseara em Dirceu para construir o personagem Marconi Ferraço/Adalberto Rangel, interpretado pelo ator Dalton Vigh, o vilão da novela *Duas Caras*, transmitida pela TV Globo em horário nobre no final de 2007. Marconi era um golpista que se casou com a mocinha da trama, roubou sua fortuna, fugiu e mudou de rosto e de identidade, passando a se chamar Adalberto. Aguinaldo, em entrevistas no lançamento do folhetim, assumiu que se inspirara no ex-ministro, a quem não pouparia de críticas por ter trocado de identidade e abandonado Clara Becker após a anistia: "Quem faz isso é capaz de qualquer coisa. Tenho medo dele."[261]

O "homenageado" não reclamaria em público. Quem tomou suas dores foi Clara Becker, que enviou uma carta indignada a Aguinaldo Silva, dizendo que seu ex-marido "nunca foi vilão na vida real", tampouco viveu à custa de seu dinheiro: "Afirmo que nunca conheci um homem tão íntegro e honesto como José Dirceu e considero que a omissão de sua real identidade foi uma necessidade naquelas circunstâncias."[262] O autor ignoraria o protesto e seguiria adiante com a novela, sempre que possível comparando o vilão com o político em entrevistas e palestras. Chegou a ser interpelado em corredores da Globo pelo ator José de Abreu, amigo de Dirceu, que não gostara da comparação. Mas jamais recebeu orientação da cúpula da emissora para alterar a trama.

As hostilidades fariam com que Dirceu restringisse suas aparições públicas. Na época da novela, foi vaiado e xingado em uma palestra a estudantes na PUC de Minas Gerais, quando criticava a imprensa e a oposição. Aquela seria a última vez em que falava em público a plateias não formadas apenas por simpatizantes escolhidos a dedo. Os ataques aos adversários se concentraram em seu blog, nos artigos e em entrevistas a jornalistas de confiança. Os jantares em restaurantes eram trocados por reuniões para poucas pessoas em sua casa ou no apartamento do advogado Juca, nos Jardins. Em Brasília ainda tinha menos restrições para sair — frequentava os restaurantes de Kakay e de Jorge Ferreira sem ser muito incomodado. Mas, com frequência cada vez maior, começara a pedir a Kakay que organizasse jantares em sua mansão no Lago Sul.

---

[261] Segundo a edição de 30 de setembro de 2007 da *Folha de S. Paulo*.
[262] Publicado na *Folha de S. Paulo* de 5 de outubro de 2007.

Adotou a estratégia de, mesmo quando atacado, jamais reagir: "Que reação eu posso ter? Vou me levantar e discutir com a pessoa? E se ela me agredir e eu revidar? Imagina se eu agrido uma pessoa porque ela chega e fala que eu sou safado, ladrão, corrupto. Essas pessoas estão intoxicadas, não sabem o que estão falando, não conhecem o processo" — declarou a Zuenir Ventura.[263] Na mesma entrevista, reclamou da falta de vida social: "Eu, que estou com 62 anos, se ficar uma semana sem jantar bem, sem tomar um vinho, morro. Ainda mais com a vida que estou levando, lendo apenas um livro a cada quinze dias, sem ir ao cinema, que é a minha paixão. Eu sou mineiro, comida para mim é fundamental."[264] Para compensar as possibilidades restritas de diversão na cidade em que vivia e trabalhava, investiu na casa de campo no Condomínio Santa Fé, em Vinhedo, onde passava cada vez mais tempo. Para evitar visitas desagradáveis, principalmente de jornalistas, ajudou a bancar um reforço na segurança do condomínio: um sistema eletrônico de vigilância que cadastrava e fotografava cada visitante e seu carro. A casa, de dois andares, toda pintada de amarelo, recebeu decoração de estilo rústico, com armários, cristaleiras e aparadores de madeira pesada, comprados em antiquários.

Seu lugar preferido sempre foi a edícula, com uma churrasqueira profissional construída pelo empresário Marcos Guardabassi, dono do restaurante Bassi, como presente pela ajuda na República Dominicana. Ao lado, uma geladeira de uma marca de cerveja — presente da AmBev — e um forno de pizza. Do outro lado da edícula, próximo à piscina decorada com uma estrela do PT, estaria a rede onde o dono da casa costuma dormir depois do almoço. Nos jardins, árvores frutíferas e uma horta para abastecer

---

[263]Ventura, Zuenir; *1968 — o que fizemos de nós*. Planeta, 2008.
[264]Idem.

a dispensa da cozinheira Joana, que o acompanha desde que chegara a Brasília como deputado. Nos fundos, um galinheiro cheio de galinhas-d'angola e o canil do vira-lata Neguinho, que também veio da capital do país.

Foi nesse refúgio que se recuperaria, em janeiro de 2008, da cirurgia que fez para corrigir a calvície, no Hospital Memorial São José, no Recife. Em um procedimento doloroso de cinco horas e meia, o médico Fernando Basto retirou 6.720 raízes de cabelo, da região da nuca, e as transplantou para o topo da cabeça. Dirceu era obcecado em fazer um implante desde que vira o resultado alcançado por José Múcio Monteiro, ex-líder do PTB e ex-ministro de Relações Institucionais de Lula. Demoraria dois anos para criar coragem, e então disse que não se arrependera do resultado. Eva foi quem mais aprovou — ela sempre gostou de seu marido cabeludo, mesmo quando, ainda calvo, deixava o cabelo comprido atrás, chegando a usar por vezes um discreto rabo de cavalo.

O implante capilar fora a demonstração mais explícita da vaidade de Dirceu. Ele só saía de casa barbeado, usava creme de cabelo da marca Keune, que procurava em toda viagem ao exterior, tinha mais de vinte vidros de perfume e andava sempre com um pentinho verde no bolso de trás da calça. Não podia ver um espelho que parava para conferir o cabelo e o nó da gravata, quando de terno. Mais por vaidade do que por saúde, retirara uma hérnia que causava um inchaço acima do umbigo. Evitava ao máximo repetir roupas, como conferira Daniela Pinheiro no quinto dia de sua viagem à Europa ao seu lado: "Era a primeira vez que repetia uma roupa. Em quatro dias e meio, usara dois ternos, quatro camisas sociais, três gravatas, um sobretudo, uma jaqueta de couro, uma calça de veludo, outra de brim, um mocassim, um sapato preto, um tênis, uma camisa jeans, o abrigo de ginástica da CBF, uma bermuda e duas camisetas. Sua mala era bem maior que a minha."[265]

Desde que cassado, Dirceu desenvolvera obsessão pela forma física. Passara a fazer ginástica ao menos uma hora por dia — de início, caminhava no Parque do Ibirapuera, mas, após algumas vaias e xingamentos, comprou uma esteira para se exercitar em casa. Deixou de beber no almoço, aboliu massas e doces e restringiu o consumo de vinho a duas noites por semana. A preocupação com a aparência estava diretamente relacionada à sua fama de conquistador e mulherengo. Fama justificada. Os amigos contam que, além da política, só as mulheres o tiravam do sério.

É comum ouvir relatos de que, em um bar ou restaurante, ele se desligava da conversa e passava a observar fixamente uma mulher bonita em alguma mesa próxima. Não era raro, quando a moça estava sozinha ou acompanhada apenas de amigas, que mudasse de mesa e tentasse seduzi-la. Com o mensalão, entretanto, a prática se tornara mais difícil. Ele, então, passou a contar com a ajuda dos amigos mais chegados. Em uma das primeiras viagens depois do implante, passou uma semana em Salvador a negócios. No sábado de manhã, um empresário baiano o levaria de lancha a uma praia deserta, onde já o esperavam duas mulheres. Os três só foram resgatados na tarde de domingo. Dirceu se vangloriou de ter passado os dois dias nu com as mulheres, praticamente o tempo todo na areia da praia.

Mesmo vivendo na semiclandestinidade, não conseguia se afastar da política. Continuava falando com Lula regularmente, mais por telefone do que pessoalmente. O segundo mandato era um sucesso popular. Com o crescimento da economia e dos programas sociais, o presidente conseguira se consolidar como um herói para os mais pobres, que relevavam as denúncias constantes de corrupção e de aparelhamento do Estado. Em suas viagens, principalmente ao Norte

---

[265] Publicado pela revista *Piauí* de janeiro de 2008.

e ao Nordeste, Lula era aclamado, abraçado e cercado como um ídolo da música ou um craque da bola.

O presidente, porém, vivia um dilema: embora batesse recordes de aprovação popular, não tinha um candidato forte à sua sucessão. Os dois nomes naturais no início de seu governo — Dirceu e Palocci — haviam ficado pelo caminho. Governadores e ministros, como o baiano Jaques Wagner e o gaúcho Tarso Genro, não conseguiam se viabilizar. Marta Suplicy chegou a ser cogitada, mas perdera qualquer chance ao ser derrotada na eleição para a prefeitura de São Paulo, em 2008, para Gilberto Kassab, do DEM.

Lula, então, flertou com o terceiro mandato. Uma proposta de emenda constitucional permitindo mais uma reeleição chegaria a ser apresentada ao Congresso pelo deputado Devanir Ribeiro, do PT de São Paulo, amigo de Lula e do mesmo grupo político de Dirceu. O ex-ministro fora consultado várias vezes pelo presidente sobre a viabilidade da manobra. De início, mostrou-se favorável. Avaliou que a popularidade do governo e o amplo apoio no Congresso seriam suficientes para aprovar a medida, a solução para a falta de nomes do partido. Mas, com o tempo, mudara de ideia. A imprensa era unânime no repúdio ao terceiro mandato. Empresários que financiavam as campanhas petistas também se declararam contrários. E havia o risco de que se repetisse por aqui o que acontecia na Venezuela, onde Hugo Chávez conseguira aprovar um projeto que lhe dava direito a disputar reeleições infinitas, o que acabou por rachar o país, fortalecendo a oposição e dificultando a governabilidade.

A proposta foi para a gaveta. E Lula fez uma aposta ousada: lançar a candidatura de Dilma Rousseff, a sucessora de Dirceu na Casa Civil, que jamais disputara uma eleição na vida. O presidente via na ministra uma candidata com potencial, pois tinha o perfil de mulher dura, intolerante com a corrupção e a incompetência. No início do segundo mandato, deu-lhe a incumbência de comandar o Plano de Aceleração do Crescimento, um amontoado de obras e projetos espalhados pelo país, e a batizou de "mãe do PAC". O marqueteiro João Santana, que substituíra Duda Mendonça após o mensalão, seria o responsável pelo treinamento de Dilma, que aprendeu a falar em público e a discursar, além de passar por mudanças estéticas radicais, como a troca de óculos de armações grossas por lentes de contato, o corte de cabelo mais jovial, uma cirurgia plástica para atenuar as expressões do rosto e um regime que a deixaria dez quilos mais magra. Depois das eleições municipais de 2008, ela passou a acompanhar o presidente por todas as suas viagens, sendo apresentada ao eleitorado que o enaltecia e não queria que deixasse o poder. Dilma, no imaginário popular, tornara-se "a mulher do Lula".

Dirceu, a princípio, duvidou da aposta. Neófita no PT e sem experiência eleitoral, Dilma teria dificuldades em conquistar o partido e o eleitorado. Vendo, contudo, que o presidente não mudaria de ideia, deixou de criticar a escolha e buscou se aproximar da escolhida. Os dois tinham boa relação do tempo de governo, e Dilma era grata a Dirceu pelo apoio que lhe dera quando escolhida para sucedê-lo na Casa Civil. Não se esquecia, porém, de que, dependesse dele, jamais teria chegado ao governo: no projeto inicial de Dirceu, o Ministério de Minas e Energia seria ocupado, no primeiro mandato, pelo senador Pedro Simon, do PMDB. Apenas em decorrência do veto de Lula ao acordo com os peemedebistas acabou escolhida para o cargo.

Ressentimentos à parte, a candidata precisava de Dirceu e de sua influência ainda importante no PT. Por outro lado, preferia não aparecer em público ao seu lado, para não herdar parte de sua impopularidade. O ex-ministro, então, teve de agir nas sombras, o que virara sua especialidade. Apresentou Dilma a políticos e empresários e convenceu o PT da importância de sua vitória: "A eleição de Dilma é mais importante do que a eleição do Lula, porque é a eleição do projeto político do PT. A Dilma é a expressão do projeto político. Temos que nos transformar em maioria, temos que repensar o socialismo" — discursaria em palestra para petroleiros na Bahia, no início da campanha.

Discrição e José Dirceu, entretanto, não combinam. E logo ele começaria a aparecer mais do que Lula e Dilma queriam — na política e nos negócios. Em janeiro de 2010, ele, José Genoino e João Paulo Cunha retomaram suas cadeiras na direção nacional do partido.

No mês seguinte, Dirceu foi ao Ceará ameaçar Ciro Gomes, ex-ministro e pré-candidato à Presidência pelo PSB. Em um café da manhã, disse-lhe que, se não abandonasse a candidatura, o PT retiraria o apoio à reeleição de seu irmão, o governador do Ceará, Cid Gomes. Os irmãos não gostaram e convocaram uma entrevista para denunciar a ameaça. Lula teve de entrar em campo para acalmar os Gomes e prometer que o PT continuaria na aliança de Cid. Isolado, Ciro acabou desistindo, mas jamais voltaria a falar com Dirceu.

A cautela com os negócios que envolvessem o governo também fora abandonada. Em 2009, a empreiteira Delta passou a contar com os serviços da JD Assessoria e Consultoria. Em um contrato feito por meio de uma subsidiária, a Sigma Engenharia, pagava R$ 20 mil por mês para que Dirceu fizesse *lobby* no governo de modo a que a empresa conseguisse obras do PAC. Naquele ano, a Delta, do engenheiro Fernando Cavendish, receberia R$ 733 milhões do governo, o dobro do ano anterior. "O trabalho dele era fazer tráfico de influência. Aproximar o Fernando Cavendish de pessoas influentes no governo para fazer negócios" — admitiria o engenheiro Romênio Marcelino Machado, dono da Sigma.[266]

Em fevereiro de 2010, outro negócio suspeito seria revelado pela *Folha de S. Paulo*. Dirceu fora contratado por R$ 620 mil pela Star

---
[266] Conforme publicou a revista *Veja* em 11 de maio de 2011.

Overseas Ventures, empresa sediada nas Ilhas Virgens Britânicas, controladora da Eletronet, uma ex-estatal proprietária de uma rede de 16 mil quilômetros de fibra óptica que interligava dezoito estados. O Ministério das Comunicações tinha um projeto de reativar a extinta Telebrás para levar internet gratuita a cabo para escolas, hospitais e órgãos públicos. E a Eletronet via ali uma oportunidade para que sua rede, sem uso e abandonada, fosse comprada ou alugada pelo governo. O negócio, que poderia render até R$ 200 milhões à empresa, foi abortado pelo ministério, a mando de Lula, após revelar-se a participação de Dirceu. Mesmo assim, ele recebeu sua parte.

Lula, mais uma vez, chamou Dirceu ao Alvorada, no início de março. Pediria então que se contivesse e que, pelo menos até a eleição, evitasse criar dificuldades para a campanha.

A caminhada de Dilma não era fácil. Não bastasse a inexperiência eleitoral, foi acometida por um câncer no sistema linfático que a obrigara a passar por um severo tratamento de quimioterapia e radioterapia. Recuperada, vir-se-ia às voltas com as denúncias de tráfico de influência que derrubaram sua sucessora na Casa Civil, Erenice Guerra, sua principal assessora nos dois ministérios que ocupara no governo — Minas e Energia e Casa Civil.

Na reta final da corrida eleitoral, Dilma passou a ser atacada por católicos e evangélicos, que a acusavam de ser a favor do aborto e do casamento entre homossexuais. A campanha entrou em crise e a vitória no primeiro turno, que parecia certa, não veio: a petista teve 47% dos votos, contra 33% de José Serra, do PSDB, e 19% da senadora e ex-ministra Marina Silva, que trocara o PT pelo PV.

No dia da votação, 3 de outubro, Dirceu teve de entrar pela porta dos fundos de seu colégio eleitoral, na Vila Mariana. Mesmo assim, não evitou os gritos de "ladrão", "mensaleiro" e "pilantra" de outros eleitores. À noite, seguiu para Brasília. Tomou todas as precauções habituais: aguardou em um canto isolado da sala de espera, reservou uma cadeira na primeira fileira e foi o último a entrar no avião. De nada adiantaria: foi vaiado e xingado em coro durante todo o percurso. Naquele dia, tomou a decisão de jamais viajar em voo de carreira novamente: dali em diante, só em jatinho.

A campanha encontrou seu eixo no segundo turno e Dilma, com 56% dos votos válidos, seria a primeira mulher eleita para presidir o Brasil. Na transição, Dirceu conversava constantemente com ela, por telefone, mas não a encontraria pessoalmente. Tentara interferir, sem sucesso, na montagem do ministério, e acabou vendo os desafetos Palocci e José Eduardo Cardozo em dois dos principais cargos do novo governo: os ministérios da Casa Civil e da Justiça.

Duas semanas antes de passar a faixa presidencial, Lula comandou um evento de balanço de seus oito anos no Palácio do Planalto e citou nominalmente Dirceu como um dos responsáveis por seu sucesso e pela eleição da sucessora.

Na ocasião, política era a menor das preocupações do ex-ministro. Meses antes, conhecera Simone, uma modelo que trabalhava como recepcionista em uma feira de negócios em Brasília. Saíram duas ou três vezes, e ela o avisou de que estava grávida. Discutiram muito. Dirceu tentou negar a paternidade ou obrigá-la a passar por um teste de DNA, mas foi convencido de que um escândalo às vésperas do julgamento do mensalão só iria prejudicá-lo. No final daquele ano, nasceria Maria Antônia, nome escolhido pelo pai como homenagem à rua onde começara sua carreira política, nos anos 1960.

Seu casamento, obviamente, entrou na maior das crises. A amigos, disse que contar para Evanise que engravidara outra mulher foi um dos momentos mais difíceis e tristes de toda sua vida. Chegaram a se separar por um curto período. Logo, porém, reataram. Evanise perdoaria o marido, mas voltaria toda a sua raiva contra a mãe de

Maria Antônia. Proibiu Dirceu de se encontrar com a filha em seu apartamento de Brasília e na casa da mãe. Ele, por sua vez, aproveitaria a ocasião para alugar uma casa no Lago Norte, onde também podia fazer seus jantares políticos e de negócios.

Durante o dia, quando estava na capital, despachava em uma suíte no 16º andar do Hotel Naoum, o mesmo onde recebera a modelo de presente, em 2004. Em meados de 2011, uma reportagem de *Veja* mostraria que Dirceu transformara o local em uma espécie de sede de um governo paralelo, onde recebia ministros, deputados, senadores e até o presidente da Petrobras, Sergio Gabrielli. Na mesma época, Palocci se envolveria em mais uma confusão: revelou-se que uma consultoria sua recebera mais de R$ 20 milhões no ano da eleição. A associação entre o *bunker* de Dirceu e as denúncias contra seu desafeto foi imediata no governo. Palocci cairia pela segunda vez. E Dilma fecharia um pouco mais as portas do Palácio do Planalto para Dirceu.

Com poder de *lobby* restrito no novo governo, priorizaria negócios na Venezuela, em Cuba e na África. Conseguiu abrir novos polos de atuação no Peru, onde seu amigo Luis Favre integrara a campanha vitoriosa de Ollanta Humala à Presidência, e na Colômbia, onde antigos companheiros de clandestinidade em Cuba o introduziram a dirigentes do governo de Juan Manuel Santos. Em 2012, Favre o apresentaria a François Hollande, presidente da França, país em que também começara a prospectar negócios.

Em uma conta bem conservadora, feita por membros de seu *staff*, a consultoria de Dirceu teria faturado pelo menos R$ 40 milhões entre o início de 2006 e o final de 2012. Esse dinheiro, obviamente, não foi todo para seu bolso. Dirceu mantinha uma estrutura enorme, que chegara a mais de cinquenta funcionários, entre blog, consultoria, escritório de advocacia, escritório político, colaboradores no exterior e casas em São Paulo, Vinhedo e Brasília.

Suas despesas eram altas — sempre se hospedava em bons hotéis e, principalmente depois de 2010, só viajava de jatinho. Uma parte importante do dinheiro também se destinava à política. Dirceu financiou candidaturas de amigos e deu mesadas a militantes mais influentes com vistas a manter seu poder no PT.

Os gastos com sua defesa, que já eram altos, cresceriam em 2012, pois o Supremo Tribunal Federal afinal marcara o início do julgamento do mensalão. Dirceu era um homem milionário, que, no entanto, não podia sair nas ruas nem controlar seu futuro. A decisão sobre se era culpado ou inocente das acusações de formação de quadrilha e corrupção ativa estava nas mãos dos onze ministros do Supremo, oito deles indicados por Lula e Dilma.

21 | O maior julgamento da história

> *"Não sou homem de fugir. Prefiro ir para
> a cadeia do que viver escondido."*
>
> José Dirceu, em um almoço na casa de seu advogado,
> às vésperas de ser condenado no processo do mensalão.

José Dirceu foi acordado por Evanise pouco depois das sete da fria manhã de 28 de julho de 2012. Com um iPad nas mãos, ela lhe mostrou a revista *Veja* que acabara de baixar. Em um fundo preto, uma foto dele, em pé e de terno, ocupava toda a capa da publicação. Abaixo da imagem, apenas uma palavra: réu — em letras garrafais. O mau humor era extremo. Dirceu odiava acordar cedo, odiava ser despertado, odiava o frio de julho e odiava a *Veja*. Além de todo esse ódio, aquela capa o lembrava de que a inevitável hora do julgamento do mensalão chegara. Cinco dias depois, começaria a ser julgado por corrupção ativa e formação de quadrilha pelo Supremo Tribunal Federal.

Saiu da cama, tomou café e correu por uma hora na esteira, em ritmo acelerado. Passou o resto da manhã lendo jornais e revistas e atualizando seu blog. No início da tarde, foi com Evanise ao apartamento de José Luis de Oliveira Lima, o Juca, nos Jardins, para o almoço que marcaria o final da preparação de sua equipe para o julgamento. Repassaria, com assessores e advogados, a atuação da defesa, a estratégia política, a forma de convívio com a imprensa e a ação final de *lobby* sobre os ministros do Supremo.

O réu e Eva foram os últimos a chegar. Já estavam na sala Juca e sua mulher, Stela, seu sócio Rodrigo Dall'Acqua, os jornalistas Luiz Fernando Rila, Roberto Machado e Ednilson Machado e a historiadora Maria Alice Nogueira, todos com seus companheiros. A reunião, apesar do momento de expectativa, seria descontraída. Espumantes foram servidos para acompanhar os queijos e frios da entrada, enquanto Stela, na cozinha, preparava sua especialidade: um *puchero*, cozido típico espanhol, à base de grão de bico, frango e carne de porco.

Em um canto da sala, uma TV estava ligada no primeiro dia de competições da Olimpíada de Londres, no qual brasileiros ganharam três medalhas: ouro com Sarah Menezes no judô, prata com Thiago Pereira na natação e bronze com o judoca Felipe Kitadai. Por alguns minutos, o Brasil ficara na inédita liderança do quadro olímpico de medalhas, o que valeu uma salva de palmas puxada pelo patriota Dirceu.

Quando o *puchero* foi servido, passava das quatro da tarde e os convidados já estavam bem embalados pelas várias garrafas de espumante. E ainda partiriam para um tinto espanhol da respeitada adega de Juca. Dirceu, empolgado, pôs-se a descrever, com eloquência, os cenários que traçara para seu futuro. Fugir do país saíra de seus planos. Duas semanas antes, admitira a possibilidade em um jantar na casa do advogado Ernesto Tzirulnik, em São Paulo, na presença do ministro da Justiça, José Eduardo Cardozo: "Para quem já viveu o que eu vivi, sair daqui clandestino de novo não custa nada."[267] No apartamento de Juca, porém, diria que aquela frase já não fazia mais sentido: "Não sou homem de fugir. Prefiro ir para a cadeia do que viver escondido."[268]

---

[267] Segundo publicou a *Veja* de 1º de agosto de 2012.
[268] Conforme relataram ao autor três participantes do encontro.

Tinha esperança na absolvição. Repetia o discurso de seus advogados, segundo os quais não havia provas materiais de que fosse o comandante do mensalão, de modo que uma condenação não teria cabimento. Se fosse absolvido, prometia finalmente apresentar ao Congresso o pedido de anistia política que dormia havia cinco anos em sua gaveta. Anistiado, retomaria o comando do PT e voltaria a disputar eleições. Pensava em seguir um conselho de Lula e transferir seu domicílio eleitoral para o Distrito Federal, onde sua rejeição era menor, para disputar o governo ou o Senado.

Seus assessores, contudo, não compartilhavam da mesma visão dos advogados. Para Rila, Ednilson e Roberto, o julgamento seria mais político do que jurídico, o que aumentava significativamente o risco de condenação. Se isso acontecesse, rebatiam os advogados, seria condenado a uma pena branda, que não o levaria à cadeia. Nesse caso, Dirceu também tinha um plano definido: "Aí eu vou ganhar dinheiro de verdade. Vou ser muito mais rico do que todos vocês juntos" — bradava, com uma taça de vinho nas mãos.[269]

Não era apenas bravata. Ele realmente tinha um projeto. Abandonaria o Brasil, onde a política dificultava seus negócios, e se tornaria um lobista internacional. Levaria empresas brasileiras para Cuba, onde uma abertura econômica estava para acontecer: "Quem for amigo do rei vai montar em dinheiro quando Cuba entrar no capitalismo. E tem pouca gente tão influente com o Fidel e o Raúl como eu."[270] Também tinha planos para o "mercado de 100 milhões de consumidores emergentes" formado por Peru, Colômbia e Venezuela, onde tinha contatos próximos com os três presidentes. Na África, dizia abrir portas importantes. E também apostava em uma nova frente de negócios: a França governada por François Hollande, a quem Luis Favre o apresentara dois meses antes.

---

[269] Idem.
[270] Idem.

Seu grandioso discurso seria interrompido por uma questão incômoda, mas pertinente: "E se você tiver que ir para a prisão?" — questionou Roberto Machado.[271] Ele desdenhava da possibilidade, embora tivesse um projeto definido para a pior das hipóteses: "Aí eu vou virar mártir."[272] Fecharia sua empresa de consultoria, se abraçaria à ala mais radical do PT e denunciaria o Brasil às cortes internacionais de direitos humanos. Montaria uma agenda de visitantes internacionais ilustres, como Hugo Chávez e Raúl Castro. E aproveitaria o tempo livre para escrever sua biografia, que, imaginava, venderia mais do que pão quente.

Os talheres já estavam cruzados havia tempos, a sobremesa tinha acabado, mas as bebidas e os assuntos ainda eram fartos. Os grupos se dividiram. A maioria dos homens voltou à sala de TV para assistir aos Jogos Olímpicos. Dirceu acompanhou Juca e as mulheres à biblioteca, onde ficaram tomando licor e fumando charutos. A mulher do advogado Rodrigo perguntou-lhe sobre o tempo de exílio em Cuba, tema que poucos tinham coragem de questionar e a respeito do qual pouco falava. Naquele dia, entretanto, abriu-se. Talvez empolgado pela bebida ou emocionado pela proximidade do julgamento, contaria algumas histórias conhecidas e outras que, aos ouvintes, mais pareciam saídas de um livro de ficção.

Como a do treinamento noturno de sobrevivência nas águas quentes do mar do Caribe, quando, no meio da noite, companheiros de guerrilha tentaram afogá-lo, julgando-o um espião. Ou a do dia em que, já clandestino no Brasil pelo Molipo, jantava com a melhor atiradora do grupo quando um agente da repressão descobrira o esconderijo em que estavam. Com um garfo em uma das mãos,

---
[271] Conforme entrevista de Roberto Machado ao autor.
[272] Segundo os depoimentos de três convidados do almoço ao autor.

ela pegou o revólver com a outra e acertou um tiro na cabeça do invasor, sem interromper o jantar. Ou ainda a de uma viagem que fizera à Europa a mando de Fidel, quando jogara uma mala com US$ 100 mil por cima do muro da embaixada de Cuba na Suécia, pois desconfiavam de que tivesse roubado dos cubanos o dinheiro que deveria chegar a Moscou.

Dirceu gostava de ser o centro das atenções, de contar passagens extraordinárias de sua vida, de se gabar do poder político real que teve, e que era cada vez menor, embora seu discurso continuasse glorioso. Nos próximos meses, voltaria a ser o destaque do noticiário, como principal réu do maior julgamento da história do Supremo Tribunal Federal, transmitido ao vivo pela TV e acompanhado por todo o país, e que criaria jurisprudências destinadas a mudar as interpretações da legislação sobre corrupção e lavagem de dinheiro.

Os prognósticos variavam da absolvição completa à condenação irrestrita e se baseavam muito mais em simpatias políticas e torcidas do que em convicções jurídicas.

Maior estrela do julgamento, Dirceu sabia que era o réu para quem se apontariam todos os refletores da opinião pública. Se fosse condenado e os 37 restantes absolvidos (Silvio Pereira, que fizera um acordo para cumprir pena alternativa, e José Janene, que morrera em 2010, não eram mais réus), a Justiça estaria feita. Se, contudo, escapasse de punições, ainda que os outros 37 fossem presos em regime fechado, seria o triunfo da impunidade, segundo sua própria análise. Por isso, desdenhava das avaliações externas sobre o comportamento dos ministros. Nos meses que antecederam o julgamento, falou com os onze integrantes do STF que o julgariam. E tinha opinião detalhada e fundamentada sobre cada um deles.

Dois ministros, em sua análise, o absolveriam de qualquer acusação: José Antonio Dias Toffoli e Ricardo Lewandowski. O jovem Toffoli, nascido em 1967, até a década de 1990 era um estudante da Faculdade de Direito da USP que, para se manter, trabalhava como garçom em uma pizzaria da Vila Madalena. Depois de formado, mudara-se para Brasília, onde se aproximaria do PT e de Dirceu e começaria a trabalhar como assessor jurídico da bancada do partido na Câmara. Toda noite de segunda-feira, jogava futebol na casa de um amigo no Park Way, um bairro de condomínios na capital, diversão que o aproximara de burocratas petistas que o ajudaram a chegar ao poder.

Lewandowski, escolhido revisor do processo, era próximo de Lula e de sua mulher, Marisa Letícia. Frequentava a casa do ex-presidente em São Bernardo do Campo e tinha Dirceu entre seus amigos. Em um almoço recente com Lula, afirmara que não via provas para a condenação. Embora não com tanta certeza como em relação aos dois primeiros, Dirceu apostava que Celso de Mello e Marco Aurélio Mello votariam pela absolvição. Os dois eram considerados os mais legalistas dos ministros do Supremo e costumavam votar em cima de provas. Celso, além disso, fora seu colega de pensão na Liberdade, na década de 1960.

Gilmar Mendes, para o réu, era um caso perdido. Ele até teria simpatia por Dirceu, e chegara a falar na ausência de provas em conversas com petistas. Mas, dois meses antes do julgamento, Lula o chamou para jantar e insinuou que deveria votar pela absolvição se não quisesse ser investigado pela CPI do Cachoeira. Essa comissão parlamentar de inquérito fora aberta para investigar a relação do bicheiro Carlinhos Cachoeira, o mesmo que filmara Waldomiro Diniz pedindo propina, com políticos, como os governadores Marconi Perillo (PSDB de Goiás) e Sérgio Cabral (PMDB do Rio de Janeiro). O PT via na CPI uma oportunidade de pressionar jornalistas, políticos e até ministros do Supremo para ajudar na absolvição de seus membros.

O tiro, no entanto, sairia pela culatra. A pressão pelo início do julgamento aumentaria. E Gilmar, sob quem pairava a falsa suspeita de uma viagem à Alemanha paga pelo bicheiro, passaria a trabalhar pela condenação dos réus. Para o ministro, a maior prova de sua inocência seria acelerar o julgamento e condenar os petistas, para que não pairassem dúvidas de que cedera à pressão de Lula.

Os votos dados como perdidos, além do de Gilmar, eram os dos ministros Joaquim Barbosa, Ayres Britto, Cármen Lúcia e Cezar Peluso. Barbosa, o relator, produzira toda a consistente peça acusatória e se tornara um adversário do PT — não havia mais meios de conversar com ele sem o risco de criar um escândalo político. Ayres Britto e Cármen, mesmo indicados pelo PT, uniram-se a Barbosa desde o início do processo e não davam esperanças de mudar de lado. Peluso, por duas vezes, chegara a conversar com Dirceu nos meses que antecederam o julgamento, mas nada prometera, dando a entender que o condenaria. A esperança dos réus estava em que Peluso se aposentaria em 3 de setembro, quando completaria 70 anos, o que poderia impedir que votasse. Com o quórum reduzido a dez ministros, seriam necessários apenas cinco votos para a absolvição, um a menos do que com o colegiado completo.

Para ser absolvido, então, precisava dos votos dos dois ministros mais novos, indicados já no governo de Dilma Rousseff: Rosa Weber e Luiz Fux. A gaúcha Rosa era mais reservada. Nas poucas conversas sobre o tema, contudo, mostrara-se simpática à tese da defesa. Os advogados contavam com seu voto, embora Dirceu desconfiasse, pois era próxima de seu inimigo Tarso Genro, governador do Rio Grande do Sul.

Já Fux era um apoio certo. Para conseguir ser indicado ao Supremo, fizera campanha com os réus do mensalão. Encontrou-se pessoalmente com os três mais influentes no PT: Dirceu, José Genoino e João Paulo Cunha. A conversa com Dirceu acontecera em janeiro de 2011, no escritório do advogado Arnoldo Wald, na avenida Brigadeiro Faria Lima, no Itaim Bibi, em São Paulo. Fux levou um currículo e prometeu que votaria pela absolvição caso nomeado. "Eu mato no peito!" — afirmou, perguntado sobre sua posição no julgamento.[273] Dirceu acreditara. Recomendaria seu currículo aos ministros José Eduardo Cardozo, da Justiça, Gilberto Carvalho, da Secretaria-Geral

---

[273] Segundo publicou a *Folha de S. Paulo* de 2 de dezembro de 2012.

da Presidência, e ao chefe de gabinete da presidente, Giles Azevedo. Dilma recebeu a indicação e ficou bem impressionada com a atuação de Fux em tribunais. E, em 11 de fevereiro, fez a indicação. "Fux é um dos nossos" — concluía Dirceu ao relatar essa história.[274]

A confiança na absolvição era tamanha que desprezou uma tentativa de acordo proposta por Roberto Jefferson. No início de junho, o advogado deste, Luiz Francisco Corrêa Barbosa, fora ao escritório de Juca, no edifício Itália, no centro de São Paulo. Disse que seu cliente estava disposto a dar um novo depoimento, mudando a versão de que o petista fora o chefe do esquema. Em troca, queria que Dirceu também desse novo depoimento, relativizando a participação do presidente do PTB. Jefferson, que acabara de ser operado de um câncer no pâncreas, dispunha-se a ir do Rio de Janeiro a São Paulo para conversar pessoalmente com o adversário. Consultado por telefone, porém, Dirceu recusaria a proposta, que avaliava inócua e mais interessante a Jefferson do que a ele.

Dias depois, Dirceu jantou com o jornalista Elio Gaspari, no Massimo, na alameda Santos. Era o único restaurante que ainda tinha coragem de frequentar em São Paulo. Até o início deste século, o Massimo fora um templo da gastronomia, frequentado por políticos e empresários. Hoje, é decadente, pouco frequentado e à beira da falência. Naquela noite, havia apenas duas mesas, com casais, além da ocupada por Dirceu e Gaspari. Um olhava feio para ele e seu convidado, e logo se retiraria do local. O outro ignorara solenemente a presença do réu do mensalão.

No jantar, Dirceu relatou, em tom de desdém, uma sugestão que recebera do presidente do PT, Rui Falcão: fazer sua própria defesa no Supremo Tribunal Federal. Gaspari, para surpresa do petista, achou

---

[274] De acordo com os depoimentos ao autor de dois interlocutores que ouviram o relato de Dirceu.

a ideia genial. E lembrou que Fidel Castro fora seu próprio advogado no julgamento do Tribunal de Moncada, em outubro de 1953. "Senhores magistrados, nunca um advogado teve que exercer seu ofício em condições tão difíceis, nunca contra um acusado cometeram-se tantas irregularidades. Condenai-me, não importa. A história me absolverá" — discursou Fidel.

Gaspari chegaria a escrever sobre essa ideia em suas colunas publicadas na *Folha de S. Paulo* e em *O Globo*. Dirceu esboçara um rascunho do discurso que pensava em fazer para os ministros. Seria, porém, desencorajado por Juca e Rodrigo, que avaliavam que o tribunal consideraria a iniciativa uma afronta. Mesmo contrariado, acatou a decisão dos advogados, aos quais pagaria mais de R$ 1 milhão para defendê-lo.

Na noite de 1º de agosto, uma quarta-feira, Juca e Rodrigo desembarcaram em Brasília. Hospedaram-se no hotel Meliá. Dirceu preferira acompanhar tudo de São Paulo. A cidade respirava o mensalão. O principal bar do hotel, o Churchill, estava lotado de políticos, jornalistas e advogados. Kakay, que defendia o publicitário Duda Mendonça, colocara nos cardápios de seus dois restaurantes pratos com alusão ao julgamento. No Piantella, os clientes dispostos a gastar R$ 98 podiam experimentar o *Supremo Corte*: filé com creme de mostarda, cebola, ervilha, presunto e batata palha. No Expand, onde Lewandowski dissera estar com a faca no pescoço, a opção era o *Presuntão da Inocência*: baguete, presunto de Parma, queijo *brie* e geleia de mirtilo, por R$ 35. A rede de restaurantes Carpe Diem espalhara *outdoors* pela cidade com o *slogan* de uma promoção que dava 30% de desconto em suas casas durante o julgamento: "Se tudo acabar em pizza, você já está no lugar certo."

Às duas da tarde do dia seguinte, o presidente da Corte, Ayres Britto, declarou iniciado o julgamento da Ação Penal 470, nome técnico do processo, preferido dos réus e de seus simpatizantes, que se recusavam a pronunciar o termo mensalão. Logo em seguida, o advogado Márcio Thomaz Bastos, ex-ministro da Justiça de Lula, pediu a palavra. Ele advogava para o banqueiro José Roberto Salgado, ex-dirigente do Rural. E propôs que o processo fosse desmembrado: apenas os três réus que tinham mandato de deputado seguiriam sendo julgados pelo Supremo; os demais casos seriam remetidos para a primeira instância. Era uma questão ultrapassada, já recusada pelo tribunal. Mas que servia ao propósito de atrasar o julgamento e impedir o voto de Peluso.

O pedido gerou uma discussão entre dois ministros, embate que se tornaria regra no julgamento. Ricardo Lewandowski acatou a sugestão e, por uma hora e meia, discursou defendendo a tese de Thomaz Bastos. Joaquim Barbosa, que levara ao Supremo as 50 mil páginas do processo, ficou irritado e foi para cima do colega com um discurso duro: "É deslealdade." A questão levantada pela defesa, no entanto, teve de ser decidida em votação e perdeu por nove a dois. O julgamento seguiria com todos os réus. Era a primeira derrota de Dirceu no longo processo. E a primeira das dezenas de brigas entre Barbosa, o algoz, e Lewandowski, o defensor dos réus.

A sessão inicial ocuparia mais de dez minutos do *Jornal Nacional*. Todas as emissoras de TV, além de rádios, jornais e revistas, davam especial atenção ao julgamento. As equipes em Brasília foram reforçadas, especialistas em direito foram contratados como comentaristas e os canais de notícia por assinatura transmitiam as sessões ao vivo. A Globo ia além: tentava compensar com o mensalão a queda de audiência naqueles dias, provocada pela perda dos direitos de transmissão da Olimpíada de Londres para a TV Record. A emissora carioca não passava nenhum evento ao vivo e podia reproduzir apenas três minutos de imagens dos jogos ao longo de sua programação diária. O julgamento era a alternativa para reconquistar os telespectadores.

No segundo dia de julgamento, o procurador-geral da República, Roberto Gurgel, leu a peça de acusação, na qual afirmava que o esquema de compra de apoio ao governo Lula funcionava "entre quatro paredes de um Palácio presidencial". "Quando falo de quatro paredes, falo das paredes da Casa Civil, de algo que transcorria dentro do palácio da Presidência da República" — disse o procurador, que apontou Dirceu como "mentor da quadrilha" e pediu a prisão imediata dos réus que fossem condenados.

Dirceu acompanhou os dois primeiros dias de julgamento em sua casa de Vinhedo, em São Paulo. Seus assessores espalharam a versão de que estava tão calmo que, na hora da fala de Gurgel, preferira assistir ao filme *As aventuras de Tintim* em um canal por assinatura. Mas, na verdade, não tirou os olhos da televisão e do computador. Seguia tudo em tempo real. A calma dos dias anteriores desaparecera. Estava uma pilha. Brigava com Evanise, discutia com funcionários e não se conformava em estar preso em casa. "Me sinto como um animal enjaulado" — repetia.[275] Naquele final de semana, aceitara os conselhos de faltar à formatura de sua filha Camila, que completara o curso de relações internacionais em uma faculdade particular paulistana, para não ser hostilizado nem constranger a garota.

O julgamento foi retomado na segunda-feira, 6 de agosto, com a participação dos advogados de defesa. Juca seria o primeiro a falar. Nos quarenta minutos de exposição, vinte a menos do que tinha direito, defendeu a inocência de seu cliente e declarou que sua condenação representaria "o mais atrevido e escandaloso ataque à Constituição". E concluiria: "Não há, no entender da defesa, nenhuma prova, nenhum documento, nenhuma circunstância que incrimine José Dirceu."

---

[275] Como publicou a revista *Veja* de 15 de agosto de 2012.

No mesmo dia, falaram os advogados de José Genoino e de Delúbio Soares. Os dois negaram a participação do ex-chefe da Casa Civil e insistiram na tese de que tudo não passara de um caso de caixa dois eleitoral, linha que seria defendida nos dias seguintes pelos advogados da maioria dos réus. A fase de declarações da defesa se arrastaria por duas semanas. O único momento surpreendente, que tirou o julgamento do marasmo, foi protagonizado pelo advogado de Roberto Jefferson, que declarou que a ordem para a montagem do esquema de corrupção partira de Lula.

Em 16 de agosto, Joaquim Barbosa surpreenderia as defesas ao modificar o roteiro do julgamento, passando a ler os votos segundo os blocos de acusação do Ministério Público, e não mais réu a réu. No primeiro bloco, pediu a condenação de João Paulo Cunha, de Marcos Valério e de dois sócios do publicitário na época — Cristiano Paz e Ramon Hollerbach. João Paulo, presidente da Câmara em 2003, contratara a agência de Valério por R$ 10 milhões — em troca, o deputado recebeu R$ 50 mil do *valerioduto*.

Com a mudança, Barbosa fortalecia a denúncia e aumentava a possibilidade de condenação, na avaliação da defesa. Ele contaria uma história em capítulos, mostrando a origem da trama e o uso de dinheiro público para, apenas no final, chegar a seus chefes. Assim, o julgamento ganhava ares de folhetim e mobilizava ainda mais o interesse público, chegando a ultrapassar a novela *Avenida Brasil*, sucesso da Rede Globo, em citações nas redes sociais.

Dirceu, que seria o primeiro julgado se o caso fosse analisado réu a réu, passara para o fim da fila, o que aumentou sua ansiedade e criou um problema político para o PT e o governo. Seu julgamento coincidiria com as eleições municipais, o que poderia desgastar os candidatos do partido nas cidades mais politizadas, como o ex-ministro da Educação Fernando Haddad, escolhido por Lula e Dilma para disputar a prefeitura de São Paulo.

Dirceu começara a ser visto como uma âncora, que servia para afundar eleitoralmente os petistas. Adversários passaram a explorar o mensalão nos programas de TV, como o ex-governador José Serra, do PSDB, que disputava contra Haddad. O réu seria escondido: não aparecia em eventos de campanha e não era mais convidado para reuniões de estratégia.

Sua principal mágoa, na política, voltara-se então à presidente Dilma Rousseff. Esperava que ela trabalhasse pela sua absolvição, conversando com ministros do Supremo, principalmente com os que indicara. Também achava que a presidente deveria ir a público defender os réus. Mas ela não atendeu às expectativas. Pelo contrário. Para Dilma, o melhor era a condenação rápida dos envolvidos com o caso, principalmente de Dirceu. Condenados, perderiam a força no PT e a influência no governo que ainda tinham. E os adversários políticos ficariam sem uma de suas principais bandeiras. Dilma poderia se dedicar ao governo e à campanha da reeleição com um problema a menos.

No final de setembro, Dirceu foi a Brasília e tentou se encontrar com a presidente. Sequer receberia a negativa, simplesmente ignorado. Procurou, então, assessores dela, dos quais ouviu o recado de que não queria mais recebê-lo. Desde aquele dia, passou a defender que Lula voltasse à disputa política e fosse o candidato do PT à Presidência em 2014.

A mudança na cronologia do julgamento e as primeiras manifestações dos ministros transformariam a convicção de Dirceu. Ele passou a ter certeza da condenação; só não sabia se a regime fechado ou a uma pena intermediária.

Em 5 de setembro, reuniu-se, no Instituto Cidadania, com Lula, Rui Falcão e Márcio Thomaz Bastos para discutir a reação à ofensiva condenatória do Supremo. Dirceu preferiria reclamar de Dilma, do PT e de Fux, por quem se sentia traído.

Nesse encontro, pela primeira vez revelou que se preparava para a prisão. Aumentara o tempo das corridas para chegar magro caso precisasse ir para a cadeia. Fizera exames para analisar seus índices corporais. Separara uma dezena de livros que pretendia ler. E tomara medidas práticas para preservar sua família, como a contratação de um arquiteto baiano, que iniciaria uma reforma em sua casa de Vinhedo, e o pagamento antecipado de uma taxa de obras em seu apartamento na Vila Mariana.

Os boatos de que poderia fugir do país ganhavam força. Algumas pessoas de seu entorno chegaram a imaginar que se suicidasse, tamanha era sua revolta com os rumos do julgamento. Como explicitaria Clara Becker, sua primeira mulher: "Meu medo é que ele se mate na prisão."[276]

Para tentar dar um fim às especulações, chamou a jornalista Mônica Bergamo, da *Folha de S. Paulo*, para um café da manhã em 14 de setembro. As declarações publicadas três dias depois eram incisivas: "Essa história que inventaram de que vou sair do Brasil não combina comigo. Saí porque fui expulso do país. Cassaram a minha nacionalidade. Eu era um apátrida, não podia viajar. Quem me impedia de voltar era a ditadura militar. E mesmo assim eu voltei para o Brasil, duas vezes, colocando a minha própria vida em risco. Eu iria embora agora?" — questionava.[277]

Motivos para fugir não faltavam. Em 3 de outubro, quatro dias antes da eleição municipal, o Supremo começou a julgar o núcleo político do mensalão, que tinha em Dirceu seu chefe e mentor. Seis dias depois, a primeira decisão: condenado por corrupção ativa. De

---

[276] De acordo com *O Estado de S. Paulo* de 31 de outubro de 2012.
[277] Publicado pela *Folha de S. Paulo* em 17 de setembro de 2012.

oito ministros, seis acompanharam o relator e se definiram pela condenação — outros dois ainda não haviam votado. Seus únicos defensores foram Toffoli e Lewandowski.

Também foram considerados culpados José Genoino, Delúbio Soares e Marcos Valério. Dirceu, que acompanhara a sessão em Vinhedo, soltou uma nota indignada. Por telefone, ditou ao assessor Luiz Rila os principais pontos que queria abordar. Para ele, a condenação fora baseada em "um juízo político e de exceção", que contaminou o Supremo, levando a que votasse "sob forte pressão da imprensa". E concluía: "Vou acatar a decisão, mas não me calarei."

A primeira condenação, entretanto, estava longe de representar o fim da batalha. Dirceu ainda seria julgado por formação de quadrilha e, depois disso, o tribunal precisaria definir o tamanho da pena. Só então saberia se seria preso ou cumpriria penalidade intermediária.

A decisão sobre a segunda acusação ocorreria em 22 de outubro. Na véspera, Juca protocolara um memorial de defesa no Supremo, no qual sustentava que Dirceu deveria ter uma pena menor por ter combatido a ditadura e ter sido perseguido pelo regime militar. Argumento rejeitado, seria também condenado, ao lado de outros oito réus, por formação de quadrilha. Dirceu acompanhara a sessão pela TV, do Rio de Janeiro, onde passava uns dias na casa do cineasta Luiz Carlos Barreto. Assim que soube da decisão, mandou uma mensagem de texto para o celular de Juca. Em um tom ameno, o elogiou e emendou com uma preocupação: "Eu vou ter de me reinventar."[278]

Faltava ao Supremo decidir uma questão fundamental: o tamanho da pena dos réus. Se fosse condenado a mais de oito anos de prisão, Dirceu iria para o regime fechado. Cadeia brava, sem conversa. Hipó-

---

[278]Como publicado pelo portal Terra em 5 de outubro de 2012: http://noticias.terra.com.br/brasil/politica/julgamento-do-mensalao/vou-ter-que-me-reinventar-escreve-dirceu-apos-voto-por-condenacao,ffea3d4ef24da310VgnCLD200000bbcceb0aRCRD.html.

tese que imaginava cada vez mais plausível, pelo que considerava uma concessão dos ministros do Supremo à pressão da opinião pública.

Abaixo-assinados eram publicados diariamente nas redes sociais clamando pela condenação do mensaleiros — Dirceu à frente. Os velhos companheiros petistas, pragmáticos, viravam-lhe as costas. No dia do segundo turno da eleição municipal, pensara em faltar à votação, para não ser hostilizado. Avaliou bem e mudou de ideia: a ausência teria pior repercussão do que a hostilidade. Às vinte para as quatro da tarde, desembarcou de sua Hilux preta blindada, dirigida por Roberto Marques, na Escola Estadual Princesa Isabel, no Bosque da Saúde. Era a primeira vez que votava naquele local — na última eleição, resolvera transferir o título de eleitor para um bairro mais periférico a fim de reduzir a possibilidade de confrontos.

A medida resultaria num fracasso. Para conseguir votar, Dirceu teve de ser acompanhado por um exército de militantes petistas, que empurrava jornalistas gritando cânticos de torcida organizada, como "Dirceu, guerreiro do povo brasileiro". Os moradores e eleitores da rua Ibirarema, surpresos com o contestado visitante, reagiriam: "Pega ladrão! Mensaleiro! Quadrilheiro!" O choque foi inevitável. Um abatido e cabeludo Dirceu deixaria a escola, escoltado pelos amigos. Horas mais tarde, viu pela TV a confirmação da vitória de Haddad sobre Serra. Nem pensou em comparecer à festa, em um hotel na região da avenida Paulista. Tinha consciência de que sua presença não seria bem-vinda e ofuscaria o discurso do vitorioso.

O cerco se fechava. E os boatos sobre a possibilidade de fuga voltariam a prosperar. Joaquim Barbosa, em uma medida inócua, mas popular, mandara a Polícia Federal acionar os postos de fronteira para impedir a fuga dos condenados. Dirceu sabia que a condenação era inevitável e já se preparava para a prisão. Guardava todas as suas energias para sobreviver na cadeia. Todas aquelas possibilidades discutidas no sábado anterior ao início do julgamento, na casa de Juca, estavam restritas a uma: condenação e pena de regime fechado. E a possibilidade de se tonar mártir era cada vez menor. O governo e o PT preferiam vê-lo pelas costas, projetando o início de uma nova fase, pós-mensalão.

Em 12 de novembro, o golpe final: na definição das penas, Dirceu seria condenado a dez anos e dez meses de prisão. De acordo com a legislação brasileira, aquilo significava ao menos dois anos em regime fechado, antes de ter direito à progressão da pena, que poderia lhe levar a uma cadeia semiaberta, condição em que só voltaria à prisão para dormir.

No dia seguinte à definição da pena, Dirceu chorou pela primeira vez em todo o processo, ao ler, na *Folha de S. Paulo*, artigo assinado por seu filho Zeca Dirceu, então deputado federal. Sob o título *A luta do meu pai continua*, Zeca dizia: "José Dirceu foi e é um excelente pai. Nossa relação é de amor, amizade e cumplicidade. Inspira-me seu trabalho de construção, organização e modernização do PT."[279]

Se ficara feliz com o filho, irritara-se com Lula, que se recusou a comentar as condenações, sob o argumento de que não vira a sessão.

Dirceu, que assistira ao estabelecimento de sua pena em casa, em São Paulo, telefonaria para Kakay pouco antes das dez da noite. Xingou Fux, Barbosa e Ayres Britto, prometeu recorrer a tribunais internacionais, revelou estar com medo de ir para a prisão e ainda achou espaço para uma preocupação mais prosaica: "Como vou ficar dois anos sem comer ninguém?" — perguntou. "Mas você não vai ficar dois anos sem comer ninguém. Qualquer cadeia hoje tem visita íntima. Você vai ver a Eva toda semana" — respondeu o advogado.[280]

Dois dias depois, ainda inconformado com o futuro, telefonaria para o ministro da Justiça, José Eduardo Cardozo. Considerando a

---
[279]Como publicou a *Folha de S. Paulo* de 13 de novembro de 2012.
[280]Segundo entrevista de Antonio Carlos de Almeida Castro, o Kakay, ao autor.

prisão algo inevitável, apesar dos recursos de seus advogados, queria saber detalhes do presídio onde deveria ficar, em Tremembé, no interior de São Paulo. Perguntou se havia um parlatório para receber advogados e assessores e, por eles, enviar os textos manuscritos com os quais pretendia atualizar seu blog. A resposta foi positiva. Perguntou ainda se poderia levar uma TV de tela plana para a cela. Mais uma boa notícia: o benefício estava liberado.

A partir daí, as respostas começaram a piorar. Aventou se poderia levar comida e bebida alcoólica à vontade para a cadeia. "Comida, só uma vez por semana. Bebida jamais" — explicou o ministro. Por fim, bem a seu modo, quis se informar sobre as regras das visitas íntimas. "Eu poderei transar na cadeia?" — questionou. "Poderá, lógico" — disse o interlocutor, que completou: "A cada uma ou duas semanas você terá direito a uma visita íntima de sua mulher."[281]

Condenado, Dirceu resolveria acabar com os boatos sobre a possibilidade de fuga: entregou seu passaporte ao Supremo Tribunal Federal.

Três dias depois da definição da pena, viajou com Evanise, no jatinho de um empresário amigo, para uma ilha na Bahia. Foram acompanhados pela chefe de gabinete da Presidência da República em São Paulo, Rosemary Noronha. Rose, como a chamavam, era filiada ao Sindicato dos Bancários de São Paulo, cuja sede ficava ao lado da presidência do PT, na rua Tabatinguera, no centro de São Paulo. Petistas e bancários frequentavam os mesmos restaurantes e as mesmas festas. A jovem Rose, de formas avantajadas, conhecida como "a bunduda do sindicato", era cobiçada pelos petistas.

O primeiro a fisgá-la seria Dirceu, que a contratou como secretária do partido, no início de 1995. Lula logo se aproximou da bela secretária. Ao assumir a Presidência, oito anos depois, a nomearia

---

[281] De acordo com relato de um assessor do ministro, que presenciou a conversa, ao autor.

chefe de gabinete de seu escritório em São Paulo, com um salário de cinco dígitos. Dirceu, mesmo sem qualquer nova intimidade, manteve a amizade com Rose e sua família, que o acompanhava em alguns momentos de lazer, como naquela viagem à Bahia.

Voltaram na segunda-feira, 19 de novembro. Quatro dias depois, Dirceu, em seu apartamento na Vila Mariana, seria acordado, às seis da manhã, por um telefonema. Era Rose, desesperada, aos berros, porque seu apartamento estava sendo revistado pela Polícia Federal, em decorrência de uma investigação sobre corrupção no governo federal:

"Zé, me ajuda. A PF está aqui no meu apartamento, revirando tudo, não sei o que fazer. Preciso descobrir o que está acontecendo. Me ajuda!"[282]

Com sono, cansado após ter passado o dia em uma manifestação de desagravo feita pelo PT em Osasco, irritado pela condenação do mensalão, brigado com a mulher, Dirceu responderia rispidamente: "Rose, minha situação é bem pior que a sua. Eu vou pra cadeia e ninguém mais no governo fala direito comigo. Liga pro Zé Eduardo ou pro Gilbertinho, eles devem poder te ajudar mais do que eu."[283]

Rose seguiu o conselho, mas não conseguiria falar com nenhum dos ministros.

Dirceu não voltou a dormir. Ficou pensando no potencial explosivo da história que acabara de ouvir. Rose era mulher de confiança de Lula, acompanhava-o a todas as viagens internacionais nas quais a primeira-dama, Marisa Letícia, não estava. Tinha contato próximo com políticos e empresários. E, pior de tudo para ele, trabalhara doze anos a seu lado; sabia muitos segredos e histórias de bastidores. A investigação da Polícia Federal buscava exatamente os elos dessa amizade de Rose com um esquema de corrupção no governo federal.

---

[282]Como publicado pela *Folha de S. Paulo* em 25 de novembro de 2012.
[283]Conforme relatou ao autor um interlocutor a quem Dirceu contou essa história.

"Não é possível, mesmo quando eu não faço nada, sou envolvido em confusões. Não consigo parar de apanhar" — reclamaria a um amigo, por telefone, na tarde do mesmo dia.

Resignado com a proximidade da prisão, Dirceu tentaria colocar em prática o plano que revelara na casa de Juca, o de se tornar um mártir da esquerda internacional.

Organizou alguns jantares de desagravo, reunindo artistas, como Letícia Sabatella, José de Abreu e Luiz Carlos Barreto, diplomatas de Cuba e da Venezuela, a ex-mulher Clara Becker e parlamentares petistas de baixo clero. Mas não teve capacidade de mobilizar nem mesmo seu partido. Em reunião do diretório nacional do PT, no início de dezembro, conseguira convencer apenas um dirigente, da esquerda do PT catarinense, a apresentar uma moção de desagravo e de crítica ao Supremo — que sequer chegaria a ser votada, por falta de consenso. O presidente do partido, Rui Falcão, tergiversou ao justificar a falta de apoio ao político que comandara o PT por mais tempo: "Manifestamos sempre nossa solidariedade, mas não podemos associar o partido a uma campanha contra o Supremo. Nossa campanha em 2013 tem que ser pela reforma política."

Dirceu retirou-se da reunião pela porta dos fundos. Deu a desculpa de buscar a filha mais nova, Maria Antônia, na escolinha.

Mesmo após a condenação, os fantasmas do mensalão não o abandonavam. Em um depoimento sigiloso à Procuradoria-Geral da República, Marcos Valério voltaria a acusar Lula de comandar o esquema. Declarou ainda que Dirceu tentara convencê-lo a subornar testemunhas da morte de Celso Daniel para que não revelassem detalhes do crime. Os novos depoimentos em nada mudaram as condenações do julgamento. Abriram, porém, uma nova frente de investigação, sobre a participação de Lula no caso.

No início de dezembro, Dirceu jantava em Brasília com o amigo Jorge Ferreira quando soube da morte do arquiteto Oscar Niemeyer, autor do projeto de Brasília. O ex-ministro tentava então convencer o dono da rede de bares e restaurantes a retirar o convite ao sambista Noca da Portela para cantar no *réveillon* do Feitiço Mineiro caso insistisse em lançar um samba em homenagem a Joaquim Barbosa, que se tornara um herói do combate à corrupção — até sua candidatura à Presidência passara a ser cogitada.

Em consideração ao amigo, Jorge mudaria a programação do Ano-novo, desconvidando Noca. No dia seguinte, Dirceu quis ir ao velório de Niemeyer, mas, desaconselhado pela família do arquiteto, anteciparia a volta a São Paulo.

Em 17 de dezembro, o julgamento do mensalão foi encerrado. Com a aposentadoria de Ayres Britto, Joaquim Barbosa assumira a presidência da Corte. Na semana seguinte, a Procuradoria-Geral da República pediria a prisão imediata dos condenados. Dirceu se preparou para o pior. Em 21 de dezembro, arrumou uma mochila com roupas, livros e artigos de higiene pessoal, e convidou novamente a jornalista Mônica Bergamo, da *Folha de S. Paulo*, para acompanhar uma possível chegada da polícia a seu apartamento. Horas mais tarde, contudo, Joaquim rejeitaria a prisão imediata dos réus.

Dirceu, então, pegou o carro e foi para Passa Quatro. Resolvera passar o Natal com dona Olga. Provavelmente, seu último com a mãe, acometida da doença de Alzheimer, e que, segundo os médicos, dificilmente estaria viva quando deixasse a cadeia, dali a dois ou três anos.

Epílogo | O homem que não chegou a lugar nenhum

> *"Bicho-papão*
> *Sai de cima do telhado*
> *Deixa a Antônia*
> *Dormir sossegada."*
>
> Dirceu, de sua casa em São Paulo, fazendo sua filha caçula dormir, em Brasília, cantando pelo *Skype*.

Na tarde de sábado, 26 de janeiro de 2013, José Dirceu abriu o apartamento na Vila Mariana para seus advogados e assessores. Queria discutir os preparativos finais para a prisão, definir o teor dos últimos recursos que apresentaria ao Supremo Tribunal Federal e escolher para quais jornalistas deveria dar entrevistas. Abriu alguns dos melhores vinhos de sua adega — como iria ficar dois anos sem beber, planejava compensar nos meses anteriores à prisão. E pediu bacalhau de um de seus restaurantes preferidos, que já não frequentava havia quase dois anos.

A conversa estava animada. Dirceu não demonstrava depressão. Pelo contrário, parecia querer viver intensamente o que lhe dava prazer e que não poderia desfrutar atrás das grades. Comia os pratos dos principais restaurantes de São Paulo, sempre encomendados por telefone e buscados pelo motorista, tomava os melhores vinhos, assistia a pelo menos dois filmes por dia e passava a maior parte do tempo livre com a família. Ia a Passa Quatro com frequência inédita, onde então gostava de ficar horas sentado ao lado de dona Olga. Não havia interação, mas a simples proximidade da mãe lhe fazia bem.

Pouco depois das sete da noite, pediu licença aos convidados e foi para seu escritório. Ligou o computador e conectou-se ao *Skype*, sistema de conversa online por voz e imagem. Fez uma chamada para a casa de Simone, mãe de Maria Antônia, sua filha caçula, em Brasília. E passou a conversar com ela pelo computador: "Meu amor, o papai está morrendo de saudade" — declarou. A menina, com quase 3 anos, começou a cantar as músicas que aprendera na escolinha e a reproduzir as primeiras coreografias das aulas de balé. Maria Antônia, porém, logo se cansou. Então, sentou-se à frente do computador e pediu ao pai que cantasse alguma música da Galinha Pintadinha, série nacional de vídeos musicais de muito sucesso entre as crianças.

Quase aos 67 anos, Dirceu já não conseguia acompanhar as novidades da era da internet. No lugar do tema da Galinha, fez uma proposta à filha: cantaria uma música para que ela dormisse. E na semana seguinte, quando em Brasília, a levaria a uma loja para comprar os vídeos e brinquedos da turma da Galinha Pintadinha. Comunicação difícil com uma criança de 3 anos. Dirceu, contudo, tornara-se especialista em traduzir a linguagem da filha, mesmo que pelo computador. Deu certo. A pequena Maria Antônia foi para a cama, auxiliada pela mãe. O computador ficou ligado. E, a mil quilômetros de distância, o pai coruja embalou seu sono:

> Nana neném
> Que a cuca vem pegar
> Papai foi pra roça
> Mamãe foi trabalhar
> Bicho-papão
> Sai de cima do telhado
> Deixa a Antônia
> Dormir sossegada[284]

---

[284] Como relatado ao autor por dois dos convidados do almoço.

Maria Antônia dormiu sossegada. Dirceu se despediu de Simone, a mãe da garota. E voltou para a sala. A convivência com a filha caçula era uma das coisas que mais o alegrava. Quando soube da gravidez, foi um desespero. Quase se separou de Evanise, teve dúvidas sobre se a filha era mesmo sua, temeu pelo futuro da menina com um pai tão velho. Quase três anos depois, tudo mudara. Maria Antônia proporcionava os melhores momentos de sua conturbada vida. Já tinha uma neta, Camila, filha de Zeca, que pouco via. Mas ela já era uma adolescente, de 17 anos, e não uma criança com uma conquista a cada dia. Uma filha era diferente. Cada novidade na vida da garota o enchia de alegria e fazia com que, momentaneamente, esquecesse todos os problemas. Foi assim quando nasceu o primeiro dente, no primeiro passo, na primeira frase pronunciada, quando finalmente falou papai.

O único obstáculo à convivência com a filha era o péssimo relacionamento entre Evanise e Simone. Uma não permitia que ele frequentasse a casa da outra. Havia, portanto, apenas duas possibilidades de ver a menina: levá-la a sua casa em Brasília ou pelo *Skype*.

Mas o que era ruim ainda pioraria. Na cadeia, Dirceu perderia dois importantes anos no crescimento de Maria Antônia — mesmo sem ter conversado com Simone a respeito, sabia que a filha jamais o visitaria. A vida política também seria prejudicada. Sua influência no PT era descendente, a participação no governo era quase inexistente. Atrás das grades, sua capacidade de influência se aproximaria do zero. O que mais o preocupava, porém, não era a família nem a política, mas os negócios. Mesmo antes de ir para a cadeia, tivera o passaporte apreendido e não poderia deixar o Brasil para se encontrar com seus clientes estrangeiros, que garantiam o faturamento de seu escritório. Tinha ainda dificuldades para repatriar o dinheiro que possuía no exterior. Na prisão, o que era difícil se tornaria impossível.

A solução seria escalar seu irmão para representá-lo junto aos parceiros internacionais. No final de 2012, Luiz Eduardo foi à Venezuela para se inteirar das negociações em curso e para acertar novas formas de pagamento que sustentassem a família enquanto Dirceu estivesse preso. Dois meses depois, desembarcaria em Lisboa para tentar viabilizar a venda da TAP para a Avianca, do empresário Germán Efromovich. O negócio poderia render R$ 3 milhões de comissão a Dirceu e tinha a simpatia de Miguel Relvas, ministro de Assuntos Parlamentares de Portugal. Luiz Eduardo, na semana que passou em Lisboa, chegara a jantar duas vezes com Relvas mas não conseguiria concretizar a transação.

Enquanto o irmão o representava no exterior, Dirceu mantinha alguns negócios no Brasil. Ao longo dos meses em que se preparou para a prisão, seu principal objetivo consistia em montar uma rede de comunicação que lhe desse dinheiro e que garantisse influência para seu grupo político. Procurou o advogado Ricardo Tosto com vistas a adquirir o espólio do empresário Assis Chateaubriand, morto em 1968. A família de Chatô era dona dos Diários Associados, grupo que controlava dez emissoras de TV e doze jornais pelo Brasil, como o *Correio Braziliense* e *O Estado de Minas*. A disputa familiar pela herança era objeto de um processo no Superior Tribunal de Justiça.

Dirceu, auxiliado pelo senador Gim Argello (PTB-DF), negociava com os herdeiros uma forma de acabar com a guerra judicial e de tomar o controle do grupo. Em outra frente, buscava adquirir as marcas extintas da TV Manchete e do *Jornal do Brasil*, para juntar dois nomes famosos ao conglomerado de Chatô. Dias antes do carnaval, foi a Brasília almoçar com José Sarney e pedir ajuda para tal empreitada. O ex-presidente, no entanto, considerou o plano um devaneio. Mesmo que funcionasse, não teria, em seguida, viabilidade econômica. Os conselhos de seu interlocutor mais experiente, contudo, não fizeram com que abandonasse o projeto. Mesmo tendo dinheiro de sobra, não desistia de ter poder e prestígio.

Dinheiro não era problema. Apesar disso, Dirceu sentiu que era hora de economizar, pois o futuro seria nebuloso. Devolveu a casa que alugava no Lago Norte, em Brasília. Rompeu a sociedade no escritório de advocacia, já que, assim que condenado, sua permissão para advogar fora revogada. Manteve em funcionamento a empresa de consultoria, mas se desfez de sua sede, ao lado do Parque do Ibirapuera, e alugou uma mais modesta. O apartamento em que morava foi alugado para o irmão, que se mudaria no dia em que fosse para a prisão. A casa de Vinhedo ficaria para o uso de Evanise, mas sem a mesma estrutura anterior. Empregada, cozinheiro e motorista foram demitidos. Evanise se mudou para um apartamento menor, que comprara alguns anos antes.

Com isso, Dirceu reduziria pela metade as despesas, que até então batiam em R$ 350 mil. Também seu estafe foi diminuído, de cinquenta para vinte pessoas.

Mesmo à beira da prisão, não desistira de participar de eventos de desagravo patrocinados pelo PT — cada vez mais esvaziados. Um dos últimos atos, no início de fevereiro, na Câmara Legislativa de Brasília, ocorreu logo após a morte da mãe de Evanise, que estava internada com câncer e pneumonia no Hospital das Forças Armadas, na capital federal. Embora não fosse tão próximo da sogra, lamentaria: "Quando será que eu vou parar de ter más notícias? Eu sou condenado, o Hugo Chávez vai para a UTI, minha sogra morre. É uma atrás da outra…" — reclamou a um amigo, ao chegar à Câmara.

A doença do presidente da Venezuela, internado em Cuba para tratar um câncer, representara um dos maiores golpes em Dirceu desde a condenação. Chávez era um de seus principais parceiros comerciais, abria as portas de seu país para empresas brasileiras e o ajudava a receber dinheiro de seus negócios do exterior. Sua saída de cena colocara uma nuvem de incertezas sobre boa parte de seus contratos.

Em 5 de março, Chávez afinal não resistiu ao câncer e morreu em Caracas, aos 59 anos. Dirceu então pediria ao Supremo uma autorização para viajar à Venezuela. Queria acompanhar os funerais de seu amigo. O pedido, porém, seria negado.

Após o velório da sogra, Dirceu foi se encontrar com alguns amigos em Brasília. Com semblante triste, fez uma autocrítica. Segundo sua análise, teria sido demonizado porque, quando na oposição, exagerara na bandeira da ética, o que o levaria a ser muito vigiado no governo, momento em que se curvou às práticas políticas tradicionais. "Fiz o que todo mundo sempre fez, mas esperavam que comigo e com o PT fosse diferente. Paguei por ter agido da mesma maneira que costumava criticar" — admitiu.[285]

Também reclamou de Lula. Avaliava que, no estouro do mensalão, fora o escolhido para vilão, enquanto o presidente se reinventava como herói dos pobres. O processo de vilanização se acirrara quando não renunciou ao mandato de deputado e decidiu enfrentar toda a desgastante exposição no Conselho de Ética da Câmara. Se tivesse aberto mão do mandato, voltaria à política no ano seguinte e não teria saído pela porta dos fundos, acusado por Roberto Jefferson de ser o chefe do esquema de corrupção. "Hoje vejo que poderia ter renunciado, mas eu não consigo fugir da raia, não combina com a minha personalidade" — ponderou.[286]

---

[285]Conforme relatou ao autor o amigo a quem Dirceu fez essa declaração.
[286]Idem.

Por fim, consideraria que sempre desprezara a importância da imprensa. Jamais se articulou com os meios de comunicação, como seu rival Antonio Palocci, em sua opinião, fizera com competência. "A imprensa explorou o antipetismo que existe na elite brasileira. E eu fui o escolhido para representar o vilão petista" — refletiu.[287] Dirceu, em um momento raro em sua tradicional megalomania, revelava-se humilde e derrotado. A cadeia era inevitável. E a frustração também. Estava com 66 anos, chegando aos 67. Passara um ano na prisão, seis anos no exílio, quatro na clandestinidade, e os últimos oito sem os direitos políticos.

No instante em que, conforme imaginara, deveria estar no auge da carreira política, no entanto se preparava para enfrentar pelo menos mais dois anos de presídio.

Saíra de Passa Quatro na infância sonhando em mudar o mundo. Liderara um movimento de estudantes que pretendia enfrentar o regime militar, mas foi preso. Tentara voltar ao Brasil como líder de uma organização guerrilheira que derrubaria o governo pelas armas, mas acabou tendo de voltar à clandestinidade, com seu grupo dizimado. Ajudara a construir um partido de trabalhadores, que chegaria ao poder, porém longe de cumprir as promessas de mudar as práticas políticas vigentes no país. Sonhara, desde aquela conversa com a mãe, aos 8 anos, em ser presidente da República. Mas o sonho de uma vida inteira acabaria enterrado pelo mensalão.

José Dirceu de Oliveira e Silva jamais chegou a lugar nenhum.

---

[287] Idem.

Bibliografia

Arquivos

Superior Tribunal Militar
Arquivo Público de São Paulo
Arquivo da Universidade de São Paulo
Supremo Tribunal Federal
Câmara dos Deputados
Comissão Parlamentar Mista de Inquérito dos Correios
Assembleia Legislativa do Estado de São Paulo
Fundação Perseu Abramo
Tribunal de Contas da União

Jornais

Folha de S. Paulo
O Estado de S. Paulo
O Globo
Valor Econômico
Correio Braziliense
Estado de Minas
Jornal do Brasil
Diário Popular
Última Hora

Revistas

Veja
Realidade
Época
Piauí
IstoÉ
IstoÉ Dinheiro
Exame
Carta Capital

Publicações estrangeiras

Granma
BBC
Expresso
Público

Sites

Blog do Noblat
Blog do Moreno
Blog do Dirceu
Terra
Fórum
Uol
Veja.com

Livros

A arte da política — A história que vivi
Cardoso, Fernando Henrique
Civilização Brasileira, 2006

A ditadura derrotada
Gaspari, Elio
Companhia das Letras, 2003

A ditadura encurralada

Gaspari, Elio
Companhia das Letras, 2004

A ditadura envergonhada

Gaspari, Elio
Companhia das Letras, 2002

A ditadura escancarada

Gaspari, Elio
Companhia das Letras, 2002

A história de Lula, o filho do Brasil

Paraná, Denise
Editora Objetiva, 2009

A Ilha

Morais, Fernando
Companhia das Letras, 1976/2001

A revolução impossível

Mir, Luís
Editora Best Seller, 1994

A verdade sufocada

Ustra, Carlos Alberto Brilhante
Editora Ser, 2007

A vida quer é coragem

Amaral, Ricardo Batista
Primeira Pessoa, 2011

Abaixo a ditadura — O Movimento de 68 contado por seus líderes
Dirceu, José e Palmeira, Vladimir
Garamond, 1998

AI-5 — A opressão no Brasil
Contreiras, Hélio
Record, 2005

Brasil — primeiro tempo
Mercadante, Aloizio
Planeta, 2006

Brasil, nunca mais
Arns, dom Paulo Evaristo
Vozes, 1985

Carlos Marighella, o inimigo número um da ditadura militar
José, Emiliano
Sol e Chuva, 1997

Che Guevara — A vida em vermelho
Castañeda, Jorge
Companhia das Letras, 1997

Che Guevara, uma biografia
Lee Anderson, Jon
Objetiva, 1997

Combate nas trevas
Gorender, Jacob
Ática, 1999

Diretas Já, 15 meses que abalaram a ditadura

Leonelli, Domingos e Oliveira, Dante de

Record, 2004

Dos filhos deste solo

Miranda, Nilmário e Tibúrcio, Carlos

Boitempo Editorial, 1999

Em Brasília, 19 horas

Bucci, Eugênio

Record, 2008

Hércules 56 — O sequestro do embaixador americano em 1969

Da-Rin, Silvio

Jorge Zahar Editor, 2008

Iara

Patarra, Judith Lieblich

Editora Rosa dos Tempos, 1992

Imagens da revolução

Aarão Reis Filho, Daniel e Ferreira de Sá, Jair

Expressão Popular, 2006

José Alencar — Amor à vida

Cantanhêde, Eliane

Primeira Pessoa, 2010

Maria Antônia, uma rua na contramão

Loschiavo dos Santos, Maria Cecília (organização)

Nobel, 1988

Marighella, o guerrilheiro que incendiou o mundo
Magalhães, Mario
Companhia das Letras, 2012

Memórias do esquecimento
Tavares, Flávio
Editora Globo, 1999

1968 — O ano que não terminou (edição revista)
Ventura, Zuenir
Planeta, 2008

1968 — O que fizemos de nós
Ventura, Zuenir
Planeta, 2008

Ministério do silêncio
Figueiredo, Lucas
Record, 2005

Nas trilhas da ALN
Paz, Carlos Eugênio
Bertrand Brasil, 1997

Notícias do Planalto
Conti, Mario Sergio
Companhia das Letras, 1999

Nunca antes — Uma viagem em 88 fotos pela era Lula
Marques, Alan
Abecer, 2011

O apoio de Cuba à luta armada no Brasil
Rollemberg, Denise
Editora Mauad, 2001

O que é isso, companheiro?
Gabeira, Fernando
Companhia das Letras, 1996

Os sentidos do lulismo
Singer, André
Companhia das Letras, 2012

Sem vestígios — Revelações de um agente secreto da ditadura militar brasileira
Morais, Taís
Geração Editorial, 2008

Sobre formigas e cigarras
Palocci, Antônio
Objetiva, 2007

Tempos de planície
Dirceu, José
Alameda, 2011

Viagem à luta armada
Paz, Carlos Eugênio
BestBolso, 1996

Viagens com o presidente
Scolese, Eduardo e Nossa, Leonencio
Record, 2006

Filmes

Entreatos
   João Moreira Salles, 2004

Hércules 56
   Sílvio Da-Rin, 2006

Índice onomástico

Abreu Sodré, 34, 38, 56
ACM Neto, 264
Adalto Barreiros, 70
Adib Jatene, 135
Adilson Monteiro Alves, 60
Adriano, 264
Afonso Arinos, 56
Agonalto Pacheco, 69, 94
Agostinho Fiordelísio, 83
Aguinaldo Silva, 302, 303
Airton Soares, 119, 120, 124, 125
Alan Grip, 8, 297
Alberto Curi, 64
Alberto Fraga, 254
Alceni Guerra, 137
Alceu Amoroso Lima, 56
Alcides Cintra Bueno Filho, 44
Aldo Rebelo, 203, 211, 227, 233, 236, 237, 266, 267, 271
Alexander José Ibsen Voeroes, 92
Alexandre Oltramari, 8, 266
Alfredo Guevara, 43, 46, 78, 100, 194, 215
Alicia Alonso, 215

Aloizio Mercadante, 121, 133, 135, 144, 148, 157, 166, 171, 170, 175, 214, 243, 265
Altemar Dutra, 222
Álvaro Dias, 264
Amilcare Dallevo, 278
Amir Lando, 203
Ana Corbisier, 97, 101
André Villas Boas, 106, 108
Angela Guadagnin, 267
Ângelo Calmon de Sá, 256
Anísio Batista de Oliveira, 109
Anthony Garotinho, 152, 166, 169, 170, 186, 237, 268, 288
Antonio Benetazzo, 87, 89
Antonio Carlos Camanho, 170
Antonio Carlos de Almeida Castro (Kakay), 8, 165, 183, 187, 200, 219, 220, 229, 230, 252, 263, 285, 286, 297, 303, 323, 331
Antonio Carlos Magalhães (ACM), 155, 164, 167, 183, 184, 193, 205, 213, 229, 230, 264, 219, 235, 236, 270
Antonio Fernando de Souza, 257, 295

Antonio Palocci Filho, 157, 158, 159, 160, 161, 162, 163, 171, 178, 179, 182, 183, 188, 193, 199, 200, 204, 209, 212, 213, 214, 215, 216, 220, 225, 227, 242, 247, 248, 249, 255, 256, 257, 266, 268, 286, 287, 289, 290, 307, 311, 312, 343
Arílson, 103
Aristides Junqueira, 200
Aristófanes Hatum (Tofinho), 105
Arlindo Chinaglia, 214, 271
Arno Preis, 93
Assis Chateaubriand (Chatô), 340

Babá, 180, 196, 197, 254
Baldocchi, 103
Bandeira de Mello, 36
Benedita da Silva, 152, 186, 204
Benito Gama, 221
Bernardo Cabral, 137
Bete Mendes, 124
Boanerges de Souza Massa, 92, 93
Bob Dylan, 31
Boris Berezovsky, 300, 301
Breno Altman, 216, 263
Bruno Maranhão, 126

Caetano Veloso, 41
Caio Prado Junior, 29
Camila (filha de José Dirceu), 133, 245, 294, 325
Camila (neta), 339
Camilla Amaral, 265
Campos Machado, 260, 261
Carla Grasso, 281
Carlinhos Cachoeira, 204, 320
Carlitos Tevez, 300
Carlos Alberto Costa (Carioca), 96
Carlos Alberto Direito, 297

Carlos Alberto Libânio Christo, ver Frei Betto
Carlos Alberto Lobão, 109
Carlos Alberto Parreira, 220, 264
Carlos Augusto Montenegro, 263
Carlos Augusto Ramos, ver Carlinhos Cachoeira
Carlos Ayres Britto, 200, 321, 323, 331, 335
Carlos Chneiderman, 109
Carlos Eduardo Fayal, 58
Carlos Eduardo Pires Fleury, 92
Carlos Eugênio Paz (Clemente), 82, 83, 89, 94
Carlos Henrique (codinome de José Dirceu), 102, 103, 105, 110, 111, 112, 116, 159
Carlos Lacerda, 56
Carlos Lamarca, 31, 87
Carlos Marighella, 30, 50, 66, 73, 79, 115, 121, 348, 352
Carlos Minc, 199
Carlos Rodrigues (Bispo Rodrigues), 163
Carlos Slim, 276, 277, 302
Cármen Lúcia, 297, 321
Cassiano Gabus Mendes, 20
Castello Branco, 21, 35
Castorino de Oliveira e Silva (pai), 15, 16, 17, 18, 20, 23, 25, 114, 117, 123, 153, 188
Catarina Meloni, 33, 37, 38, 42, 57
Celso Daniel, 161, 162, 334
Celso de Mello, 20, 320
Celso Horta, 147
Celso Pitta, 149, 224
Cerecedo Lopez, 72
César Benjamin, 147
Cesar Maia, 60, 223

Cezar Peluso, 200, 321
Chacrinha, 104
Charles Burke Elbrick, 67
Charles de Gaulle, 36
Che Guevara, 67
Chico Alencar, 148, 149, 197, 271
Chico Buarque, 29, 41, 43, 133
Christina Oiticica, 274
Cícero Araújo, 126
Cid Benjamin, 68, 147
Cid Gomes, 309
Cida Horta, 103
Ciro Gomes, 166, 167, 168, 169, 176, 243, 266, 288, 309
Clara Becker, 103, 108, 110, 117, 127, 280, 303, 328, 334
Clarissa Garotinho, 268
Cláudio Abramo, 124
Cláudio Torres, 66
Claudio Tozzi, 118
Cosette Alves, 216
Costa e Silva, 35, 38, 66, 115
Cristiano Paz, 326
Cristovam Buarque, 132, 290

Dalton Vigh, 302
Daniel Birmann, 289
Daniel (comandante, codinome de José Dirceu), 78, 79, 80, 81, 85, 90, 96, 99, 102, 116, 159
Daniel Olaf, 78
Daniela Pinheiro, 100, 301, 302, 305
Dante de Oliveira, 123, 124
David Feffer, 170, 217
David Rockefeller, 169
Deborah Secco, 264
Delcídio Amaral, 235, 238, 258
Delúbio Soares, 164, 165, 170, 179, 181, 182, 190, 199, 201, 202, 210, 221, 222, 223, 227, 228, 231, 234, 235, 241, 243, 244, 246, 252, 253, 256, 257, 267, 298, 326, 329
Demóstenes Torres, 183
Denise Rollemberg, 79, 95
Denise Tavares, 222
Devanir Ribeiro, 307
Dickson Grael, 70
Diego, 176
Dilma Vana Rousseff, 32, 176, 249, 258, 266, 282, 287, 307, 308, 309, 310, 311, 312, 313, 321, 322, 327, 328
Dionisio Marenco, 294
Divo Barsotti, 55, 59
Djalma Bom, 109, 116, 131
Djavan, 133
Dom Geraldo Majella, 291
Domingos Leonelli, 123, 349
Domingos Simões, 58
Duda Mendonça, 141, 145, 149, 150, 155, 157, 160, 163, 170, 171, 178, 187, 202, 204, 222, 257, 265, 266, 308, 323
Dyrceu Cintra, 200

Edir Macedo, 163
Edmundo Oliveira, 159
Ednilson Machado, 316, 317
Edson Khair, 119
Edson Luís, 34
Edson Rodrigues Alves, 102
Eduardo Azeredo, 187, 190, 259
Eduardo Campos, 237, 238, 266
Eduardo Duhalde, 189
Eduardo Graeff, 174, 175
Eduardo Jorge Caldas Pereira (Eduardo Jorge), 160
Eduardo Paes, 264
Eduardo Siqueira Campos, 183, 210, 213, 222

Eduardo Suplicy, 125, 138, 139, 159, 161, 175, 196
Egon Reinisch, 70
Eike Batista, 277, 302
Eliane Cedrola, 257
Elio Gaspari, 322, 323, 348, 349
Emerson Palmieri, 223, 228
Emílio Garrastazu Médici, 68
Emílio Odebrecht, 146
Enéas Carneiro, 170
Enio Tatico, 212
Erasmo Dias, 65
Ernesto Geisel, 107, 108
Ernesto Tzirulnik, 316
Eros Grau, 297
Esther de Figueiredo Ferraz, 49
Euclides Scalco, 135
Eugênio Bucci, 112, 124, 218, 351
Eugênio Staub, 217
Eunício Oliveira, 176, 195, 266
Eurípides Alcântara, 8, 205
Euryale Zerbini, 58
Euryclides de Jesus Zerbini, 35
Evanise Santos, 194, 215, 239, 269, 280, 294, 311, 315, 325, 332, 339, 341
Evo Morales, 277

Felipe González, 240
Felipe Kitadai, 316
Fernanda Karina Somaggio, 246
Fernando Cavendish, 309
Fernando Collor de Mello, 12, 129, 130, 229, 284
Fernando Gabeira, 82, 117, 131, 132, 198, 199, 347
Fernando Haddad, 255, 279, 327, 330
Fernando Henrique Cardoso (FHC), 12, 43, 135, 144, 145, 149, 150, 152, 153, 154, 155, 160, 161, 163, 166, 167, 168, 170, 174, 179, 184, , 193, 229, 247, 254, 281, 287, 350
Fernando Morais, 273, 275
Fernando Moura, 187
Fernando Pimentel, 221
Fernando Xavier, 217
Fidel Castro, 77, 86, 187, 188, 290, 323
Flávia Alessandra, 295
Flávio de Carvalho Molina, 92
Flávio Guimarães, 191, 253
Flávio Martinez, 262
Flávio Tavares, 69, 76, 79
Francenildo Costa, 286, 287
Francimá de Luna Máximo, 70, 71
Francisco Dornelles, 138
Francisco Julião, 79
Francisco Leali, 297
Francisco Rezek, 138
Francisco Simeão, 198
Francisco Soares, 58
Franco Montoro, 25, 121, 125, 139
François Hollande, 312, 317
Franklin Martins, 67, 68, 216, 217, 269, 278, 279
Frei Betto, 109, 115, 116, 118, 120, 121
Freud Godoy, 190

Gal Costa, 133
Genival Lacerda, 99, 104
George Soros, 169
George W. Bush, 169
Geraldine Chaplin, 70
Geraldo Alckmin, 281, 289, 290
Geraldo Brindeiro, 162
Geraldo Siqueira, 120
Geraldo Vandré, 29
Germán Efromovich, 340
Gianfrancesco Guarnieri, 43, 60

Gilberto Carvalho, 171, 177, 180, 242, 245, 247, 266, 287, 321
Gilberto Gil, 133, 187
Gilberto Kassab, 307
Gilberto Miranda, 154
Giles Azevedo, 322
Gilmar Mendes, 320, 321
Gilson Menezes, 116
Gim Argello, 340
Glauco Arbix, 159
Gregório Bezerra, 71
Guido Mantega, 157, 287
Guilherme Afif Domingos, 134
Gustavo Fruet, 264
Gustavo Kuerten, 264

Hamilton Pereira, 147
Hélio Bicudo, 146, 151
Hélio Costa, 176, 254-255
Hélio Madalena, 165
Heloísa Helena, 180, 196, 197, 289, 290
Heloísa Helena Magalhães (Maçã Dourada), 42, 43
Henrique Meirelles, 12, 182, 193, 196
Heráclito Fortes, 287
Herrera (comandante militar cubano), 94
Hilton Acioli, 133
Hiroaki Torigoe, 92
Hugo Chávez, 307, 318, 341

Iara Iavelberg, 23, 28-31, 87
Ibsen Pinheiro, 138
Ilze Scamparini, 187
Itamar Franco, 140, 144, 145, 184, 185, 189
Ivan Ferreira, 268
Ivan Valente, 265
Ivens Marchetti, 69
Ivo Shizuo Sooma, 102, 105
Ivone (dançarina espanhola, namorada de Dirceu), 31

Jacinto Lamas, 244
Jacó Bittar, 119
Jacob Gorender, 73, 348
Jair Bolsonaro, 254
Jair Meneghelli, 132
Jânio Quadros, 20, 56
Jaques Wagner, 148, 160, 199, 236, 266, 307
Jarbas Vasconcelos, 238
Javier Mascherano, 300
Jean Marc von der Weid, 54
Jean-Paul Belmondo, 70
Jeany Mary Corner, 183
Jeová de Assis Gomes, 41, 42, 51, 93, 96
Joan Baez, 31
Joana (filha de José Dirceu), 132, 133, 202, 262
João Abrantes Serra, 279
João Alfredo, 199
João Baptista Figueiredo, 111
João Ferreira da Cunha, 35
João Fontes, 197
João Francisco Daniel, 162
João Goulart (Jango), 20, 21
João Leonardo da Silva Rocha, 64, 69, 72, 73, 84, 87, 101
João Parisi Filho, 43, 44
João Paulo Cunha, 164, 184, 186, 187, 193, 212, 214, 226, 228, 255, 256, 258, 309, 321, 326
João Roberto Marinho, 187, 257
João Santana, 308
Joaquim Barbosa, 200, 286, 295, 296, 298, 321, 324, 326, 330, 331, 335

Joaquim Câmara Ferreira (Toledo), 26, 73, 83
Joaquim Francisco, 221
Johnny Cabrera, 302
Jorge Bastos Moreno, 105, 249
Jorge Bittar, 152, 221, 299
Jorge Ferreira, 165, 183, 188, 303, 335
Jorge Gerdau Johannpeter, 181
Jorge Lorenzetti, 289
Jorge Mattoso, 287
Jorge Sampaio, 242
Jorge Viana, 160
José Agripino, 255
José Alencar, 163-165, 179, 191, 198, 214, 221, 351
José Américo Dias, 133
José Aníbal, 195
José Anselmo dos Santos (cabo Anselmo), 95
José Antonio Dias Toffoli, 186, 319, 329
José Antônio Rodrigues, 50
José Borba, 244, 258
José Carlos Becker Gouveia de Melo (Zeca Dirceu), 110, 113, 127, 198, 331, 339
José Carlos Cavalcanti, 93
José Carlos Dias, 252
José Carlos Giannini, 88, 95
José Carlos Martinez, 194, 208, 262
José Cicote, 116
José de Abreu, 60, 303, 334
José de Oliveira, 92
José Eduardo Cardozo, 151, 224, 264, 299, 311, 316, 321, 331
José Eudes, 124
José Fernandes, 126
José Genoino Neto, 43, 153, 157, 166, 175, 185, 199, 214, 221, 225, 227, 234, 244, 245, 252, 253, 290, 298, 309, 321, 326, 329
José Guimarães, 48, 55, 253
José Ibrahim, 64, 69, 119
José Janene, 203, 244, 258, 319
José Luis de Oliveira Lima (Juca), 252, 254, 261, 263, 265, 267, 268, 296, 298, 303, 315, 316, 318, 322, 323, 325, 329, 331, 334
José Mindlin, 135
José Múcio Monteiro, 223, 305
José Orcírio dos Santos (Zeca do PT), 158
José Paulo Bisol, 132
José Roberto Arantes de Almeida, 92
José Roberto Salgado, 324
José Saramago, 240
José Sarney, 124, 125, 129, 131, 153, 155, 166, 167, 183, 184, 195, 205, 210, 214, 226, 229, 249, 255, 340
José Serra, 37, 163, 166-170, 173, 193, 207, 223, 261, 265, 279, 289, 310, 327, 330
José Valporto de Sá, 70
José Welington Pinto Diógenes, 126
José Wilker, 43
Josef Stalin, 85
Josué Gomes da Silva, 217
Joyce Pascowitch, 137, 140
Juan Manuel Santos, 312
Judith Patarra, 29, 31n, 347
Júlio César, 220
Júlio Delgado, 267

Kaíke Nanne, 138
Kaká (jogador de futebol), 264
Karl Marx, 20, 38
Katia Almeida, 222
Keith Richards, 101
Kia Joorabchian, 300

Lafaiete Coutinho, 153
Larry Rother, 216, 222
Lauriberto José Reyes, 92
Lazaro Finelli, 88
Leone Ruffino, 157
Leonel Brizola, 79, 117, 122, 129, 132, 134, 148, 152, 154, 185
Leonid Brejnev, 86
Letícia Sabatella, 334
Lício Augusto Maciel, 96
Lídio Duarte, 235
Lilian Ribeiro, 276
Lindbergh Farias, 180, 196
Lucélia Santos, 187
Lúcia Murat, 60
Luciana Genro, 196, 197
Luciano (cantor), 223
Luís Costa Pinto, 138, 139, 153
Luis Favre, 159, 187, 312, 317
Luis Fernando Rila, 316, 317, 329
Luís Mir, 81, 94, 347
Luís Roberto Barroso, 200
Luis Travassos, 26, 35, 54, 57, 59, 60, 64, 65, 68, 79, 117, 119, 121
Luiz Alberto dos Santos, 186
Luiz Antônio Fleury, 137
Luiz Carlos Barreto, 329, 334
Luiz Dulci, 185, 192, 199, 236, 238
Luiz Eduardo de Oliveira e Silva (irmão), 340
Luiz Eduardo Greenhalgh, 103, 131, 226
Luiz Eduardo Soares, 132, 185
Luiz Estevão, 160, 167
Luiz Eulálio de Bueno Vidigal Filho, 170
Luiz Francisco Corrêa Barbosa, 322
Luiz Fux, 321, 322, 328, 331
Luiz Gushiken, 133, 135, 136, 179, 204, 214, 217, 218, 236

Luiz Inácio Lula da Silva (Lula), 11, 12, 64, 109, 110, 115-117, 119-122, 127, 129-136, 140, 141, 143-155, 157-171, 173-192, 196, 198-200, 202, 204, 205, 207, 208-216, 218-222, 224-230, 233, 234-240, 242, 243, 245, 247-249, 251, 254-260, 263, 265-268, 271, 274, 275, 277, 278, 281-283, 286-291, 294, 297, 299, 301, 305-311, 313, 317, 320, 324-327, 329, 331-335, 342, 351
Luiz Paulo Conde, 149
Luiz Paulo Costa, 143, 144n
Luiz Rila, 329
Luiza Erundina, 131, 140, 148, 149, 221, 224
Lurian (filha de Lula), 136
Luzimar Machado de Oliveira, 93

Manoel Piñeiro Losada (*Barbarroja*), 89, 94, 99
Marcelo Leonardo, 256
Marcelo Netto, 287
Marcelo Odebrecht, 181
Marcelo Sereno, 186
Márcio França, 143
Márcio Thomaz Bastos, 122, 123, 135, 154, 167, 177, 180, 183-185, 247, 251, 255-258, 263, 266, 327, 327
Márcio Toledo Leite, 89
Marco Aurélio Mello, 320
Marco Maciel, 154
Marco Polo Del Nero, 300
Marconi Perillo, 183, 212, 213, 224, 320
Marcos Guardabassi, 304
Marcos Medeiros, 54
Marcos Paulo, 20
Marcos Reale Lemos, 126
Marcos Valério, 186, 189, 190, 193, 210, 223, 226, 228, 244, 246, 252, 255,

259, 261, 265, 270, 283, 284, 326, 329, 334
Maria Alice Nogueira, 316
Maria Ângela da Silva Saragoça, 127, 130 202, 262, 263
Maria Antônia (filha), 312, 334, 338, 339
Maria Aparecida Sá de Castelo Branca (Cíntia), 18, 19
Maria Augusta Carneiro Ribeiro, 53, 60, 68, 71, 72, 82
Maria Luiza Fontenele, 126
Maria Rita Garcia de Andrade, 140, 147, 160, 165, 166, 173, 183, 186, 187, 188, 193, 194, 215, 222, 226, 239, 245, 262, 263, 269, 270, 280
Marina Silva, 182, 199, 282, 310
Mario Amato, 130
Mario Covas, 134, 135, 145, 153-154
Mario Roberto Galhardo Zanconato (Schu-schu), 71, 72
Mário Rosa, 274, 283
Marisa Letícia, 171, 225, 320, 333
Marta Suplicy, 155, 159, 187, 199, 207, 221, 307
Matheus Leitão, 287
Maurício Marinho, 231, 234, 248, 260
Mauro Motoryn, 123
Mendonça Filho, 150
Michel Temer, 155, 173, 174, 176, 177, 221
Mick Jagger, 101
Miguel Arraes, 134, 238
Miguel de Cervantes, 268-269
Miguel Góis, 58
Miguel Horta, 228
Miguel Relvas, 279, 340
Milton Campos, 56
Milton Temer, 155
Miriam Botassi, 110, 113
Miriam Cordeiro, 136
Miro Teixeira, 148, 210
Moacir Maricato, 109
Mônica Bergamo, 328, 335
Moreira Franco, 134

Nabil Bonduk, 106
Napoleão Felipe Biscalde, 92
Nelson Jobim, 162
Nelson Pelegrino, 148
Nelson Tanure, 279
Néstor Kirchner, 282
Neyde Aparecida, 262
Nicola Avallone Júnior, 18
Nicolau dos Santos Neto, 160
Nilmar, 220, 300
Noca da Portela, 335
Norival Siciliano, 91
Nuno Vasconcellos, 278

Octávio Frias de Oliveira, 193
Olga Guedes da Silva (mãe), 15-17, 23-25, 114, 117, 123, 188, 215, 281, 335, 338
Olivério Medina, 239
Olívio Dutra, 119
Ollanta Humala, 312
Onofre Pinto, 68, 72
Onyx Lorenzoni, 254
Orestes Quércia, 126, 137, 167
Orlando Rosante, 59
Orlando Silva, 42
Oscar Niemeyer, 335
Osmar Santos, 123
Osmar Serraglio, 238, 267
Otaviano Helene, 43, 46
Otávio Azevedo, 170
Otávio Camargo, 58

Paes de Andrade, 153
Patrus Ananias, 165
Paul Singer, 151
Paulo Bonchristiano, 59
Paulo César Farias (PC Farias), 137-138, 284
Paulo Coelho, 273-274
Paulo de Tarso Santos, 135, 145
Paulo de Tarso Venceslau, 51, 56-57, 59, 66, 67, 82, 108, 116, 118, 147, 151
Paulo Delgado, 160, 199
Paulo Frateschi, 122
Paulo Maluf, 134, 137, 140, 149, 153, 224
Paulo Okamotto, 257
Paulo Ribeiro Nunes, 43
Paulo Rocha, 165, 224-225, 227, 228, 258
Paulo Vannuchi, 118, 120-122, 147
Pedro Aleixo, 56
Pedro Caroço (codinome de José Dirceu), 99, 104-105, 112, 116, 123, 139, 159, 218
Pedro Collor, 139, 153
Pedro Henry, 211
Pedro Parente, 186
Pedro Simon, 167, 176, 249, 308
Pelé, 18, 49
Pita, 103
Plínio de Arruda Sampaio, 135-136
Policarpo Junior, 12, 231
Professor Luizinho, 211, 214, 228
Professora Raquel Teixeira, 212

Rafael Mora, 278
Raimundo Monteiro, 167
Ramon Hollerbach, 326
Raquel Rolnik, 106
Raúl Castro, 81, 100, 318
Raul Gil, 104
Raul Pont, 60
Raymundo Magliano, 170
Regina Duarte, 20
Régis Debray, 29
Reinaldo Morano, 109, 116
Reinaldo Moreno, 147
Renan Calheiros, 195, 226, 229, 296
Renata Lo Prete, 241, 244, 260
Renata Villas Boas, 106, 108
Renato Duprat, 300
Renilda Maria Santiago Fernandes de Souza, 253, 259, 284
Ricardo Almeida, 159
Ricardo Berzoini, 267, 299
Ricardo Espírito Santo, 224
Ricardo Kotscho, 133, 135, 161
Ricardo Lewandowski, 296-298, 319, 320, 323-324, 329
Ricardo Teixeira, 225
Ricardo Tosto, 340
Ricardo Villas-Boas, 69, 76
Ricardo Zaratini, 69, 70, 84
Richard Nixon, 86
Rita Camata, 166
Rivellino, 103
Roberta Sudbrack, 168
Roberto Almeida, 170
Roberto Carlos, 31, 274
Roberto Carlos (jogador de futebol), 220
Roberto Gurgel, 325
Roberto Jefferson, 185, 221, 227, 228-230, 233-234, 240, 244-245, 248, 253, 256, 260, 322, 326, 342
Roberto Machado, 316, 318
Roberto Marques (Bob Marques), 240, 259, 294, 330
Roberto Requião, 167
Roberto Romano, 38
Roberto Stuckert Filho, 297
Roberto Teixeira, 151

Robinho (jogador de futebol), 175-176, 240, 264
Rodolpho Tourinho, 210
Rodrigo Dall'Acqua, 296, 316
Roger (jogador de futebol), 220
Roger Agnelli, 216, 281, 282, 283
Rogério Tolentino, 202
Rolando Frati, 69, 84
Romênio Marcelino Machado, 309
Romeu Tuma, 201
Ronaldinho Gaúcho, 220, 240
Ronaldo (Fenômeno), 220
Rosa Weber, 321
Rosane Collor, 137, 140
Roseana Sarney, 164, 166, 184, 210, 213
Rosemary Noronha, 332
Rosinha Garotinho, 268
Rui Carlos Vieira Berbert, 93
Rui Falcão, 25, 124, 322, 327, 334
Russo, 103
Ruth Cardoso, 168
Ruy de Ulhoa Canto, 45

Sandro Mabel, 211, 212, 247
Sarah Menezes, 316
Saraiva Felipe, 254
Sepúlveda Pertence, 297
Sérgio Cabral, 149, 320
Sergio Gabrielli, 312
Sérgio Gomes da Silva (o Sombra), 162
Sergio Motta, 154
Sérgio Paranhos Fleury, 95
Severino Cavalcanti, 226, 229, 235, 266
Sigmaringa Seixas, 264, 270
Silas Rondeau, 255
Silvano Gianni, 168
Silvia (namorada de José Dirceu), 52, 60, 66-67

Silvio Pereira, 146, 164, 179, 180, 183, 201, 235, 244, 253, 264, 267, 284-285, 319
Silvio Santos, 134
Simone (amante), 311, 338-339
Sobral Pinto, 56
Soraya Aggege, 284
Stanley Fischer, 169
Stuart Angel, 66
Suzana Lisboa, 109, 118
Suzana Marcolino, 284
Swedenberger Barbosa, 186

Taís Moraes, 96
Tancredo Neves, 117, 124, 125, 185
Tarso Genro, 145, 151, 255, 266, 299, 307, 321
Tasso Jereissati, 141, 145, 255
Telson José Crescencio, 126
Tereza Cruvinel, 216
Thiago Pereira, 316
Thomas Paulino de Almeida, 88
Toninho do PT, 161
Twiggy, 101

Ulysses Guimarães, 134-135

Valdemar Costa Neto, 163, 164, 180, 191, 211, 244
Valdéz (comandante militar cubano), 94
Valter Pomar, 146
Vera Magalhães, 297-298
Vicente Cândido, 300
Vicente Sesso, 20
Vicente Trevas, 186
Virgílio Guimarães, 187, 226, 229
Vladimir Palmeira, 17n, 24n, 30n, 39, 43, 48n, 53, 59-61, 64, 65, 69, 72, 79, 106, 117

Wagner Tiso, 187
Waldir Pires, 134
Waldomiro Diniz, 180, 186, 204, 209, 213, 231, 236, 249, 320
Walfrido dos Mares Guia, 222, 243
Walter Appel, 276
Walter Faria, 260
Walter Pinheiro, 209
Wilson Siqueira, 19

Yves Hublet, 268, 270

Zé Roberto, 240
Zélia Cardoso de Mello, 137
Zequinha Sarney, 166
Zezé di Camargo, 223
Zuenir Ventura, 187, 217, 304

Este livro foi composto na tipologia Minion Pro
Regular, em corpo 11,5/16, e impresso em papel
off-white no Sistema Cameron da Divisão
Gráfica da Distribuidora Record.